U0646681

新发展理念指引下的人口与经济发展方式问题研究

李鹏　著

人 民 出 版 社

目　录

前 言

中国社会主义初级阶段的现代化进程中，在中国共产党的领导下，中国充分利用社会化、市场化和全球化的机遇，同步掌握和集成人类第一次、第二次和第三次工业革命的文明成果，创造了世界现代化发展史上的奇迹，改革开放40年可谓成绩巨大。但是与先发国家相比，中国政治经济社会文化生态多元复合转型的赶超模式，难免会遇到其他国家所未曾出现的新型问题及复合型挑战，因无案例和经验可以学习效仿，中国必须依靠自身的力量和智慧，探索适合国情的解决方法和独特道路。本书写作的出发点是近些年对这些问题的一些思考，同时，基于几年来广泛参与中央和部委相关研究的积累和沉淀，聚焦于新发展理念指引下人口与经济发展方式转变过程中的相互影响和促进关系，目的在于探索如何让中国在新一轮经济社会转型过程中，顺应人类第四次工业革命的历史趋势、充分利用我国的战略机遇期，持续发挥人口超大型国家的人力资源优势，顺利推进中国的后半程全面现代化发展，不断增进中国社会各个阶层不同人群的富裕程度和美好生活的幸福感。

受2008年国际金融危机冲击影响和进入工业化、城镇化中后期的规律使然，我国经济社会生态问题近些年开始叠加出现，成为新时代发展面前新的崇山峻岭。2012年我国进入经济新常态后，面临的新形势和新挑战已超出预期，出现的新趋势和新机遇也前所未有。人口发展需要从数量控制向以适度增加人口数量和重点提高人口素质为中心的均衡方式转变，经济发展需要从依靠要素投入为主的出口导向型向以创新驱动为主的内需引导型的方式转变，生态文明的建立需要从先污染后治理模式彻底向优先人与自然和谐共生的协调方式转变。如何深刻认识和有效应对这些新出现的复合型问题，成为国家的当务之急。2015 年党的十八届五中全会，习近平总书记提出“创新、协调、绿色、开放和共享”的发展理念，确立用新发展理念引领未来的各项发展行动。“这五大发展理念，是‘十三五’乃至更长时间我国发展思想、发展方向、发展着力点的集中体现，也是改革开放多年来我国发展经验的集中体现，反映出我们党对我国发展规律的新认识”。[①] 新发展理念的提出，使我国经济社会未来发展的指向和路径得以明确，曾经模糊和争论的人口和经济重大理论及政策问题逐渐清晰，如人口发展中全面放开二孩政策、积极应对人口老龄化的社会福利政策、提高人口资源配置效率的创新政策、供需平衡重在增强生产对消费适应性的供给侧结构性改革政策等陆续制定、出台。短短几年，这些相关改革举措和政策实施成效显著。但几十年改革开放的经验告诉我们，那些跌入“中等收入陷阱”国家的教训警醒着我们，要解决长期复杂问题不能期望在短期内治愈，不可能毕其功于一役，必须在改革发展正确的道路上咬定青山不放松，坚持不懈。2017 年党的十九大确立习近平新时代中国特色社会主义思想作为全党全国人民为实现中华民族伟大复兴而奋斗的行动指南，把贯彻新发展理念、建设现代化经济体系作为战略目标，以跨越转型关口促进中国经济走上高质量发展道路。新时代发展指导思想和战略重点的确立，为统筹解决我国经济社会和生态复合问题提供了一把金钥匙，使我国能够继续发挥人口和经济大国优势的巨大潜力，

---

① 2015 年 10 月 26 日习近平《关于〈中共中央关于制定国民经济和社会发展第十三个五年规划的建议〉的说明》。

确保中国比较顺畅走上高收入先进国家行列。

本书的写作以传统理论为基础，以新发展理念为指引，重在对我国人口与经济发展方式转变的相关政策进行追踪评价，以期提出更有实效性的新举措，主要内容有如下特点。第一，系统化的理论梳理。本书对国内外重要的人口与经济发展的相关思想理论成果进行较为详尽的梳理，尤其是对被以往研究所忽视的中国古代以来的人口经济发展思想进行了概述，显现出中国这个传统农业大国特殊的人口、资源和经济社会发展轨迹与特点，为新时代我国现代化转型发展如何处理好人口发展与经济社会发展之间的矛盾提供思想和方法。第二，最新的人口与经济发展转变形势研判。尽管近几年的许多相关研究对我国人口形势和经济转型进展都有比较准确的趋势性分析，但实际变动仍然超过先前预计，如人口更快的老龄化和十分严重的结构性功能错配，创新驱动的经济发展方式转变进度、质量始终低于市场、社会和政府的期望，本书对这些新变化进行了最新追踪分析。第三，创新性地构建由新发展理念指引的发展方式测评体系。本书按照新发展理念的内在体系，创新地界定了转变经济发展方式的新内涵，确定了转变的五大方向、评价指标体系和指标权重，建立评价模型，构建起一套可定量的衡量指标体系。按照创新发展、协调发展、绿色发展、开放发展和共享发展五个方面，共设置了 5 个一级指标、19 个二级指标、57 个三级指标，分别测算了我国大陆 31 个省域转变经济发展方式的水平指数、速度指数，东、中、西部三大地带的速度指数，以及五大方向指引下全国转变经济发展方式的水平和速度指数，得出一系列新的重要判断。第四，创新性地构建人口质量评价体系。中国人口发展从数量控制转向重视人口质量，更加关注人口、资源和社会的均衡发展，迫切需要对发展进程的效果进行评价。本书首次尝试构建新发展理念指导下的人口发展评价指标体系，立足当前中国人口发展中的突出问题和人口发展需要，构建了人口自身协调、人口与经济社会协调和人口与资源环境协调在内的评价体系，选取设置了3个一级指标、8个二级指标和39个三级指标。在广泛收集数据基础上，分别测算了中国人口发展质量总指数，比较了人口自身发展指数、人口与经济社会发展指数和人口与资源环境发展指数，得出一系列新的重要结论。第五，开拓性地对人口发展与经济发展方式的转变的耦合程度进行测度。人口发展与经济发展方式的转变应具有内在的一致性，耦合测度注重二者相互作用程度的分析，突出适宜性、协调性和一致性。通过对我国大陆31个省域人口发展总指数与转变经济发展方式耦合协调度、人口发展三大分指数与转变经济发展方式的耦合协调度进行测算，得出我国各个省域人口发展与经济发展方式的转变耦合协调进展程度的分析结果。第六，提出比较系统完整的政策建议。以往研究因选题的独立性，政策建议过于侧重单个领域，本书着眼于人口和经济发展的协调性，从宏观经济、人口转变、人民中心发展思想、资源配置和市场机制完善等系统角度，提出了相关的政策建议。

尽管本书的研究有一些创新性成果，但限于研究能力和时间约束，研究成果仍然存在许多不足和欠缺，如转变经济发展方式测评数据来源不够充足，随着时间的推进，有些判断可能需要重新验证；新发展理念对转变经济发展方式指引的机制、逻辑及可能的对立性尚未涉及；人口发展与经济发展方式的转变耦合研究主要进行了省域分析，没有按照产业部门分类进行测度；人口发展与经济发展方式耦合度的差异原因没有展开剖析。今后我们将继续对前述问题进行追踪和深化研究，为新时代中国特色社会主义理论建设和政策制定做力所能及的贡献。

全书的写作得到了中共中央党校（国家行政学院）相关部门，尤其是我工作所在的经济学部领导和同事们的大力支持，深表谢意。同时感谢研究生院的几位博士生朱鹏华、赵渊博、吴俊杰，他们积极参与研究，并撰写相关的一些内容，没有他们熟练的技术手段和大量搜集数据的时间投入，书稿恐难顺利完成。

衷心感谢人民出版社编审曹春女士及同事的支持,他们以高水平的专业能力和精心细致的工作投入使本书内容和形式更加完善,以更快速度和更高质量呈现给读者。

中共中央党校(国家行政学院)　李鹏

2019 年 1 月

第一章
基本理论与研究现状综述

人口与经济发展的关系在中西方各经济学思想流派中均有相对独立的阐述，分别反映了各个时期、不同国家、不同发展阶段关于人口与经济增长的理论观点。

第一节　国外人口与经济发展理论综述

一、重商主义的人口与经济发展理论

重商主义者的研究领域是流通领域，他们从商业资本家的立场来阐述经济关系，认为货币是财富的唯一形态，只有通过对外贸易，才能增加国内的金银，即增加财富。因此，重商主义者主张国家干预经济生活，不惜以各种形式扩大对外贸易，增加财富，实际上就是加速资本原始积累。在重商主义的思想体系中，他们主要讨论人口与获得财富途径之间的关系。重商主义的主要代表，如英国托马斯·孟、法国让·巴蒂斯特·柯尔培尔、意大利乔万尼·保泰罗，均认为一个国家人口增多，财富就会增多，而人口则是财富的主要源泉。托马斯·孟提出，生产者人数越多，生产的产品就越多，因而可以输出的产品就越多，“人数众多和技艺高超的地

方，一定是商业繁盛和国家富庶的”①。

重商主义者主要从三个方面论述了人口与经济发展的关系：一是人口愈多，国家统治阶级征收的税款愈多；二是人口愈多，生产的产品愈多，从而输出产品换回的金银财富也就增多；三是人口多是国力强盛的表现。基于上述人口与财富关系的思想，重商主义者提出了鼓励人口增殖的主张。法国柯尔培尔任财政大臣期间颁布了鼓励人口增殖的法令：对早婚、多子女的人给予免交租税，发给抚恤金，而对于独身者实行课税；给迁入者以优厚奖励，对于向外迁移的人口一律禁止。重商主义者也看到了限制人口增长的两大因素：一是人口增长受生活资料的限制，生活资料不足限制了人口增长；二是人口的数量由地主把土地用在什么方面决定，如果用于生活资料的生产，人口数量就增多，否则就减少。

二、古典经济学中人口与经济发展理论

从 17 世纪中叶开始，西欧地区资本主义经济关系迅速发展，资本主义商品经济开始快速发展，资本对劳动需求也迅速增加，因此，这个时期的古典经济学家们主要阐释了资本主义自由竞争阶段人口与经济发展的相互关系。

威廉·配第是英国资产阶级古典政治经济学创始人，最先从资本主义生产过程分析人口与财富之间的内在关系。配第“土地为财富之母，劳动则为财富之父和能动的要素”的价值理论观点早已被人熟知，以此为基础，配第提出一个国家的财富生产必须要有一定数量的人口，人口的减少、技能低下或勤劳程度减弱，都对社会、国家及个人是极为有害而无益的。一方面，配第提出，从事生产劳动、创造财富的是生产人口；相反，不从事生产活动，只是消费财富的是非生产人口。要使国家财富增加，收

① ［英］托马斯·孟：《英国得自对外贸易的财富》，商务印书馆 1997 年版，第 5 页。

入提高，应当增加生产人口，减少非生产人口。另一方面，配第不仅关注人口数量，而且特别关注了人口技能，他提出，一个国家人口价值不在于自然数量，而在于社会数量，即人口的文化水平和技术能力。

法国重农学派的创始人弗朗斯瓦·魁奈从三个方面论述了人口与经济发展之间的关系。首先，关于人口与财富之间的关系。魁奈认为财富是人们生存、生活、繁衍的先决条件，无论从事何种事业都需要一定生活资料来维持劳动力的生存和再生产，这种生活资料成为消费性财富。另外还有生产性财富，即增加产品的生产和消费，人口本身就是财富首要的创造性因素。其次，魁奈区分了生产性人口和非生产性人口。那些生产"纯产品"的人口是生产性人口，其余都是非生产性人口。如果一个国家非生产性人口过多，就会妨碍农产品和商品生产，进而不利于人口增长。在生产性人口与非生产性人口划分基础上，魁奈进一步把资本主义社会人口划分三个主要阶级：第一是生产阶级，由农业、捕鱼业、采矿业等人口构成；第二是不生产阶级，由工业、商业等人口构成；第三是土地所有者阶级，由地主、贵族、国王、官吏、宗教人员等人口构成。这种划分反映了魁奈的重农思想，他把工业人口视为不生产阶级显然是不正确的。最后，魁奈提出了人口增殖与生活资料可能的失衡关系。在《中华帝国的专制制度》一书中，他以中国为研究对象，提出"促使人口增长的是财富，然而人口的繁殖经常是超过财富的"①，也就是说人口增长有超过生活资料增长的倾向。

亚当·斯密以研究财富增长问题而著名，他主要从分工角度分析物质资本和劳动力对财富增长的不同贡献。土地等自然资源是不可再生的，因而一定数量的人口规模是产生以及扩大分工的基础，劳动分工的规模经济可以提高劳动生产率，使物质资本和劳动力投入报酬增加，进而促进了财富的增长。为了提高劳动生产率，斯密强调除了劳动力数量多寡之外，还存在劳动力质量差异，只有高质量的劳动力才会产生更高的劳动

① ［法］弗朗斯瓦·魁奈：《中华帝国的专制制度》，商务印书馆 1992 年版，第 124 页。

生产率。斯密也仿效魁奈把人口分为生产性人口和非生产性人口，认为只有生产性人口才能促进财富增长，因而总人口中生产性人口比例会直接影响财富增长。

古典经济学中关于人口和经济发展关系问题影响力最大的是托马斯·罗伯特·马尔萨斯，在1798年出版的《人口论》中提出被后世称作"马尔萨斯停滞"（Malthusian Stagnation）的人口与经济增长理论。根据这一理论，马尔萨斯认为土地边际报酬是递减的，人口增长是指数型的，生活资料增长是算数型的，长期人口增长存在超过生活资料增长的趋势。当人均收入超过均衡水平（即生存水平），人口生育率上升，死亡率下降，人口增长，但是人口增加反而导致人均收入降低。如果人均收入降低到生存水平以下，那么就会出现人口死亡率上升、生育率下降的变化，因而人均收入暂时恢复增长，直至再次超过生存水平，促进人口生育率再次上升，死亡率再次下降，从而长周期中人均收入一直会在生存水平附近上下波动，所以长期的经济增长是不可能实现的。由于"马尔萨斯停滞"理论能够解释资本主义社会贫困的社会原因是劳动力人口增加，而非资本主义不平等的经济社会制度，因此，自提出之后，便长期占据西方主流人口经济思想地位。

英国资产阶级古典政治经济学完成者大卫·李嘉图，在其《政治经济学及赋税原理》中，把人口作为经济的内生变量，分析了人口与经济发展之间的关系。李嘉图认为，劳动的供给和需求通过劳动的市场价格和自然价格的相对变化，影响资本对劳动的需求，进而影响人口的生产，并指出在资本主义条件下，对劳动的需求是由资本来决定的。李嘉图说："我认为在任何情况下资本增加而劳动需求不随之增加是难以想象的，至少只能说劳动需求的增加率将是递减的。"①李嘉图把资本区分为固定

---

① ［英］彼罗·斯拉法主编：《李嘉图著作和通信集》第一卷，郭大力、王亚南译，商务印书馆1981年版，第339页。

资本和流动资本，当总资本增加时，用于购买机器、设备等的固定资本比用于购买劳动的流动资本增长得要快。李嘉图看到了资本主义使用机器造成的矛盾，既提高了劳动生产率，增加了产品数量，又排挤了工人，造成了大批工人失业和生活贫困。此外，在人口与生活资料的关系上，李嘉图依然是从资本对劳动的需求进行论述的，即资本的增加引起对劳动的需求增加，进而引起对食物的需求的增加。由于存在土地肥力递减规律，土地生产力和资本积累率最终难以赶上人口增长率，导致生活资料的人口增长压力，“仅有的补救办法不是减少人口，而是通过迅速地资本积累”①。

法国资产阶级古典政治经济学的完成者西蒙·德·西斯蒙第在其主要著作《政治经济学新原理》中专门论述了人口与经济发展问题。西斯蒙第经济理论的一个突出特点是人口与资本、财富之间存在一定的比例关系，人口过少或过多都不利于财富增加。生产是为消费，资本积累、增加财富的落脚点还是同人口繁殖、人口增加相联系，因此，西斯蒙第提出人口既是消费者又是生产者的辩证关系，他认为，人一生下来，首先是一个消费者，消费早于生产、决定生产；人生产财富是供人们消费，通过劳动创造财富，又通过享受消耗财富，所以，人既是生产者又是消费者，财富和人口相互联系、互为因果，他的这一辩证思想对于后世研究人口经济问题有着重要的启示作用。

资产阶级古典经济学家代表处于上升时期产业资产阶级的利益，与重商主义者不同，他们是从生产领域去论述资本主义人口经济问题，阐述人口经济理论。他们从劳动价值理论出发，认为人口与财富之间有着重要关系，财富增加能够决定人口增长的多少，而人口增长快慢也应与财富增长相一致；他们区分了生产性人口与非生产性人口，阐述了从经济上划分人口的阶级构成的新思想；他们提出人口生产直接受到劳动需求的市

① ［英］彼罗·斯拉法主编：《李嘉图著作和通信集》第一卷，郭大力、王亚南译，商务印书馆1981年版，第83页。

场调节，劳动需求则取决于“流动资本”，在资本主义条件下大规模使用机器导致工人被排斥，进而产生过剩人口的经济思想；他们描述了消费是人口生产的必要条件，以及消费欲望、消费方式对生育率产生影响，从而影响人口生产的理论等。这些理论都是古典经济学派人口经济学思想的科学成分和合理的因素。

但是，古典经济学由于受其阶级和时代的局限，人口经济理论也有不少非科学和不合理的成分。具体来说，资产阶级古典经济学家混淆了劳动力和劳动的区别，因而把劳动的价格当成了劳动力的价值，用不科学的劳动的自然价格和市场价格代替了劳动力的价值和价格。正是这一关键性的错误，使得他们的人口经济理论缺乏科学的理论基础和科学的概念。比如，李嘉图试图从资本积累去说明资本主义社会产生过剩人口的原因，但他不正确地把资本区分为流动资本与固定资本，用流动资本概念代替了可变资本，这样，他就不可能也没有真正了解资本的有机构成，不但不可能揭露资本主义剥削的秘密，既不可能了解剩余价值的来源，而且不了解资本积累的历史趋势，不可能揭露相对过剩人口产生的真正原因。尽管古典经济学家已经意识到人口与生活资料之间应当存在比例关系，但是，仍然有着明显错误：第一，或多或少地从纯生物学观点出发讨论这种关系，看不到人口的社会属性，看不到社会生产方式对人口生产的制约；第二，从静止观点出发，以土地肥力递减、土地报酬递减规律为依据，忽略了科学技术进步对解决人口与生活资料之间矛盾的可能性。

三、经济适度人口理论

1. 早期经济适度人口思想

在人口经济思想史上，威克塞尔在 1910 年日内瓦国际马尔萨斯主义者联盟的会议上第一次正式提出“适度人口”概念。一定时期一个国家工农业生产潜力达到最大生产率时能够容纳的人口，就是适度人口规模，即适度人口。适度人口规模是一个可变量,这是因为各种新的发现和发明、科学技术和知识的进步,都会使得工农业生产率提高,从而能够容纳更多的人口。

早期适度人口学说是在马尔萨斯人口经济理论之后,为了满足资本主义从自由竞争阶段向垄断阶段过渡而产生的一种人口经济理论,在西方人口经济思想史中占有一定的地位。但是,以埃德温·坎南、克努特·威克塞尔等为代表的早期经济适度人口学说是从静态去考察人口与经济之间的相互关系。这种经济适度人口学说的缺陷是脱离社会生产力方式和唯物史观来考察人口经济问题,没有正确的理论基础,缺乏应有的科学依据,坎南、威克塞尔把资本主义生产方式看成是既定的、永恒的。唯物史观认为,人口经济现象是一种社会现象,社会生产方式的性质决定着人口经济问题性质,对人口经济运动起决定作用。因此,他们没有也不可能从资本主义社会的生产关系与生产力的矛盾运动去考察人口经济问题。

2. 现代经济适度人口学说

与早期经济适度人口学说相比,现代经济适度人口学说研究的领域扩大了,研究涉及的问题明确了,确定经济适度的标准也起了变化,从原来的“收益”“经济收益”变为人均产量或人均收入。更为重要的是现代经济适度人口理论不但进行静态考察,而且进行动态考察,即从静态经济适度人口理论向动态经济适度人口理论过渡。

静态经济适度人口或人口的静态经济适度,是指在其他条件相同时,特别强调技术水平等因素不变时,实现有关假定经济目标,可能的适宜或最有利的人口规模。静态经济适度人口还可以分为纯粹静态经济适度人口和比较静态经济适度人口。图 1-1 说明了纯粹静态经济适度人口,纵轴 OY 表示每个人平均产量,横轴 OX 表示人口数量,OS 曲线表示随着人口规模的扩大,每个人平均产量的变化趋势。当人口开始增加时,每个人平均产量逐渐上升,如人口增加到 N_1时,每个人平均产量增加到 M_1。当人口增加到 N_2时,每个人平均产量达到最高点 M_2,此时的人口 N_2为经济适度人口。图 1-2 说明了比较静态经济适度人口。纵轴 *OY* 分别表示人均产量、总产量和边际生产率，横轴 *OX* 表示人口数量。*OP* 表示总产量随人口变动而变化的曲线，*OS* 表示人均产量随人口变动而变化的曲线，*OM* 表示边际生产率随人口变动而变化的曲线。当人口增加到 N_1时，*OM* 曲线达到最高值 *L* 点。*L* 点正好与总产量曲线的转折点 *J* 点相对应，所以，边际生产率达到最大值的人口为 N_1，但是，在人口 N_1 处，人均产量曲线 *OS* 并没有达到最高点，即平均产量最大值，而只达到了 M_1点，随着人均产量上升达到最大值 M_2点。M_2点边际产量曲线与人均产量曲线最高点相交处，此点对应的人口为 N_2。如果以人均产量的最大值为适度人口的标准，则 N_2为经济适度人口。

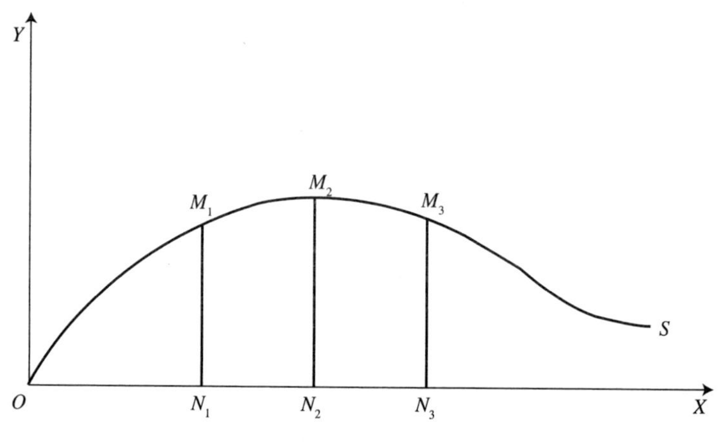

图 1-1 纯粹静态经济适度人口

动态经济适度人口，是指人口数量或密度变动对其他经济变量带来的影响。这个定义强调时间间隔，不是指一定时间点，而是一定时期；同时强调人口变动，即人口增长或缩减的适度变动。阿尔弗雷·索维是动态经济适度人口的主要代表人物，他主要是从生产率提高和技术进步两个方面进行分析。技术进步可以提高最高人口数量及其生活水平，也就是说，由于技术进步，工人可以生产更多的产品，加上必要的社会安排，就

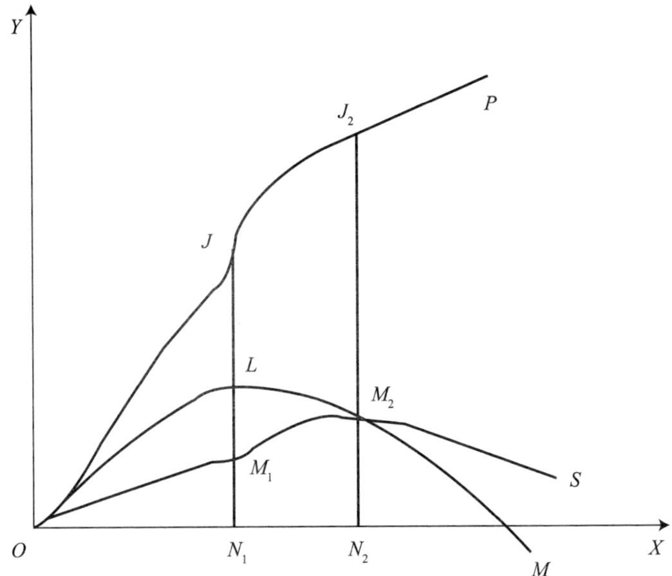

图 1-2　比较静态经济适度人口

可以养活更多的人口。传统的西方经济学认为，技术进步，如实现机械化，会造成工人失业，从经济上确定的适度人口规模相对缩小。然而，索维却持相反的观点。他认为，技术进步不一定会造成工人失业，不但不会有人口的适度规模缩小，反而会有所提高，因为“从总的和长远来看，技术进步所创造的就业机会多于它所压抑的就业机会”①。

现代经济适度人口理论与早期经济适度人口理论是有渊源的，索维的理论源于威克塞尔和坎南，无论是静态分析还是动态分析，其理论依据仍然是西方经济学中的收益递减规律和局部均衡分析法。但与早期经济适度人口学说相比，现代经济适度人口理论有其进步的成分：如索维意识到资本积累率上升和技术进步能够提高经济的适度人口；衡量人口适度

① ［法］阿尔弗雷·索维：《人口通论——增长经济学》上册，商务印书馆 1978 年版，第 216 页。

的标准从笼统的"产业收益"推进到"人均产量""人均收入",这在现代统计学和经济计量学发展的条件下,都是可以计算的。然而,仍然存在理论的局限性:索维反复强调现代经济适度人口理论的出发点是一个稳定人口,然而在他所处的时代,只有发达国家的人口处于相对稳定的状态,发展中国家的人口一直增长较快,索维忽视和无视发展中国家人口状况,一味追求发达国家人口要有比现在增长速度更高的增长率,其实质是为西方资本主义制度提供更多的劳动力理论注解;从宏观来看,以私有制为基础的资本主义经济处于垄断与竞争并存的无政府状态中,人口生产同样是完全无计划的。同时,在资本主义条件下,贫富悬殊,工人失去了生产资料,产品为资产阶级占有,工人、劳动群众得到的只是维持劳动力再生产的费用,在这样的条件下,谈论"人均产量""人均收入"只会掩盖资本主义的剥削,所以这只能是一种理论虚构,并不能真正揭示资本主义条件下人口与经济之间的关系。

四、新古典经济学和凯恩斯经济学中人口与经济发展理论

把新古典经济学和凯恩斯经济学的人口经济发展思想放在一起论述,是因为在经济思想史上发展虽有先后,但理论相互影响并有交叉。以阿尔弗雷德·马歇尔为开端的新古典经济学把注意力转向微观分析。马歇尔认为,经济增长速度有时缓慢,但是总的来说是前进的,是增长的,不会停滞。在增长过程中,马歇尔认为人口变动是渐进的,是已知的,但是他特别强调了人口健康和质量成长对经济增长的作用。马歇尔提出生产上报酬递增倾向理论,与古典经济学中实际上的报酬递减的理论截然相反。新古典学派流行时期,约瑟夫·熊彼特有新思想。1912 年在其《经济发展理论》一书中,他建立了以创新概念为核心的动态经济发展理论,提出经济增长动力是"创新者",主要是有见识、组织才能、冒险精神的企业家。创新过程是生产要素新的结合过程,在以往的静态分析中,资本、

人口、技术、生产组织等要素是不变量，在创新动态经济中，包括人口在内的各种要素都会不断地变动和重新结合。继熊彼特之后的新古典经济学者，如瓦尔拉斯、古斯塔夫·卡塞尔、克拉克、埃奇沃思等人，主要研究集中于收入分配、边际价值理论和一般均衡等，基本放弃了对影响经济增长重要的人口因素研究。

1929—1933 年发生的世界经济危机，打破了新古典经济学经济增长理论的各种预期，为适应资本主义挽救经济危机的需要，凯恩斯以充分就业为对象，拓展出西方宏观经济思想。在 1922 年发表《一个经济学家的人口观》一文中，凯恩斯认为人口增长是经济发展的主要障碍，到 20 世纪 30 年代，凯恩斯从担忧人口增长转向担忧人口缩减，此后的《就业、利息和货币通论》《人口减少的若干经济后果》则成为凯恩斯人口经济理论的代表作。《就业、利息和货币通论》提出资本主义社会实现充分就业的均衡仅仅是特殊情况，从整个国民经济运行看，通常情况是小于充分就业的均衡。凯恩斯侧重于分析投资不足引起的失业，因此解决失业问题的出路在于增加投资需求，通过增加国家投资来增加就业。在《人口减少的若干经济后果》中，凯恩斯进一步论述了人口转变对经济增长的影响。凯恩斯发现，经济危机时，人口增长发生了变化，由急速增长趋于静止或缩减。对于这种情况，与马尔萨斯人口增长对经济发展不利观点相反，凯恩斯提出人口增长有利于经济发展，减少的人口将使面临的困难比维持繁荣更难，增长的人口对资本需求有重要影响。

凯恩斯学说是一个短期分析模型，他主要关注的是充分就业而不完全是经济增长，企业解决的是有效需求不足，所以是比较静态经济分析。20 世纪 30 年代末至 40 年代中期，哈罗德和多马不约而同地提出了一种增长模型，将凯恩斯分析动态化，就是著名的哈罗德-多马模型。在哈罗德-多马模型中主要研究均衡增长率和实际增长率之间的关系，要保持经济的均衡增长，实际增长率必须等于均衡增长率，但是实际经济中两者未必相等，差距源于实际投资与预期投资未必相等。在均衡增长率和实际增长率不等时，经济不会自然恢复到两者相等，而是差距越来越大，哈罗德把增长过程看成是一个不稳定的现象，稳定增长率的微小偏差都会引起膨胀或长期停滞。为了在模型中补充就业这一因素，哈罗德创设了自然增长率概念，即人口和技术改进情况下可能允许的最大增长率。如果一个国家的经济要保持长期充分就业，就要实现均衡增长率、实际增长率和自然增长率相等，这种稳定均衡增长轨迹就是一道极其狭窄的“锋刃”，资本主义经济是很难满足这种苛刻的条件的。在哈罗德-多马模型中，要实现充分就业，投资增长率必须等于储蓄倾向和投资平均生产力的乘积，这源于哈罗德-多马模型中的投资二重性，即投资既形成对资本的需求，又因为新的生产力的增加导致供给的增加，要保持充分就业就要投资形成的需求和供给相等。

哈罗德-多马模型包含严重的不稳定因素。为了弥补这种缺陷，经济学家罗伯特·默顿·索洛和斯旺分别提出了大体相同的新古典经济增长理论，之后，米德对新的模型加以系统化。新模型以完全竞争市场为对象，认为劳动和资本能够相互替代，价格调节可以自动达到均衡，被称为新古典经济增长模型。索洛认为，哈罗德和多马研究在何种条件下经济能稳定增长这个问题，是有一致性条件的。这就是储蓄率等于资本产出比与劳动力增长率的乘积，即 $S = vn$ 。在这种一致的条件下，生产能力增长的流动才与每年增加的劳动力相当，并与不变的资本产出比一致。索洛认为，这种一致性条件是可变的。劳动力供给增长率基本依赖于影响出生率和死亡率的人口学方面的因素以及在长期内影响劳动参与和非参与之间选择的社会学方面的因素。资本产出率因技术进步的变动而变动。储蓄率取决于对待消费和财富的态度，如果存在生命周期储蓄模式，则总储蓄将随着人口年龄结构变化而变化，从而随着人口增长率的变化而变化。索洛认为，人口增长对经济因素的敏感程度有其历史性的变化。同生活水平提高相比，生活水平较低时，出生与死亡更容易受到经济的影响。从他的模型来看，S 应当与 vn 均衡，投资的增长要能与过剩生产力相一致。如果 S 小于 vn，投资不足，就难以保证劳动力就业，失业率就会上升，从而实际工资下降，最终抑制人口增长率。进而使 S 与 vn 之间的缺口缩小，直到消失。如果 S 大于 vn，投资过度，超过了促使增长的劳动力就业所需要的投资，劳动力市场会出现严重的供不应求，实际工资会提高，人口增长率出现上升。

五、二元经济理论中的人口与经济发展理论

二元经济理论是威廉·阿瑟·刘易斯在20世纪50年代提出，后由费景汉和拉尼斯等人发展，也被称为“刘易斯-费-拉模型”。在20世纪50年代至60年代，这一理论被公认为第三世界国家解决劳动力剩余的最适用理论，至今仍得到许多人的支持。

刘易斯早期模型假设，不发达国家是由两个部门，即传统部门和现代工业部门组成，传统部门的经济特征是处于所谓马尔萨斯最低工资均衡状态，其实体就是农业部门。农业部门由于生产规模小、技术十分落后，生产的主要目的是为了生活消费，产品能够出售的较少，因而实际上存在大量边际生产率为零的隐性失业人口，这种状况被称为劳动力的无限供给。现代工业部门的特征是生产规模非常大，使用先进的生产和管理技术，生产动机主要就是在市场上销售谋利。现代工业部门的就业量和工资主要是由传统部门农村的劳动力供给和现代工业部门的劳动力需求的供求均衡决定，另外，尽管现代工业部门仍旧存在传统的工资，但是与工业的边际生产力已经无关，原因在于，只要农村剩余劳动力未被城市吸收完，现代工业部门工资不会随着劳动生产率提高而提高，结果是，现代工业部门能够加速形成资本积累。资本积累是技术进步的前提，因而，现代工业部门的扩张推动经济增长，最关键的是增加资本积累。

刘易斯进一步提出，劳动力转移和现代工业部门就业增长是由现代工业部门的产量增加带动实现的，而产量增长速度又取决于现代工业部

门资本积累率,资本积累来自利润再投资,利润则来自对农村大量剩余劳动力的利用。图 1-3 解释了刘易斯二元结构中现代工业部门增长的模型,纵轴代表实际工资和劳动边际产品 MP_L ,横轴是劳动力数量。OA 代表传统农业部门平均实际收入水平,OW 代表现代工业部门的实际工资。在这种工资水平,劳动力供给水平线 WS 表示,农村劳动力供给是“无限”的或者说是极其富有弹性的。具体来说,刘易斯从中假定,存在比农村平均收入 OA 高的城市工资水平 OW ,现代工业部门雇主能够雇用数量不限的大量农村剩余劳动力,同时还不必担心劳动工资水平增长。图中假定现代工业部门最初阶段增长资本供给量是 K_1 ,N_1K_1 表示由递减的劳动边际产品所决定的劳动需求曲线。由于假定追求利润最大化的现代工业部门的雇主雇用工人直到劳动力的边际物质产品与实际工资相等那一点为止,因此,整个现代工业部门的就业量将与 OL_1 相等,产量将由点 ON_1BL_1 画出的面积表示,总产量中以工资形式付给工人的部分是矩形 $OWBL_1$ 的面积,剩下的 WN_1B 部分是资本家利润。刘易斯假定利润全部用来投资,现代工业部门投入资本总额从 K_1 增加到 K_2 。资本增长使现代工业部门总产量曲线上升,劳动力需求曲线上移(N_2K_2)。现代工业部门雇用工人达到 OL_2 ,从而现代工业部门会在 C 点出实现新的就业均衡水平。工资总额和利润总额则分别增加到 $OWCL_2$ 和 WN_2C ,总产出增长到 ON_2CL_2 。更多的利润 WN_2C 再次用于扩大投资,增加到 K_3 ,劳动需求曲线上移到 N_3K_3 ,现代工业部门经济增长与就业水平也提高到 OL_3 。因此,只要存在剩余劳动力,现代工业部门的经济增长与就业扩大会一直持续下去,直到剩余劳动力能够被完全吸收到现代工业部门,这个过程才停止。而此之后,必须付出比食品生产损失更高的代价才能够得到农业部门新增劳动力,这意味着劳动与土地的比率不断下降,农村劳动力的边际收益不再为零。这时,现代工业部门工资和就业仍然能够增加,但是劳动供给曲线则变为向上倾斜。整个过程就是经济活动不断从传统农村转向现代城市工业的就业转移过程,不仅实现了经济结构转变,而且完成了从不发达到现代经济的发展进步。

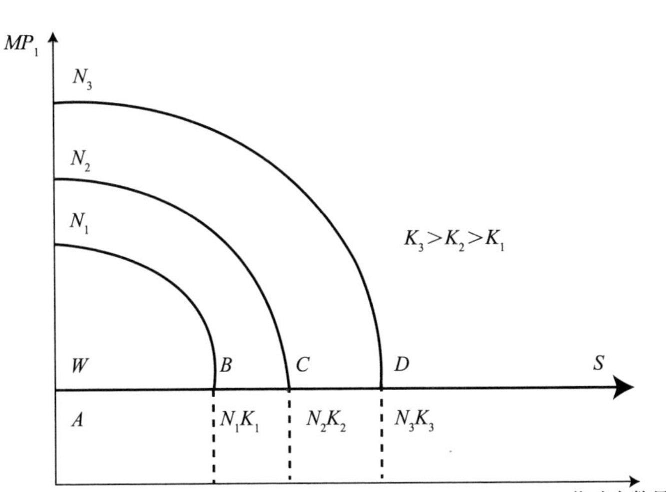

图 1-3　刘易斯二元经济结构中现代工业部门的增长

由于刘易斯二元经济结构模型将农业作为一个被动部门，不存在劳动生产率提高和收入增长。针对这个假定，费景汉和拉尼斯提出：第一，如果不重视农业促进工业增长的重要性，就可能导致农业停滞；第二，农业劳动生产率提高出现剩余产品，是农业中劳动力向工业转移流动的前提条件，否则工业中新吸收的那些来自农业的剩余劳动力就没有足够粮食和其他农产品供应。

鉴于刘易斯模型的不足，费景汉和拉尼斯在刘易斯已有模型基础上，将经济发展分为三个阶段。第一阶段，农村有着大量隐性失业人口，农业边际劳动生产率接近于零，劳动力能够无限供给。随着隐性失业劳动力人口向工业部门转移完毕，经济发展自动进入第二阶段。第二阶段，工业部门能够吸收的劳动力人口是低于农业部门平均产量的剩余劳动力。因为这些劳动力的边际生产力为正值，随着劳动力转移出去，农业总产量会下降，经济中可能开始出现农产品尤其是粮食的短缺问题，工农业部门的贸易条件开始有利于农业部门，经济进入了第三阶段。在第三阶段，城市经济开始商业化，农业开始资本化，由于农业部门边际产量已经与工业部门相同，可以转而引用新古典主义的分析模型。

问题的关键在于，上述发展过程是否能够把隐性失业人口全部转移到工业中去就业。解决此问题的出路，就是在工业部门扩张的同时，提高农业劳动生产率，促使农业与工业能够同步发展。

六、经济周期长波理论中的人口与经济发展理论

这个理论的主要代表人物是西蒙·库兹涅茨和理查德·伊斯特林。资本主义经济发展存在波动、周期现象。20 世纪 20 年代初期，尼古拉·康德拉季耶夫提出资本主义经济运动存在 50 年为周期的长波假设。1930 年，库兹涅茨提出大约 20 年为周期的长波理论。

库兹涅茨把生产和价格的相互作用形成的长期波动称为长波。他经过考察认为，价格波动大约 23 年为一个周期，生产波动大约 22 年为一个周期。因此，得出结论，资本主义经济运动大约 20 年或稍长一些为一个波动周期，故名为“经济长波”。后来他的研究又转到对国民收入增长和人口增长长期波动分析。他提出的经济发展长期波动称为“库兹涅茨周期”。作为长期经济周期，它涉及人口变量和经济变量两个序列及其相互关系，库兹涅茨的着眼点不只是注意总人口量和总收入量的增长，而且重视按人口平均收入的增长。其主要理论推导为：

$$Y = P \times \frac{Y}{P}$$

其中，Y 为国民收入，P 为人口。再以 G 为国民收入增长率，p 为人口增长率，y 为人均收入增长率，可得：$1 + G = 1 + P + Y$，即 $G = p + y$。这就是说，国民收入增长率等于人口增长率和人均收入增长率之和。库兹涅茨关于资本主义经济存在长期波动的观点，是经过大量统计观察用数字来证实的。他从 20 世纪 30 年代起，把经济增长与人口变动联系起

来，对一些发达国家的国民生产总值、国民收入和人均收入进行系统的考察研究后发现，从19世纪70年代直至20世纪20年代前，美国经济增长波动是由于人口的国外移民变动引起的。发达国家国民收入的人均增长都比较快，其原因就在于：经济发展过程中，不断提高投入的劳动质量和资本质量，从而使劳动生产率大幅度增长。这就不仅使国民收入总量增长较快，而且人均收入也不断提高。

在20世纪60年代至70年代，伊斯特林进一步探讨了人口经济长波理论。伊斯特林认为，人口因素与经济因素相联系的中心点是劳动力，经济条件的变化引起人口变动，而人口增长和劳动力增长长波又是同经济增长长波相联系的。伊斯特林将其分析研究看成对库兹涅茨人口经济长波理论的继续和发展。人口变动总是要受到收入、劳动力、劳动市场条件等经济因素的制约。所以，既要研究人口变量与经济变量相互影响的特点，又要研究它们各自的特点。他侧重研究的是美国人口和劳动力的变动以及美国人口增长波动与经济增长波动之间的关系。伊斯特林虽然是沿着库兹涅茨人口经济长波理论的思路前行，然而库兹涅茨始终认为人口增长波动是经济增长波动的原因；相反，伊斯特林则肯定地认为人口波动的原因在于经济条件的变化，伊斯特林的这个观点是人口理论上的一个重要发展。

七、人力资本理论中人口与经济发展理论

西奥多·舒尔茨对人力资本理论作出开创性的贡献，完成了一系列与人力资源相关的著作：《人力资本投资》《人力资源》《教育的经济价值》《人口投资：人口质量经济学》等。早期他对美国农业问题研究时发现，从20世纪初直至50年代，美国农业产量迅速增加和劳动生产率提高的重要原因已经不是传统的土地、人口和资本数量的增加，而是劳动力人口能力和技术水平提高推动的。《人力资本投资》一书中，舒尔茨指出，

传统经济理论认为经济增长依赖于劳动力或物质资本增加，但是他的研究发现，劳动力的知识、能力和健康等人力资本的提高对经济增长贡献比劳动力和物质资本增加更重要。舒尔茨的人力资本，就是指人口素质或质量问题，即人口的身体素质和文化知识素质，对人力资本的投资就是对人口质量的投资。此后，由于受到舒尔茨人力资本理论影响，西方人口经济学开始把人口投资分为宏观人口投资和微观人口投资。宏观人口投资是指从国家或整体来考察人口抚养、教育、医疗、装备以及其他方面的人口发展费用支出总和；微观人口投资是指个人或家庭用于维持现有生活及延续后代，在衣食住行、教育、医疗等人口发展方面花费支出的总和。

从社会生产和再生产过程来考察，劳动力和生产资料是两个基本要素。在任何条件下，用于购买各种生产资料的投资，其性质是生产性投资，这是毋庸置疑的。在人口经济学家舒尔茨看来，投资劳动力人口在生产的资本，即人口投资，应该说也是社会再生产过程所必需的，在性质上与用于购买各种生产资料的投资是相同的，是生产性投资。在他看来，劳动力是一种稀缺资源，特别是人口质量、劳动力人口的质量是稀缺资源。要获得这种稀缺资源需要花费一定的费用。过去把这种费用看成纯粹消费性支出是一种错误。在舒尔茨看来，这些费用是生产性支出。因为没有劳动力，在社会再生产过程中，生产资料是不能自行运转的。只有当劳动力人口与生产资料相结合时，社会生产和再生产才能够运行。所以，投入劳动力人口生产和再生产的资本是社会再生产得以进行的一种不可缺少的投资。这种人口投资用于增加劳动力人口数量，给现有劳动力人口不断补充新生力量；这种投资更重要的是用于提高人口质量，给现有劳动力人口增加高质量的人力资源。舒尔茨强调人口质量的提高大大有利于农业和非农业生产、家庭生产，有利于提高劳动生产率和利用时间的效率，有利于增进企业的能力和管理水平。

人口投资作为生产性投资，能够与物质投资一样，转化为“资本存量”或者“资产”。这种转化一般采取以下形式：(1)健康资本存量，指人口的身体健康状况以及身体素质，包括身高、体重和“健康时间”等因素。人口的健康投资包含养育儿童、住房、穿衣、医疗等有关保障身体健康的费用支出，人口健康存量增加，使寿命延长，总体有利于经济增长。（2）知识存量，是指人口的智力、知识、能力、技术等。知识存量是由教育投资转化产生，包括儿童早教、学校教育以及成人的职业培训等费用支出。教育投资可以进一步划分为宏观教育投资和微观教育投资：宏观教育投资是指政府和其他社会组织在国民教育上的支出；微观教育投资是指个人或家庭在子女教育或本人发展的职业培训花费的支出。（3）就业资本存量，由就业投资转化，是指新增就业的劳动力人口花费的支出，包括为机器设备、厂房等方面的支出，就业资本投资实际上采取物质资本投入形式，并最终转化为物质资本存量。

人口投资对经济增长的作用主要体现在劳动力质量对经济增长的推动作用。舒尔茨十分重视劳动力质量对经济的作用，为此把《人口投资》一书冠之以“人口质量经济学”的副标题。西方传统的经济学在给劳动投入量下定义时是以劳动投入量的自然单位计算一个劳动者投入劳动的时间。这种计算方法不能反映劳动力人口的质量对经济增长所起的作用。西方人口经济学在分析这个问题时也存在着一定困难，即如何确立计量人口质量或劳动力人口质量的尺度和指标。对于劳动人口的质量因素在经济增长的作用，西方经济学主要分析了教育投资对经济增长的作用，认为劳动人口的质量提高主要是后天经过教育获得的，教育赋予劳动力以一定的知识、专业技能等。因此，就用劳动力受教育的年数或等级作为衡量劳动力人口质量高低的一个尺度。在劳动力质量对经济增长的影响还从高、低素质劳动力之间的可替代性和替代程度进行了分析。在现代科学技术工作中，专业性越强的工作，越不容易被替代；相反，则易替代。同样，资本和劳动之间的替代也受到很大的局限性。尽管电脑、机器人等能够替代某些部门一些劳动者的工作，但是，如果技术程度和专业化程度发生了变化，也不能够彼此替代。这就说明了人口投资对经济增长的特殊重要性。

第二节　中国人口与经济发展思想与理论综述

一、中国古代人口与经济发展思想

中国历史源远流长，在农业文明时代，中国封建王朝形成了人口多寡决定国家贫富的主流思想，在民间则形成广为熟知的“多子多福、子孙绵绵”社会思想。中国古代治乱循环往复的历史周期率比较明显，以农为生的人口和经济发展关系受自然和社会灾难冲击深重，一些思想家也较早地预见到中国传统社会可能存在的人口增长与农业经济社会之间的内在矛盾和危机，提出了一些对后世认识中国的人口经济社会问题具有较强实践价值的思想。

1. 先秦时期韩非子最早提出人口控制思想

在中国封建社会小农经济时代，土地是最重要的生产资料，同时也是人们获取财富最主要的途径。封建社会的农民，既是农业生产的劳动者、社会财富的创造者，同时也承担着封建国家的兵役、劳役和赋税。对统治者而言，土地和人口占有愈多，他的政治权力和军事实力愈强大，因此，统治者会鼓励增加人口和耕地。但实际上，封建各国的疆界所限，人口和土地增长是有限的，社会财富与人口增长不是呈正比增长关系，在那些人多地少的地区，随着人口持续增长，人均占有土地会不断减少，个人财富随之会减少，并逐渐因争夺人口和耕地引发经济冲突和社会矛盾。中国古代封建社会的这一矛盾逐渐演化为王朝更替、治乱反复的历史轮回，这一点逐渐被一些思想家和有识之士注意到，他们开始提出对社会人口加以控制的思想。如道家创始人老子(公元前 571—前 471 年)，提出“小国寡民”的主张，认为城邦建制应小一些，人口规模更应适度，这样人们便可以过着自然无争的生活，彼此之间才能安居乐业，实际上反映了道家崇尚自然和反对社会纷争的哲学思想。

战国末期，法家代表人物韩非子（公元前 280—前 233 年）率先从财富与人口对比角度，提出“人多食少”的人口控制思想，后被称为中国历史上“第一个从人口和财富的相对变动关系来寻找社会变动原因的思想家，是最先明确地对人口增长抱批判态度的思想家”，成为后世主张控制人口增长的思想先驱。韩非子提出，古代人口少而“财有余”，随着人口不断增殖，“货财寡”，导致人口与财富形成反比关系，是引起社会纷争的最主要原因，解决这种纷争的途径是缩减人口和增加社会财富。韩非子认为耕织者可以增加收入和财富，非农业人口是社会的蛀虫，因此，应保持农业人口，减少说客、游侠、儒者和工商业等非农业人口。也就是说韩非子主张的控制人口主要是针对非农业人口即消费人口而言，而对生产型的农业人口则不加限制。

2. 宋代李觏、苏轼和马端临等人提出减少冗民和培育民材的人口思想

中国古代人口思想在宋代有了较大发展变化，主要表现为对沿袭已久的传统“求庶论”提出大胆质疑和挑战，同时对长期很少关注的人口素质问题有了新认识和较系统的阐述，由此使得中国传统人口经济思想的发展达到前所未有的一个新高度。其中，代表性的学者和观点有：北宋学者李觏“冗民”与“冗食”论、苏轼“以多为患”论，南宋学者马端临“民材”（人口质量）学说。中国到两宋后期，土地兼并十分严重，大量农民因失去土地而耕地不足；加之两宋前期人口增多较快，人口过剩引发的经济社会问题变得十分突出。针对这些情况，李觏（1009—1059 年）指出社会上出现的大量“冗民”（剩余人口）是贫困的重要原因之一，由此，要富国就必须解决“冗民”问题。出路在于：一方面要“平土”，即解决土地兼并问题；另一方面，要“去冗”，帮助“冗民”回到农业生产中去。

同时期的北宋思想家苏轼（1037—1101 年）针对当时的实际情况，认

为人口增长意味着服徭役的人多，并不意味着生产者的增加，人多“非徒无益于富，又且以多为患”，使民众更加贫困。南宋学者马端临（1254—1323 年）继承并发扬了苏轼的观点，在中国历史上第一次明确提出人口质量问题，并阐述了人口质量的经济与政治意义。马端临认为人口质量与人口数量同等重要，强调人口质量在发展中的作用，统治者应谋求在提高人口素质前提下增加人口数量，进而实现“民众则其国强”的目的。在其代表作《文献通考》中他明确指出，南宋统治者只把民众人口当作榨取赋税、充当徭役的劳动工具，根本不关注“依民为重”，结果“民材”日益枯竭、恶化，即导致“民生其间，才益乏而智益劣”，于是乎，“民之多寡不足为国之盛衰”。

3. 清代以洪亮吉为代表提出“人口过剩”危机的思想

明代时期资本主义萌芽出现，市民意识开始觉醒，一些有识之士提出应节制生育、控制人口的主张。如明代文学家、思想家、戏曲家冯梦龙（1574—1646 年）长期生活在江南，亲身经历了人口过快增长导致的生活生存压力问题，提出节制生育主张。时至明清，中国人口从近 1 亿增加至 3 亿多，人口压力陡增，清代乾隆时期学者洪亮吉（1746—1809 年）在前人人口控制思想的基础上，提出人口过剩和人口危机的思想，被称为“中国的马尔萨斯”①。

洪亮吉从人口增长速度和土地开垦、财富增长速度之间的不平衡中，发现了人口控制的必然性。他指出人口如果无限增长，会出现生活必需品供不应求进而物价上涨，给社会稳定带来极大的不利影响，具体有三：一是生产空间缩小，生活水平下降，财富的增长赶不上人口的增长，财富越来越匮乏。二是物价上涨，甚至通货膨胀。他以亲身经历对比早前日常用品和商贾发展情况，指出随着人口膨胀，物价必然上涨。三是社会难

① 王亚南：《马克思主义的人口理论与中国人口问题》，科学出版社 1956 年版，第 30—31 页。

以提供足够的生存机会，引起各种社会治安问题。针对人口过剩带来的各种问题，洪亮吉提出了摆脱人口危机的两种办法：“天地调剂法”和“君相调剂法”，也就是说通过自然界“水旱疾疫”和国家政府的力量解决人口过剩。但洪亮吉的思想并不能从根本上解决人口过剩问题，晚清学者汪士铎（1802—1889 年）对此展开进一步探索。王士铎生活在社会经济政治急剧变革的清朝末年，目睹清中叶以来人口问题的严重性，提出人口“万万不容过多”①的思想，认为国家应倡导晚婚，反对早婚，缩短生育年龄，减少人口出生率。

二、近代国内对马尔萨斯人口经济思想的认识

随着欧美资产阶级经济思想在 19 世纪末叶传入中国，以马尔萨斯为代表的人口学说也开始流传到中国，最早如 1883 年同文馆出版的《富国策》，1903 年陈昌绪翻译的《计学平议》和梁启超编译的《生计学学说沿革小史》等。其中人多致乱的观点受到中国当时的民主革命派和进步思想家的一再批判。

孙中山深刻地分析了当时中国贫弱的主要根源。他非常重视中国封建社会最主要的人口经济问题，即人口和土地问题。他批判土地的私人垄断，而且看到了封建租佃关系使占中国大多数的农民遭受封建剥削，因此，他主张平均地权。在辛亥革命胜利后，资本家及残余封建势力继续压迫剥削工人牟取私利，孙中山提出“节制私人资本”“发达国家资本”。孙中山在晚年论述民族主义时，更痛斥马尔萨斯人口论是一种亡国灭种的谬论。他认为，不能局限于从人口数量来看问题，一国的政治经济实力很重要，而政治经济正是人力的表现，所以他反对盲目减少人口，主张增加人口数量，增强中国的政治和经济实力。

① 吴根友：《中国社会思想史》，武汉大学出版社 1997 年版，第 278 页。

廖仲恺在分析中国人口和领土对建设新国家的关系时，也严厉地批判马尔萨斯人口论。在他看来，中国的人口增长绝对不会达到马尔萨斯所断言的可怕程度，因此，不能用非正常手段来限制人口增长。同时，他认为，中国的人口密度比西欧地区许多资本主义国家低得多，中国并不存在“人满为患”，造成人民贫困的根本原因是地主对土地的垄断和对农民的压榨，所以他拥护孙中山提出的“平均地权”。

20世纪20年代一批从西方学成回国的人员，以马尔萨斯人口论为理论依据，提出中国人满为患、人口过多成为国运衰败原因的论调，李大钊和陈独秀从马尔萨斯的人口论入手，批评这一错误观点。李大钊认为，人类的能力是无限的，自然界的物力也是无限的，发展生产就能使人类生活富裕。他特别谴责马尔萨斯所说的人口过剩导致灾荒、战争等必然发生的谬论，那是为野心家制造借口，主张了战争的罪恶。李大钊作为早期的马克思主义者曾经指出中国的主要问题是农民和土地问题以及资本家占有生产资料和科学成果的资本制度，解决人口经济问题的根本出路在于通过革命走社会主义的道路。陈独秀认为，人口递增固然是事实，食物随着递增也不是空想。在生产资料私有制的阶级不平等社会里，“个人的贫困现象不一定是因为人口超过了生产，大部分是因为财产私有，分配不均，一阶级人占据有余，一阶级人不足”①。陈独秀进而提出发展科学、生产技术，增加劳动数量和平均等方法来解决人口经济问题。

三、马寅初的人口与经济发展理论

马寅初是当代中国最著名的人口经济学家，在人口经济领域取得了丰硕的研究成果，如《新人口论》《控制人口与科学研究》《为什么强调人口质量》《我国人口问题与发展生产力的关系》等。新中国成立后围绕马

① 陈独秀:《马尔萨斯人口论与中国人口问题》,《新青年》1920年第7卷4号。

寅初人口经济思想和理论产生了一系列争论，马寅初人口经济思想和理论对新中国的人口经济社会发展的理论和政策可谓影响巨大。总体而言，马寅初的人口经济思想和理论可以归纳以下五个观点。

（1）新中国人口增长率过高的客观实际。从1953年到1957年，我国人口净增加1亿多，马寅初调研发现，当时人口自然增长率已经超过20‰，随着结婚人数不断增多，政府需要提高孕妇、产妇、婴儿福利，同时社会环境的净化、生活水平的提高、政府对多子女家庭的奖励等原因，人口增长率还会进一步提高。

（2）从新的形势出发，考虑人口经济问题。马寅初认为，我国"三大改造"基本完成后，建设的重点应该在发展社会生产力方面，提高人们的科学文化技术水平。"人口多、资金少，也是一个很重要的矛盾。过去的矛盾是阶级矛盾，现在的矛盾主要是生产的矛盾"①，马寅初提出，应当根据当时的政治、经济大局来考虑人口问题，认为人口增长过快阻碍生产力的发展，他从工业原料和粮食生产、工业建设和人口的关系等多个方面说明，生产与人口需求之间应有一个适当的平衡，人口增殖过快必然会导致积累减少，进而工业化被推迟，"我们解决主要矛盾的根本办法就是发展生产力，高速度地工业化。要高速度工业化就需要大量资金。资金从何而来？资金主要从国民收入中积累而来。但是，我国人口太多，以致影响积累，影响工业化。因此，中国人口如继续这样无限制发展下去，就一定要成为生产力发展的阻碍"②，因此，人口必须加以控制。

（3）人口发展必须与国民经济发展相适应。马寅初强调人口增长不能脱离经济条件，从社会主义经济发展综合平衡的角度，必须与国民经济发展相适应，按比例发展，否则人口增长太快、资金积累太慢的矛盾会突出起来，"要改善人民的生活，一定要扩大生产和再生产；要扩大生产和

① 马寅初：《新人口论》，吉林人民出版社1997年版，第2页。

② 马寅初：《新人口论》，吉林人民出版社1997年版，第43、47页。

再生产，一定要增加积累；要增加积累，一定要增加国民收入。……我要研究的就是如何把人口控制起来，使消费的比例降低，同时就可以把资金多积累一些”①。如果采取降低消费比例使积累增加呢？“看我国的实际情况，这是带有危险性的”②，因为“那就是说我们只顾工业化，不顾人民了，不免会出乱子”，所以可行的是“提高农民劳动生产率，一面要积累资金，一面要控制人口”③。

（4）人口数量与质量必须相称。马寅初提出既要控制人口数量，另外也应当提高人口质量。“我国人口的数量与质量之间不相称，几乎无人不知。现在我们已进入原子能时代，非把人口的质与量快快适当地统一起来，很难完成原子能时代的任务，这就是我在本书中为什么强调人口质量的缘故。”④我国劳动生产率低，一方面是技术设备落后，另一方面也由于劳动者科学技术文化低。人多需要就业，这就使人口排斥了先进的机器设备。马寅初关于人口数量与质量的辩证分析，今天看来虽不详细，但可以看出，他关于控制人口数量提高人口质量的主张，是具有战略眼光的真知灼见。

（5）《新人口论》观点和马尔萨斯的人口论有着根本的区别。首先，马寅初指出：“马尔萨斯写的人口论的本意，就在于从理论上维护资本主义制度及其政府，掩盖英国政府的错误措施。他的人口理论无异乎告诉工人们说，工人们的普遍贫困不是政府之过，主要是由于人口增长太快，而粮食增加太慢引起的。这种论调是他的‘人口论’的出发点，也就在这一点上他根本错误了。”⑤其次，《新人口论》和马尔萨斯的人口论提出的背景不同。马尔萨斯认为人口呈几何式增长，粮食按算术级数增长，但后

① 马寅初：《新人口论》，吉林人民出版社 1997 年版，第 4 页。
② 马寅初：《新人口论》，吉林人民出版社 1997 年版，第 11 页。
③ 马寅初：《新人口论》，吉林人民出版社 1997 年版，第 12 页。
④ 马寅初：《新人口论》，吉林人民出版社 1997 年版，第 46 页。
⑤ 马寅初：《新人口论》，吉林人民出版社 1997 年版，第 6 页。

来的社会经济、农业技术的发展证明这并不符合事实。此外，马寅初从我国的社会性质说明必须采用新的理论来对抗马尔萨斯，如果仍然以生产关系桎梏了生产力的发展理论来对抗马尔萨斯自然性质的理论显然行不通，“现在中国的情形与过去大不相同了，过去可以说‘生产关系不适应与生产力的发展’，所以来一个民主主义革命，来一个政治革命。如现在继续宣传‘生产关系不适应与生产力的发展’推论结果就是还要再来一个政治革命。这种不负责任的言论，定是危害国家的大事。……我们的缺点不是生产关系没有搞好，而是劳动生产率不高，救济的方法是技术革命和文化革命，决不是政治革命。因此，我们要创造一个新的学说来对抗马尔萨斯。这个学说的目的在于把劳动人民的劳动生产率逐步提高，把科学研究的成就日益提高和扩大，直到我们能制造人造食物来补充马尔萨斯食物的不足。这个新的学说不同于旧理论”①。

四、人口素质与人口发展质量的理论认识

我国早期对人口发展质量的界定局限在人口自身素质，如身体素质、科学文化素质、思想道德素质和经济指标上。关于人口质量与人口素质两个概念的界定，学术界曾有过分歧。在 1991 年召开的“中国人口素质（生活质量）问题科学研讨会”上，与会专家一致同意人口质量与人口素质是同一个概念。自此以后，学术界基本认同了人口质量与人口素质在本质上的一致性。不过近期仍有学者（于长永等，2017）对其进行了区分，认为“素质”是“自在性”，而“质量”是“自为性”，“人口质量”相较于“人口素质”更能反映一个国家的人口发展水平。② 随着经济社会的发展，纯粹地追求经济效益已经不能维持人类长期发展，“人口质量”也已

① 马寅初：《新人口论》，吉林人民出版社 1997 年版，第 48 页。

② 于长永等：《生育公平、人口质量与中国全面鼓励二孩政策》，《人口学刊》2017 年第 3 期。

经不是单一的人口自身素质概念，而是包含了人口与经济社会和资源环境的相互协调和互动关系。时至今日，人口质量已经包含了人口的内涵与外延，“人口发展质量”只是在称呼上与“人口质量”的定义保持一致。

总体来看，人口发展质量内涵的变化主要经历了两个阶段。

（1）注重人口质量内涵的研究。这一阶段人类主要注重自身发展，以发展经济和提高居民生活水平为主要目标。国内外学者认为人口质量是人自身能力和素质的集中体现。对这一概念的界定，学术界主要存在“二要素”论和“三要素”论之说。

第一，“二要素”论认为，人口质量包括人口的身体健康水平和文化水平。日本政学界较多从身体素质和受教育水平两个角度定义人口质量。日本人口问题审议会在1971年对人口素质的定义为：“作为集团的人的遗传的素质、形质、性格、智能或教育程度等各种属性，换句话说，是对肉体的、精神的以及社会的、能源的状态等机能侧面的各种形质的综合。”①英国学者Blaug（1979）认为人口质量是身体健康水平和技能的展现。他认为：“人口质量是一个国家的健康水平、营养状况、技术和能力水平。”②苏联学者瓦连捷伊（1981）以劳动能力为切入点，认为人口质量主要是个人劳动力与外部条件相适应的状态，“人口质量就是使人们的劳动能力同它赖以运用起来并发挥出来的客观条件相适应，并把这种适应关系保持下去的一种方式”。③ 舒尔茨（2002）从人力资本的角度出发，认为人口质量即人的能力和素质，通过人力资本的投资表现出来：人口质量是指人的能力和素质，是投入了各种形式的人力资本投资。④ 武洁、陈

---

① 吴斐丹：《人口问题与人口理论》，四川人民出版社1986年版，第484页。

② M.Blaug, "The Quality of Population in Developing Countries, with Particular Reference to Education and Training", in *World Population and Development*, Syracuse University Press, 1979, p.24.

③ ［苏］瓦连捷伊：《人口学体系》，中国人民大学出版社1981年版，第61—62页。

④ ［美］西奥多·舒尔茨：《对人进行投资——人口质量经济学》，首都经济贸易大学出版社2000年版，第2002页。

忠琏(1998)从文化水平和劳动力角度出发,认为人口素质是个人素质和社会素质的集合。其中,个人素质包括平均预期寿命、平均受教育年限、高等教育普及率、识字率,属于文化水平;社会素质包括成年人口比例、脑力劳动人口比例,属于劳动力水平。① 杨世菁、周炎炎(2016)认为人口素质包括人口身体素质、人口科学文化素质。② "二要素"论主要存在于早期的部分研究中,纵观持"二要素"论学者的观点可知,受到以提高经济水平、脱离贫困和人力资本投资与开发的时代特点影响,"二要素"论契合了所处时代的发展特点,主要关注物质层面和创造物质的科技文化层面,很少涉及深层次的思想层面。

第二,"三要素"论。随着经济社会的发展和思想开放,思想道德逐渐成为社会普遍关注的问题,这一时期产生的"三要素"论认为,人口质量包括人口的身体素质、科学文化素质和思想道德素质(梁济民,2004;李仲生,2004)③④。国内包含"三要素"的人口质量定义最早由我国的张纯元(1985)提出,并被收录在《人口理论教程》一书中。他认为人口质量是一种"人本身具有的认识、改造世界的条件和能力"⑤。这一论述写入了刘铮(1986)编写的《人口学词典》中:"人口学所讲的人口质量,一般指的是人口总体的身体素质、科学文化素质以及思想素质,它反映了人口总体认识和改造世界的条件和能力。"⑥许金声(1991)认为,人口素质是指在一定社会条件下,一定人口对经济、社会发展所能产生影响的功能属性的综合,并从两个角度对人口素质进行了具体分类:人口素质可以分为身

---

① 武洁、陈忠琏:《我国各地区人口素质差异的主成分和聚类分析》,《数理统计与管理》1998 年第 6 期。

② 杨世菁、周炎炎:《人口素质测评指标体系的构建及应用》,《统计与决策》2016 年第 12 期。

③ 梁济民:《论中国人口素质》,《人口研究》2004 年第 1 期。

④ 李仲生:《人口质量与劳动力素质》,《中国人才》2004 年第 10 期。

⑤ 刘铮:《人口理论教程》,中国人民大学出版社 1985 年版,第 116 页。

⑥ 刘铮:《人口学词典》,人民出版社 1986 年版,第 25 页。

体素质和心理素质,心理素质又包括智力素质和非智力素质;从人口素质与现实生产力关系的角度,人口素质又可以划分为潜能素质和表达素质,潜能素质包括先天潜能素质和后天潜能素质。① 人口质量还可以看作人类改造和认识世界的条件与能力。吴忠观(1997)认为身体素质、科学文化素质和思想素质是人口总体的质的三个方面,体现了人口总体认识和改造世界的条件与能力。他指出:"人口总体的质的规定性,在不同的社会生产方式下,人口在质的规定性方面的发展水平,总是体现为人口总体认识和改造世界的条件和能力。人口具有多方面的质的规定,一般认为包括身体素质、科学文化素质和思想素质三方面的内容。"②

第三,其他定义。梁中堂(1985)在《人口素质论》一书中指出:"人口质量是人口所具有的各种能力构成的总和。"③穆光宗(1989)从能量或价值的角度出发,认为人口素质指的是潜在的能量(生物能和社会能)或内含的价值(生存价值和发展价值)。④ 李景毅(1997)认为,人口质量是一个人作用于社会的人力,包括潜力、储力和显力三种。⑤ 张俊良、杨世菁(2015)还引入了心理因素,认为人口素质系统包括身体素质、科学文化素质、思想道德素质和心理素质。⑥

(2)人口质量内涵向外延的转变。人类工业化、城市化发展尽管推动了现代化水平,但是也产生了巨大的后果,人口、资源、环境、安全等问题突出,人口的可持续发展成为新的发展目标。国内学者多用"人口发展质量"一词来描述这一阶段的人口发展问题,也与人口质量内涵的演变契合。人口发展质量的内涵更加丰富,人口质量的外延包括人口与经

① 许金声:《中国人口素质与经济发展》,《人口研究》1991 年第 4 期。

② 吴忠观:《人口科学辞典》,西南财经大学出版社 1997 年版,第 45 页。

③ 梁中堂:《人口素质论》,山西人民出版社 1985 年版,第 28 页。

④ 穆光宗:《人口素质新论》,《人口研究》1989 年第 3 期。

⑤ 李景毅:《人口质量的静态表现形式》,《中国人口科学》1997 年第 1 期。

⑥ 张俊良、杨世菁:《区域人口素质测评指标体系构建研究》,《中国劳动》2015 年第 10 期。

济社会和资源环境关系的综合概念。

人口发展水平是一个综合概念，包括人与外部因素的互动以及人口向更高级水平发展的过程。王维志(1993)认为，人口发展水平是人口增长、平均寿命、文化水平、经济状况的综合反映。① 王秀银(1994)指出，人口发展不仅指人口增长，还包括人口数量变动、人口质量变动、人口结构变动以及由此引起的人口未来发展趋势等。② 吴忠观(1997)认为，人口发展会随着社会生产方式的进步，其数量、质量和结构及其与外部的关系不断由低级向高级运动。③ 齐明珠(2010)认为，人口发展是一个复杂的过程，反映了各个人口指标的互相作用、互相影响。④ 王皓(1999)从内涵与外延两个部分看待人口质量，认为“内涵”指人口素质，包括身体素质、科学文化素质和思想道德素质；“外延”指人口的行为，即人口给社会的发展和可持续发展带来的损失程度，损失越小则质量越高。⑤ 段力刚、段丽凌(2011)认为，外延因素还包括人口群体的结构素质和人口存在的外界社会环境因素。⑥ 对于概念不断丰富的人口质量，为了更好地促进人口发展，王军平(2010)指出，新时期的人口发展必须由单纯控制人口数量向统筹解决人口数量、质量、结构问题转变，从人口自身问题的解决向与外部环境合理互动转变。⑦

纵观以上研究，一方面人口质量内涵的概念成为共识，另一方面研究者对人口质量的定义已经突破了仅局限于人自身素质的认识，但仍缺乏对人口质量外延的定量研究。

---

① 王维志:《试论衡量人口发展水平和趋势的综合指数法》,《中国人口科学》1993 年第 2 期。

② 王秀银:《山东省人口发展水平评价》,《东岳论丛》1994 年第 3 期。

③ 吴忠观:《人口科学辞典》,西南财经大学出版社 1997 年版,第 65 页。

④ 齐明珠:《世界人口发展健康指数构建研究》,《人口与经济》2010 年第 3 期。

⑤ 王皓:《我国人口质量的评估方法》,《统计与决策》1999 年第 4 期。

⑥ 段力刚、段丽凌:《基于 AHP 层次分析法和群决策法的人口素质测评研究》,《数学的实践与认识》2011 年第 23 期。

⑦ 王军平:《中国人口发展指数研究》,《人口学刊》2010 年第 2 期。

五、我国现代化中的人口均衡发展思想

随着发展水平不断提高，人口质量内涵不断丰富，我国提出人口现代化和人口均衡发展概念思想，促进我国人口发展向可持续发展方向转变。

1. 人口现代化的衡量指标

刘铮(1992)第一次提出人口现代化概念，并将人口再生产类型的现代化和人口素质的现代化阐释为人口现代化。① 随后，人口现代化概念围绕着人口因素扩大到人口再生产、人口分布、人口迁移、人口结构、人口素质。彭希哲(2001)认为，人口现代化是“以一组互动的指标体系对一国或一个地区人口发展状况的综合描述”②；王学义(2006)认为，“人口现代化是与经济社会现代化要求相适应的人口发展优化形态”③。另有学者将其定义为人口内部因素受外部经济社会因素影响而不断向前发展的过程。王秀银(2002)指出，人口现代化是“人口类型或人口变量自传统向现代的演进、转换过程”④；陈友华(2003)将人口现代化解释为“人口再生产类型由传统向现代、人口素质不断提高、工业化与城市化齐头并进、经济发展趋于现代化的发展变化过程”⑤。还有学者(李竞能，2000)将人口现代化定义为价值观、自制力和精神等抽象概念的综合，具体包括现代化社会的价值观、自觉遵循现代社会理性行为准则的自制力和求实、创新与不断进步的精神。⑥

---

① 刘铮：《人口现代化与优先发展教育》，《人口研究》1992年第2期。

② 《人口研究》编辑部编写：《中国人口现代化：挑战与展望》，《人口研究》2001年第1期。

③ 王学义：《人口现代化的测度指标体系构建问题研究》，《人口学刊》2006年第4期。

④ 王秀银：《关于人口现代化的几点思考》，《人口研究》2002年第4期。

⑤ 陈友华：《人口现代化评价指标体系研究》，《中国人口科学》2003年第3期。

⑥ 李竞能：《论现代化人口素质的基本内涵》，《中国人口科学》2000年第1期。

2. 人口均衡发展内涵探讨

人口均衡发展概念关注人口内部因素与经济、社会、资源、环境等外部因素之间的协调可持续性问题，突破了只关注人口内部协调的观念，真正将人口发展演变成系统、综合和具有现实意义的概念。党的十六大、十七大、十八大、十九大均在报告中明确提出要实施可持续发展战略，实现经济、人口、资源和环境的协调可持续发展，人口均衡发展成为人口发展的战略引导。

具体而言，一部分学者认为人口均衡是内部平衡与整体外部协调的静态平衡。内部平衡是指人口总量、人口素质、人口结构、人口分布及人口系统内部各要素的平衡发展。翟振武、杨凡（2010）认为，内部均衡是人口总量适度、人口素质全面提升、人口结构优化、人口合理分布及人口系统内部各个要素之间的协调平衡发展；①穆光宗（2011）认为，内部均衡是人口系统构成要素相互匹配、互为依存、动态协调和协同发展的状态；②陆杰华、张莉（2017）认为，内部均衡是人口数量、素质、结构、分布各要素间的协调和可持续发展。③ 整体外部协调是指人口发展与经济社会发展相协调、与资源环境的可持续。翟振武、杨凡（2010）指出，人口外部均衡是人口的发展与经济社会发展水平相协调，与资源环境承载能力相适应；④陆杰华、张莉（2017）认为，人口外部均衡是人口与经济、社会、资源、环境各要素间的协调和可持续发展。⑤

---

① 翟振武、杨凡：《中国人口均衡发展的状况与分析》，《人口与计划生育》2010 年第 8 期。

② 穆光宗：《构筑人口均衡发展型社会》，《北京大学学报（哲学社会科学版）》2011 年第 3 期。

③ 陆杰华、张莉：《聚焦全面两孩政策实施　促进人口长期均衡发展——2016 年中国人口学研究综述及 2017 年展望》，《中国发展观察》2017 年第 2—3 期合刊。

④ 翟振武、杨凡：《中国人口均衡发展的状况与分析》，《人口与计划生育》2010 年第 8 期。

⑤ 陆杰华、张莉：《聚焦全面两孩政策实施　促进人口长期均衡发展——2016 年中国人口学研究综述及 2017 年展望》，《中国发展观察》2017 年第 2—3 期合刊。

另一种观点认为,人口均衡是人口内部各要素与外部要素之间打破平衡并形成新的平衡,不断促进人口自身发展向高级均衡跃迁的动态平衡过程。李建民(2010)认为,人口均衡是“一个国家或地区人口各要素变化之间的平衡及其与外部关系的协调,并使人口的再生产、质量、结构和分布等向更高级均衡状态发展的过程”;①张俊良、郭显超(2013)认为,人口均衡是人口内部各要素与外部要素之间打破平衡并形成新的平衡,不断促进人口发展向高级均衡跃迁的动态平衡过程。②

第三节　国内人口与经济发展关系最新研究综述

自 2008 年国际金融危机以来,国内进入人口转变和发展方式转变双重叠加阶段,人口对经济转型的制约愈发显现,中国经济如何逐渐摆脱对要素投入的依赖,转向对素质和效率的提升更为迫切,各界研究大部分围绕这些最新问题展开。

一、人口在经济增长中的贡献程度测算

沈利生、朱运法(1999)假定中国部门经济增长来源于三种要素的增长:固定资产存量、人力资本存量、技术进步,并假定生产函数形式为柯布-道格拉斯生产函数 $Y_i = A_i K_i^{\alpha} H_i^{\beta}$,计算出在国内生产总值(GDP)的增长中,人力资本存量增长的贡献率为 30.6%。尽管固定资产存量增长对 GDP 增长的贡献要两倍于人力资本存量增长对 GDP 增长的贡献。但固

① 李建民:《论人口均衡发展及其政策涵义》,《人口与计划生育》2010 年第 5 期。

② 张俊良、郭显超:《人口长期均衡发展的理论与实证模型研究》,《人口研究》2013 年第 5 期。

定资产投资占 GDP 的 25%以上，而公共教育支出却只占 GDP 的 2.5%左右。因此，从实际效益来说，投资于人力资本的公共教育支出对经济增长的贡献要高于用于物质资本的投资。这说明人力资本存量的增长对经济增长来说是极为重要且极为有效的。①

王金营（2001）认为，准确判断和估计人力资本在经济增长中的贡献和作用，一个重要的途径是计算人力资本水平增长在经济增长中所占的份额及贡献率。而贡献率则需要含人力资本水平变量的生产函数。他使用两种生产函数——估计检验的有效劳动模型生产函数和人力资本外部性模型生产函数。通过对 1978—1998 年中国整体的实证研究表明：我国人力资本与经济增长有着很密切的关系，人力资本外部模型比有效劳动模型更能说明人力资本在经济增长中的作用。在有效劳动模型中人力资本内生于劳动力投入的有效劳动的贡献率较小，1978—1990 年期间人力资本存量的贡献率为 11.23%；1990—1998 年期间人力资本存量的贡献率为 3.58%。原因是这里的人力资本存量是每个劳动力具有的人力资本的加总，因此，总人力资本存量增长速度取决于劳动力数量的增长和各个劳动力所具有的人力资本存量的增长。而在人力资本外部性内生经济增长模型中，人力资本不仅内生于劳动力投入的有效劳动，而且还具有外部性作用。因此，人力资本存量的贡献率高于用有效劳动模型得到的结果，在 1978—1990 年期间人力资本的贡献率为 16.37%，1990—1998 年期间为 5.14%。②

孙敬水、董亚娟（2007）利用现代计量分析方法测算了 1978—2004 年间我国人力资本、物质资本与经济增长之间的动态相关关系，建立了三者之间的向量自回归模型（VAR）以及长期均衡和短期均衡模型，并对三者之间的关系进行了实证分析。通过分析得知，我国人力资本和物质资

① 沈利生、朱运法：《人力资本与经济增长分析》，社会科学文献出版社 1999 年版。
② 王金营：《人力资本与经济增长》，中国财政经济出版社 2001 年版。

本的变化都对我国经济增长率有显著的影响。物质资本的投入短期内增大了 GDP 的增长效应，我国的经济增长短期内仍依靠物质资本投入对经济增长的促进作用，经济增长仍是粗放型增长，人力资本对经济增长还没有明显发挥作用。但从长期看，人力资本对长期经济增长有持续的拉动效应。通过模型分析，测算出我国人力资本对经济增长的弹性（1.07）远大于物质资本对经济增长的弹性（0.39）。①

谭姝、马苏（2008）采用基本模型道格拉斯函数，通过对有关历史数据的分析和应用，提出用以衡量我国人力资本对经济增长贡献的静态指标体系，充分估计我国的人力资本水平，用统计回归的方法得出 1978—2000 年我国经济增长的年平均速度为 9.67%，其中物质资本贡献率为 51.9%，人力资本存量的贡献率为 19.8%，经济增长的较大部分比例是由生产要素投入的增加带来的。同时得出人力资本存量和平均受教育年限对产出的贡献率为正值，但贡献率比较低，不仅与发达国家有很大的差距，而且与发展中国家也有一定的差距。②

杨飞虎（2010）根据索洛余值法及 C—D 生产函数原理细致地估算了 1952—2008 年间中国总量生产函数及经济增长中各因素贡献。分析得出在 1952—1977 年周期里，中国的资本投入的产出弹性为 0.398，相应地，劳动力投入的产出弹性为 0.239，产出贡献中资本的比重明显大于劳动比重。而在 1978—2008 年这个改革开放周期里，中国资本投入的产出弹性迅速上升到 0.939，劳动力投入的产出弹性为-0.04，产出贡献中资本的比重远远超过劳动比重。在 1993—2008 年社会主义市场经济建设周期里，中国资本投入的产出弹性高达 0.934，劳动力投入的产出弹性急剧下降到-0.062，劳动的贡献尴尬地不断下降。在 1952—2008 年这个长

① 孙敬水、董亚娟：《人力资本、物质资本与经济增长——基于中国数据的经验研究》，《山西财经大学学报》2007 年第 4 期。

② 谭姝、马苏：《人力资本与中国经济增长的关系探悉》，《财经问题研究》2008 年第 2 期。

周期里,中国资本投入的产出弹性高达 0. 813,劳动力投入的产出弹性为 0. 112,充分表明了中国经济的资本驱动型特征。①

蔡昉(2008)认为,中国改革开放时期实现的高速经济增长,有人口因素的作用,即由于在改革期间,人口政策、经济增长和社会变迁共同推动了人口转变过程,人口结构呈现出劳动年龄人口数量多、增速快和比重大的特点,形成有利的人口结构和潜在的人口红利。这种潜在的人口红利,在改革开放创造了日益符合市场经济制度环境的前提下,通过二元经济式的发展过程,参与经济全球化而得以实现。根据蔡昉的计量模型结果,如果用人口抚养比,即 16 岁以下、65 岁及以上人口与劳动年龄人口的比率来表示这种人口结构因素的话,在改革开放期间,人口抚养比每下降 1 个百分点,可以提高人均 GDP 增长率 0. 115 个百分点。1982—2000 年,总抚养比下降了 20. 1%,推动人均 GDP 增长率上升 2. 3 个百分点,同期人均 GDP 增长速度在 8. 6% 左右,其中人口抚养比下降的贡献为 26. 8%,即由于人口抚养比的下降,人口因素对改革开放期间人均 GDP 增长的贡献率超过 1/4。② 由此可以看到人口发展对人均收入水平和人民生活质量提高的直接贡献。蔡昉(2013)通过估计生产函数,把改革开放之初至 2009 年中国经济增长分解为资本、劳动、人力资本、抚养比(人口红利)和全要素生产率等五种贡献率,他认为,资本贡献率总体呈上升趋势,并不断挤压全要素生产率贡献率,而与人口因素相关的劳动、人力资本和抚养比的贡献率虽有波动但总体保持稳定;理论判断符合我国经济发展现实,一直以来,投资都是稳增长的保障,这得益于我国二元经济结构下劳动力在一定时期内无限供给,使得资本效率没有出现大幅递减现象;在主要依靠投资促增长的模式下,我国人力资本虽有提高,但不足以成为主要经济增长因素;全要素生产率贡献不断收窄的重要原因:一是

① 杨飞虎:《中国经济增长因素分析:1952—2008》,《经济问题探索》2010 年第 9 期。

② 蔡昉:《人口因素对经济社会发展的贡献》,《中国人口报》2008 年 11 月 11 日。

劳动力重新配置效率的逐渐下降，即“刘易斯拐点”到来；二是与数量型人口红利对应的“干中学”和“投中学”的外生性技术进步推动的全要素生产率的提高逐渐式微，内生性技术进步的作用没有发挥出来。①

尽管以上学者对于人力资本投资对我国经济增长贡献率的测算运用了不同的方法，并且结果也有所差异，但他们几乎都认为目前虽然我国的物质资本贡献率大于人力资本的贡献率，但公共教育支出的收益率较大且人力资本增长的贡献潜力巨大，因此，应该增加公共教育支出，增加人力资本存量并提高其质量，以实现经济的持续增长。

二、人口危机是否来临——老龄化对经济发展的影响程度

进入 21 世纪以来我国的老龄化问题逐渐凸显，这一问题也得到了很多学者的重视。李军（2005）将老年抚养比这一变量引入到索洛增长模型中，建立了包含人口老龄化变量因素的路径方程，通过这一方程分析了变量在经济增长中所占的比重。李军从理论上证明了人口老龄化因素对经济增长既存在正效用也存在负效用。② 贺菊煌（2006）研究了人口变动对储蓄的影响，认为生育率下降对储蓄率的变化并没有预测中的那么大；而老年抚养系数比少儿抚养系数变动对储蓄率的影响则大得多；资产的收益率在中后期会下降，劳动力成本在中后期会上升，但是会滞后约 20 年。生育率的下降和劳动力增长率的降低系统地导致了经济增长率的下降以及生育率的下降，会对消费倾向产生影响。③ 刘永平（2007）考虑了家庭养老和计划生育的双重约束，在世代交叠模型的基础上，研究人口老龄化对经济增长的影响。通过研究他发现，当处于家庭养老的模式下时，

---

① 蔡昉：《中国经济增长如何转向全要素生产率驱动型》，《中国社会科学》2013 年第 1 期。

② 李军：《人口老龄化经济效应分析》，社会科学文献出版社 2005 年版，第 5 页。

③ 贺菊煌：《人口红利有多大》，《数量经济技术经济研究》2006 年第 7 期。

老龄化对经济增长的影响并不是很显著。当人口老龄化进程不断推进时，家庭会增加对后代的教育投入，从而为整个社会积累了人力资本，与此同时家庭储蓄量是下降的，这制约了社会投资的增长。① 对人口老龄化情况下，家庭消费、储蓄、教育投资与经济增长之间的关系进行了研究，结果发现老龄化对经济的影响并不单一，这取决于许多参数，其中包括老龄化程度、资本产出弹性、教育部门资本投入产出弹性等。② 许非、陈琰（2008）基于迭代模型研究了预期寿命延长等对中国经济增长的影响，研究表明储蓄率、人力资本投资率和经济增长率随着预期寿命延长的变化呈现倒 U 形关系。③ 巩勋洲、尹振涛（2008）基于生命周期假说得出了人口老龄化未必会导致经济增长速度放慢。他们认为在人口老龄化过程中消费者的财富积累，需要综合考虑资本、劳动力等，而不能简单地只从某一方面来研究。④

一些学者也分析了人口老龄化对经济发展的长远影响。左学金、杨晓萍（2009）讨论人口老龄化对经济的影响是体现在多方面的，主要包括劳动力供需关系、国内消费需求、人口空间转移、社会保障体系和城市化进程以及我国经济在全球化进程中的地位等。⑤ 蔡昉（2009）对人口老龄化社会背景下，我国经济如何持续健康地发展进行了研究，他主要是从劳动力变化的角度来进行研究。在他看来，人口的老龄化将最终导致整个社会劳动力数量的短缺。他认为要避免这种负面影响的产生，必须要做

---

① 刘永平：《人口老龄化、家庭养老与经济增长》，复旦大学出版社 2007 年版，第 96 页。

② 刘永平、陆铭：《放松计划生育政策将如何影响经济增长——基于家庭养老视角的理论分析》，《经济学》（季刊）2008 年第 4 期。

③ 许非、陈琰：《快速人口转变后的中国长期经济增长——从预期寿命、人力资本投资角度考察》，《西北人口》2008 年第 4 期。

④ 巩勋洲、尹振涛：《人口红利、财富积累与经济增长》，《中国人口科学》2008 年第 6 期。

⑤ Xuejin Zuo，Xiaoping Yang，"The Long-term Impact on the Chinese Econo my of an Aging Population"，*Social Sciences in China*，No.1（February 2009），pp.197-208.

好三个方面的工作：一是要加大教育投入，积累人力资本总量，提高劳动生产率；二是要完善社会保障体系，形成新的储蓄源泉；三是要完善劳动力市场，促使人口能够在区域之间正常流动，扩大整个社会的劳动力资源以及人力资本存量。①

上述研究多是从人口老龄化对影响经济发展因素的学理分析，相对现实来说并不具有必然性，近年有学者在实证方面作出了贡献。陈彦斌等（2014）对我国未来20年人口老龄化对中国国民储蓄率的影响进行了预测，指出，在未来人口老龄化虽然是拉低中国国民储蓄率的主要因素，但尚不足以改变中国的高储蓄特征，其原因主要有：人口结构的变动是个缓慢的过程；经济发展使得人均收入的提高可以抵消减少趋势；我国目前的储蓄处于畸高状态，即使下降，仍然处于世界高水平之列。② 汪伟、艾春荣（2015）构建了一个同时考虑人口老龄化的寿命与负担效应的三期时代交替模型对理论进行了实证研究，结果表明由寿命延长带来的“未雨绸缪”的储蓄动机既能解释中国储蓄率在时间上的上升趋势，也能解释区间的梯度差异，而老龄化人口负担上升并没有对储蓄率产生明显的负效应，对储蓄率在时间和区域间的变化均没有解释力，但其预测2015年以后，我国储蓄率会因为老龄化的趋势加深进入下行通道。③

除了对人口老龄化对经济增长的影响或者潜在影响的研究，还有学者提出了应对老龄化的措施建议。张桂莲、王永莲（2010）指出可以延长退休年龄，改善老年就业体系，促进发挥老年余热。④ 郭熙保等（2013）指出我国目前的人口结构虽然有经济发展的影响，但主要是我国实施了三

① 蔡昉：《未来的人口红利——中国经济增长源泉的开拓》，《中国人口科学》2009年第1期。

② 陈彦斌等：《人口老龄化对中国高储蓄的影响》，《金融研究》2014年第1期。

③ 汪伟、艾春荣：《人口老龄化与中国储蓄率的动态演化》，《管理世界》2015年第6期。

④ 张桂莲、王永莲：《中国人口老龄化对经济发展的影响分析》，《人口学刊》2010年第5期。

十多年的人口政策的影响，在积极应对目前老龄化影响的同时，要调整人口政策避免出现人口负债。①

三、新常态阶段后，我国人口发展与转变经济发展方式关系研究

对人口发展与转变经济发展方式二者关系的研究主要是围绕以下两个方面：一是人口发展对转变经济发展方式的影响。蔡昉（2012）、陈宇学（2012）、郭晗等（2014）均指出，随着我国人口红利期关闭，必须从传统经济增长模式转变为以全要素生产率为驱动的可持续增长模式，需要通过加大教育投资促进人力资本积累，与时俱进调整人口生育政策和户籍、社保等人口政策。中国经济增长前沿课题组（2014）估算出大学本科以上劳动者在各行业的分布比重，指出我国高素质人才大多配置在市场化程度相对较低的政府管制行业，并在生产性、非生产性行业之间存在人力资本错配现象，这显然不利于转变经济发展方式。二是人口发展是转变经济发展方式的目的。常修泽（2010）从三个方面指出，中国转变经济发展方式需要以人的发展为目标。从理论上分析，这是对马克思主义实现人的全面发展的继承和坚持；从现实角度分析，这是摆脱传统为增长而增长的发展逻辑；从未来趋势分析，这是中国新阶段人的需求发生变化的必然要求。王政武（2017）指出，传统发展模式的经济增长动力来源于要素和资本投入，但是这种发展模式形成的路径依赖和制度体系不利于人的发展。中国转变经济发展方式应该建立以人民为中心的经济发展方式的思想体系，以满足人的多元化需求和促进人的发展而推进各项改革和创新。

① 郭熙保等：《人口老龄化对中国经济的持久性影响及其对策建议》，《经济理论与经济管理》2013 年第 2 期。

总体来看,大部分研究主要侧重于人口因素对我国经济转方式和调结构的影响关系,成果集中于以下四个方面。

1. 人口红利消失对传统经济发展方式的影响程度

尹银、周俊山(2012)运用两步系统 GMM 方法,基于中国省际动态面板数据分析了人口红利对经济增长的影响,使用少儿抚养比、老年抚养比、总抚养比代表人口红利指标,结果显示,人口转变带来的较轻人口负担,在中国现在的政策体制下得到了充分利用,可以说人口红利是推动中国经济增长的主要因素之一。孙爱军、刘生龙(2014)在索洛模型的基础上引入人口结构变量,分别使用固定效应、混合 OLS 和工具变量法对我国 1990—2010 年的省际面板数据的实证研究表明,劳动年龄人口份额上升、人口抚养比下降是过去 20 年来中国经济高速增长的重要因素,1990—2010 年由人口抚养比下降导致的经济增长约为 1. 44 个百分点,对经济增长的贡献度达到了 15%。

第六次中国人口普查结果显示,年满 15 周岁不到 60 周岁的劳动年龄人口是 9. 2 亿,比 2000 年的 8. 25 亿增加了将近 1 亿人,劳动年龄人口占比也由 66. 64% 上升至 70. 07%。但是据统计局人口专家预测(马建堂,2013),从 2013 年以后,适龄劳动人口会逐步下降。2013—2020 年下降比较缓慢,大概到 2020 年的一段时间,劳动力资源大概还有 9 亿。2020 年以后会下降得更快。也就是说,未来劳动力供给对中国经济增长的贡献将会下降,甚至出现负向影响。当然,考虑到目前中国农业劳动生产率仍低于工业和服务业,城镇化率刚刚达到 50% 的阶段,农村的劳动力仍会继续向城市转移。但是,当农村劳动力数量达到农业生产所需要的最低限,边际生产率接近城市工业和服务业部门,农村劳动力的转移就会停止。①

在经过“刘易斯拐点”并且“人口红利”面临消失的情况下,中国通过

① 沈坤荣、滕永乐:《“结构性”减速下的中国经济增长》,《经济学家》2013 年第 8 期。

劳动力在部门间的转移所获得的资源重新配置效应以及劳动力无限供给所赢得的稳定的资本报酬效应都将逐渐消失。由于可转移的农村剩余劳动力减少，企业无法雇用到足够的员工，导致机会成本升高。为了争夺员工，企业不得不竞相抬高工资水平。工资上涨又会引发企业生产成本上升，导致出口竞争力下降，制约劳动密集型产业的增长。于是，曾经引领中国经济的出口部门就会遭遇增速下滑，甚至部分行业出现消失。

人口红利消失之后如何通过继续发掘人口因素和其他因素红利促进我国经济平稳增长。王颖等（2016）基于第二次人口红利的“储蓄论”“资本深化论”“人口结构论”“行为调整论”四类概念，从第二次人口红利与储蓄、劳动力规模、人力资本、消费和产业结构等方面深入研究了第二次人口红利，并表明，第二次人口红利的实现并非自然发生，而是需要在就业领域、社保领域、教育领域、资本领域等多领域进行相关政策制度供给。① 吴雪、周晓唯（2017）指出为避免我国人口红利消失之后出现未富先老的局面，我国可以通过推进治理创新体制、户籍制度、教育制度等改革进程，提升制度质量，获取制度红利，通过制度设计创造第二次人口红利机遇，提高经济潜在增长率，促进经济增长。② 可以发现，在人口红利的继续发掘研究中，其实质是与人口因素相关的制度的完善，这也应该是当前施政和改革的着力点。

2. 人力资本增长缓慢对转变经济发展的制约程度

中国经济增长前沿课题组（2014）基于 Barro&Lee 提供的世界各国人口教育水平的详细数据，把中国 15 岁以上人口平均受教育年限与美国、日本等发达国家及拉丁美洲等发展中国家进行了比较（见表 1-1），结果显示：中国的人均受教育年限不仅与发达国家相去甚远，而且与诸多新兴工业化

① 王颖等：《第二次人口红利：概念、产生机制及研究展望》，《经济与管理研究》2016 年第 2 期。

② 吴雪、周晓唯：《人口红利、制度红利与中国经济增长》，《经济体制改革》2017 年第 3 期。

经济体也存在不小的差距;从人均教育年限的增长幅度看,1970—2010 年,拉丁美洲九国、印度尼西亚、马来西亚、菲律宾、泰国、印度、中国分别为 1.1 倍、1.7 倍、1.5 倍、0.8 倍、2.2 倍、2.9 倍、1.1 倍,中国人力资本增幅相对较小。课题组同时发现在 15 岁以上人口平均受教育年限和人均 GDP 对比中,中国人均受教育年限不仅低于大多数人均 GDP 较高的国家,而且低于很多人均 GDP 较低的国家。国际数据比较说明,我国在长期资本驱动的增长模式下,忽视了人力资本积累,进而影响了技术进步,导致对内生增长至关重要的这两个因素对经济增长的贡献相对较低。①

表 1-1　各国 15 岁以上人口平均受教育年限　　（单位:年）

国家/地区 \ 年份	1970	1975	1980	1985	1990	1995	2000	2005	2010
美国	10.8	11.5	12.0	12.1	12.2	12.6	12.6	12.9	13.2
日本	7.8	8.4	9.1	9.6	9.8	10.5	10.9	11.3	11.6
拉丁美洲九国	4.0	4.2	4.6	5.3	6.0	6.7	7.3	8.0	8.5
印度尼西亚	2.8	3.2	3.6	3.9	4.2	4.6	5.2	6.4	7.6
马来西亚	4.2	4.8	5.8	6.7	7.0	8.4	9.1	9.7	10.4
菲律宾	4.7	5.5	6.2	6.6	7.1	7.6	7.9	8.2	8.4
泰国	2.5	3.0	3.6	4.2	4.9	5.5	5.7	7.0	8.0
印度	1.6	2.0	2.3	2.9	3.5	4.1	5.0	5.6	6.2
中国	3.6	4.1	4.9	5.3	5.6	6.3	6.9	7.3	7.5

注:拉丁美洲九国为人口加权平均,九国分别是乌拉圭、秘鲁、巴拉圭、墨西哥、厄瓜多尔、哥伦比亚、智利、巴西和阿根廷。

3. 人力资源配置结构性配置低效评价

Buamol(1990)曾提出人才配置影响创新绩效假说,认为各个社会人力资本水平不同,经济增长差距主要源自人才配置差异,从而导致创新差

---

① 中国经济增长前沿课题组:《中国经济增长的低效率冲击与减速治理》,《经济研究》2014 年第 12 期。

距。中国经济增长前沿课题组(2014)估算出大学本科以上劳动者在各行业的分布比重,并用以对中国各行业人力资本错配程度作出比较说明。美国、欧洲12国和俄罗斯的大学本科及以上劳动者的行业分布比较类似,相对均匀地分布在制造业、批发零售、教育、卫生和社会工作、公共管理等行业。相对而言,我国的分布曲线有着较大差异,大学本科以上学历比例最高的几个行业依次为:科学研究和技术服务业、教育、公共管理社会保障和社会组织、卫生和社会工作、金融业、文化体育和娱乐业,这些行业在中国大都为市场化程度相对较低的政府管制行业,即便是金融业也是国有资本高度主导、政府干预较多的部分。同时,与其他国家形成鲜明对比的是,我国大学生较少配置到制造业和批发零售业,而在其他国家,制造业和批发零售业吸引大学本科以上学历劳动者就业的能力较强。①

此外,中国经济增长前沿课题组进一步比较了行业人力资本强度:各行业本科以上学历劳动力比例除以该行业增加值占GDP的比例(表1-2)。结果显示,与其他国家相比,我国农林牧渔业、制造业、批发零售业和住宿餐饮业人力资本强度过低,这些部门实际上缺乏提高效率所必要的人力资本。无论是相对于国内其他行业还是国外同类行业,中国事业型单位或者行业,特别是行政管制行业(如文化、体育、娱乐业等)都具有极高的人力资本强度。上述比较进一步揭示了我国生产性、非生产性行业之间存在人力资本错配现象。

表1-2　人力资本强度的国际比较(2012年)

行业	中国	法国	意大利	英国	美国
农、林、牧、渔业	0.004	2.777	3.696	2.070	0.176
制造业	0.040	1.465	1.206	1.222	0.661

① 中国经济增长前沿课题组:《中国经济增长的低效率冲击与减速治理》,《经济研究》2014年第12期。

续表

行业	中国	法国	意大利	英国	美国
电力、热力、燃气及水的生产和供应业	2. 235	0. 595	0. 651	0. 435	0. 502
建筑业	0. 125	1. 401	1. 098	1. 307	0. 563
批发和零售业	0. 304	1. 140	1. 282	1. 452	0. 580
交通运输、仓储和邮政业	0. 817	1. 264	0. 633	1. 269	0. 553
住宿和餐饮业	0. 080	1. 561	2. 071	2. 473	0. 900
信息传输、软件和信息技术服务业	1. 651	0. 322	0. 362	0. 439	1. 031
金融业	1. 700	0. 690	0. 388	0. 426	0. 945
房地产业	0. 944	0. 073	0. 006	0. 093	0. 084
租赁和商务服务业	3. 449	0. 363	1. 120	0. 314	2. 808
科学研究和技术服务业	9. 197	1. 351	0. 113	1. 667	0. 556
居民服务、修理和其他服务业	0. 594	3. 026	0. 785	1. 091	1. 102
教育	4. 129	1. 364	1. 675	1. 648	23. 647
卫生和社会工作	5. 794	0. 976	1. 503	1. 757	1. 469
文化、体育和娱乐业	12. 230	1. 304	2. 737	1. 535	1. 654
公共管理、社会保障和社会组织	2. 772	1. 048	1. 114	1. 395	0. 878

资料来源:中国经济增长前沿课题组:《中国经济增长的低效率冲击与减速治理》,《经济研究》2014 年第 12 期。

4. 劳动生产率提升放缓与经济增速下降

提高劳动生产率是经济增长的重要引擎。袁富华(2012)研究了 12 个发达工业化国家由“结构性加速”到“结构性减速”的转变,劳动力资源重新配置促进社会整体劳动生产率的提高表现为结构性加速,而随着工业化国家日益城市化,劳动力从生产率增速较高的工业部门配置到增长相对较低的服务业部门,就导致经济增长呈现“结构性减速”。

当前我国要实现发展方式由劳动、资本密集型向知识、技术型转变,必然要有相适应的劳动力结构在教育背景、劳动技能和生产经验上相匹配,而人口政策会直接影响劳动力结构的形成。Galor 等(2000)、Aghion

等(2002)均认为,生产中存在持续的技能偏向型技术进步,即技术进步扩大了对技术工人的相对需求。宋冬林等(2010)、Liu 等(2010)研究发现,我国同样存在着技能偏向型的技术进步,也就是说技术工人在经济增长中将发挥更加重要的作用。在郭凯明等(2013)的进一步研究中,当存在技能偏向型技术进步时,可能存在高劳动力结构和低劳动力结构两个均衡,经济具体处于哪个均衡取决于家庭对技能溢价的预期。因此,为了促进劳动力结构与技能偏向型技术进步相一致,避免劳动力配置扭曲,提高劳动生产率,把家庭人口计划内化于经济增长框架,形成内生人力资本机制是重要研究方向。

四、人口发展与经济发展方式的耦合研究

使用耦合方法研究人口与经济发展问题的文献较少,相关文献也只是涉及人口发展的个别方面与经济增长的耦合研究。逯进和周惠民(2013)通过构建人力资本与经济增长的耦合模型,测算了我国 1982—2011 年省域的人力资本与经济增长之间的耦合度,结果表明:全国整体耦合度虽不断提升,但耦合发展的程度依然处于较低水平;从四大经济区域看,东部和东北地区的耦合度高于中部、西部地区,呈现由东至西递减的态势。逯进和郭志仪(2014)利用系统耦合理论分析我国 2000—2009 年省域的人口迁移与经济增长两个系统的协调关系,并对两个系统的耦合趋势做了拟合分析。结果表明,虽然各省两个系统的耦合度持续提升,但耦合水平依然较低。从四大经济区域看,耦合水平由东向西依次递减,但增幅由西向东依次上升,并且各区域均存在耦合衰退的趋势。

目前,鲜有把耦合分析用于人口发展与转变经济发展方式分析。通过综述研究发现,国内外的研究呈现以下特点:一是注重人口与经济增长关系的分析,缺乏对处于双转变进程中动态关系的研究;二是对二者关系

的研究，更多的是定性分析，定量分析相对不足；三是虽有研究涉及了人口发展的个别方面（如人力资本、人口迁移）与经济增长的耦合分析，但是对人口发展与转变经济发展方式的耦合以及耦合机制的研究尚属空白。

本书在相关研究的基础上尝试建立人口发展与经济发展方式转变之间的耦合模型，对两个系统的耦合发展进行定量分析。

第二章
新发展理念与人口发展、经济发展方式转变

"创新、绿色、协调、开放、共享"的发展理念，是我国未来发展思路、发展方向、发展着力点的集中体现，新发展理念将成为我国人口发展和经济发展方式转变新的指引方向，贯穿我国全面现代化的整个进程。

第一节　新时代需要新发展理念

一、新发展理念是新时代中国特色社会主义事业发展的指导思想

历经改革开放40年的高速发展，我国经济社会有了巨大变化。一方面，我国社会生产力水平总体上显著提高，社会生产能力在很多方面进入世界前列；另一方面，随着生产力水平的提高，人民生活从满足温饱、总体小康正向全面小康迈进，人们对物质文化提出更高要求的同时，对精神文化、社会生态等高质量现代化水平的需求随之提升，日益表现为对多层次、多方面、多样化、立体多元美好生活的新需求。但我国经济与社会、区域与城乡、文化与生态等事业之间发展非常不平衡不充分，成为满足人民日益增长的美好生活需要的主要制约因素。

发展是人类社会永恒的主题。我国经济发展进入中等收入发展阶段以后，面临着一系列新的重大发展问题。习近平指出："前进道路上，我们必须围绕解决好人民日益增长的美好生活需要和不平衡不充分的发展之间的矛盾这个社会主要矛盾，坚决贯彻创新、协调、绿色、开放、共享的发展理念，统筹推进'五位一体'总体布局、协调推进'四个全面'战略布局"①。在新时代中国特色社会主义建设伟大历史进程的现阶段，我国人口经济社会发展已经达到的水平，虽然为未来发展创造了新的起点和优势条件，但是传统落后的发展方式也成为提高发展质量的障碍和难题。中国开启全面现代化新征程要求我们必须突破和转变既有发展理念、理论和方法，才能满足新时代"发展"的新要求。

恩格斯指出，每一个时代的理论思维，都是一种历史的产物，"它在不同的时代具有完全不同的形式，同时具有完全不同的内容"②。以习近平同志为核心的党中央提出的"创新、协调、绿色、开放、共享"发展理念，是在经济进入新常态时期对发展问题的最新认识，代表了我们党对经济社会发展规律的最新凝练和概括，是发展当代中国马克思主义政治经济学的重要成果，是对西方传统所谓主流经济学、社会学和生态学发展思想的重大突破。新发展理念各有侧重，创新发展注重解决发展动力问题，协调发展注重解决发展不平衡问题，绿色发展注重解决人与自然和谐问题，开放发展注重解决发展内外联动问题，共享发展注重解决社会公平正义问题。新发展理念是对我国新的历史变化和发展要求的高度概括，是管全局、管根本、管方向、管长远的东西，是中国全面现代化发展思路、发展方向、发展着力点的集中体现。新发展理念为后发国家实现更高水平、更高质量现代化找到突破口，为中国现代化找到了一条特色新路，极大地拓展了人类社会现代化发展的实现途径。

---

① 习近平：《在庆祝改革开放40周年大会上的讲话》，人民出版社2018年版，第28页。

② 《马克思恩格斯选集》第4卷，人民出版社1995年版，第284页。

二、新发展理念集中体现以人民为中心的发展思想

习近平指出："要坚持以人民为中心的发展思想，这是马克思主义政治经济学的根本立场"①，"我们任何时候都必须把人民利益放在第一位。"②党的十九大报告中习近平强调："为什么人的问题，是检验一个政党、一个政权性质的试金石。"③新发展理念以民生问题为出发点，致力于创造绿水青山的自然环境、开放协调的文化氛围、创新共享的企业精神，坚持发展目标为了人民，发展力量依靠人民，发展成果由人民共享，作出更有效的制度安排，使全体人民在共建共享发展中有更多获得感，增强发展动力，增进人民团结，朝着共同富裕方向稳步前进。

1. 马克思主义始终强调人民是历史的创造者，是推动生产力与生产关系发展进步的主体

"历史活动是群众的事业"④，马克思主义群众史观核心内容，就是人民主体地位，人民是历史的创造者。在任何历史阶段和任何国家，"人们为了能够'创造历史'，必须能够生活。""因此第一个历史活动就是生产满足这些需要的资料，即生产物质生活本身。""人们单是为了能够生活就必须每日每时去完成它，现在和几千年前都是这样"⑤，其他的一切活动，如精神的活动、政治的活动、宗教的活动等都取决于它。人们的生产活动，直接体现了社会生产力的发展水平，但生产力总是在一定的社会生产关系支配下发展，没有脱离社会生产关系而独立存在的社会生产力，有

---

① 《立足我国国情和我国发展实践，发展当代中国马克思主义政治经济学》，《人民日报》2015 年 11 月 25 日。

② 《十七大以来重要文献选编》下，中央文献出版社 2013 年版，第 1025 页。

③ 《决胜全面建成小康社会　夺取新时代中国特色社会主义伟大胜利——在中国共产党第十九次全国代表大会上的报告》，人民出版社 2017 年版，第 44—45 页。

④ 《马克思恩格斯全集》第 2 卷，人民出版社 1957 年版，第 104 页。

⑤ 《马克思恩格斯选集》第 1 卷，人民出版社 1995 年版，第 79 页。

怎样的生产力发展水平,就会有怎样的社会生产关系与之相适应,任何一个社会都是生产力和生产关系的辩证统一体,生产力与生产关系的矛盾运动推动着社会物质生产的不断发展。

2. 不同生产关系中人民地位差别巨大

在任何历史时期,人都是生产劳动主体,但在不同的生产关系中,人民的主体地位却大相径庭。社会主义社会出现之前,尤其是在资本主义社会,劳动人民创造的大量财富和剩余价值,主要被资本家占有,以工人阶级为主的广大劳动人民实际上处于被剥削和奴役的地位。这种劳动和资本的关系在资产阶级经济学理论的美化和掩盖下长期披着合理合法的外衣。社会主义制度建立后,以公有制为基础的社会主义生产关系逐渐形成,广大劳动人民成为生产资料的主人,拥有了生产资料的所有权和占有、支配权,彻底改变了被剥削的地位,劳动人民由社会底层成为社会的主人。

3. 中国特色社会主义为实践以人民为中心发展思想开辟出新的发展道路

社会主义的顺利发展必然遵循历史的基本规律。“一个社会即使探索到了本身运动的自然规律……它还是既不能跳过也不能用法令取消自然的发展阶段”①,“诉诸道德和法的做法,在科学上丝毫不能把我们推向前进;道义上的愤怒,无论多么入情入理,经济科学总不能把它看做证据,而只能看做象征”②。自改革开放伊始,按照“一个中心,两个基本点”的方针路线,中国以解放和发展生产力为根本任务,以人民共同富裕为目标,充分尊重和调动人民的主体作用,推动着中国特色社会主义发展进步,不断走向成熟定型。

在实现以人民为中心发展思想的社会实践中,中国社会主义生产

---

① 《资本论》第 1 卷,人民出版社 1995 年版,第 784 页。

② 《马克思恩格斯文集》第 9 卷,人民出版社 2010 年版,第 156 页。

关系的调整，着力于最大程度上调动劳动人民的积极性，激发社会各阶层的首创精神，促进社会劳动生产力全面发展。农村从家庭联产承包责任制开启的现代化改革，还农民在农业生产中的主体地位，激发和调动他们发展农业、建设农村的积极性主动性；我国基本经济制度中民营经济的发展壮大，让千千万万老百姓成为经营的主体、创业的主体、产权的主体和财富的主体；社会主义国有经济通过现代企业制度改革和完善，企业由政府的附属物变为市场主体，焕发了企业和职工的发展热情；社会主义市场经济体制的建立，从制度上克服了计划经济弊端，竞争活力、利润激励、成本控制、技术创新等推动发展的经济行为成为常态，充分显现了人民群众在解放和发展生产力中的主体作用，人民群众的物质、精神和文化生活水平也从温饱阶段快速提升到全面小康阶段。中国在经历了40年改革开放后，已经日益接近实现中华民族伟大复兴第一个百年目标。

第二节　新发展理念与我国人口发展转变

人口问题始终伴随着经济和社会的各个发展阶段，从各国经验及中国实践看，人口与经济发展的关系一般从重视数量逐渐向重视素质转变。我国近代以来，由于各类战争和自然灾害造成了人口大量伤亡，生育水平大幅下降。新中国成立后，伴随第二次世界大战结束世界范围内的“婴儿潮”，尽管曾经有过关于人口增长的激烈争论，但最终实施的是鼓励生育的人口发展战略。时至改革开放初期，我国人口数量已经接近10亿，巨大人口规模促进我国制定“控制人口过快增长”的计划生育政策，从20世纪90年代我国开始重视人口发展素质，促进人口与经济社会均衡发展。

一、我国长期实行以人口数量调控为中心的人口发展战略

1. 20世纪50年代到70年代,“革命加生产”的人口增长政策

1925年毛泽东在《中国社会各阶级的分析》中就分析了中国人口的社会阶级构成。在1927年《湖南农民运动考察报告》和1933年《怎样分析农村阶级》等著作中,进一步分析了中国人口各阶级的性质、地位和特点。毛泽东认为,帝国主义、封建主义的压迫和剥削束缚了生产力的发展,造成了中国亿万人民的贫困、失业、破产,因此,要解决中国人口问题,只有进行革命。政治革命是解决人口经济问题的前提,只有推翻帝国主义、封建主义、官僚资本主义的反动统治,才能解决人口经济问题。“中国人口众多是一件极大的好事。再增加多少倍人口也完全有办法,这办法就是生产。根据革命加生产即能解决吃饭问题的真理”①,这成为新中国成立后相当长时期我国基本的人口思想和政策出发点。

1953年我国第一次人口普查显示,人口数量已经大大超出原有预期,不是原来估计4.5亿—4.8亿,而是6.02亿(其中大陆5.8亿)。面对新形势和新情况,人口问题已经成为影响中国经济社会发展的重要因素,必须纳入“计划”中。1955年3月党中央发出了《关于控制人口的指示》,指出:“节制生育是关系广大人民生活的一项重大政策性的问题。在当前的历史条件下,为了国家、家庭和新生一代的利益,我们党是赞成适当地节制生育的。”②在1957年10月,毛泽东在八届三中全会的总结中指出:“人口节育,要三年试点宣传,三年推广,四年普及推行,也是十年规划,不然人口达到八亿再搞就晚了,初步达到计划生育。”但是因为“文化大革命”在20世纪60年代爆发,中断了正常计划生育政策的推

① 《毛泽东选集》第四卷,人民出版社1991年版,第1511—1512页。

② 《中共中央文件选集(一九四九年十月——一九六六年五月)》第18册,人民出版社2013年版,第238页。

行，我国人口增长进入了第二次高峰。

1949—1964年，中国人口数量由5亿增加到7亿，每增加1亿人平均用7年半时间；1964—1974年人口由7亿增加到9亿，每增加1亿人仅用5年时间。1980年中国人口达到10亿，比1949年整整翻了一倍，只用了30年时间。从人口的生产性功能来说，人口快速增加，使中国拥有数量巨大的人口，为财富总量的增长带来有利条件。但是从人口的消费性功能来说，巨大的人口也带来粮食安全、生态环境恶化、资源供应紧张以及人口就业困难等诸多问题。

2. 20世纪80年代至今，从人口数量严格控制到逐步放松，进而开始鼓励人口生育的发展战略转变

总的来说，新中国成立之后，除了三年困难时期等比较特殊的情况之外，人口始终是在大幅上升的。快速膨胀的人口数量使国家的社会经济发展面临了严重的困难，劳动力过剩也使青年人就业变成亟待解决的问题。正是在这样的背景下，70年代初，中国提出了“三个多了，一个少了，两个正好”的口号，在全国城乡范围内提出“晚、少、稀”的生育政策；1973年“大力开展计划生育，降低人口出生率”的政策规划第一次被正式纳入国家经济发展计划之中。

1980年9月25日，中共中央《关于控制我国人口增长问题致全体共产党员、共青团员的公开信》的发表标志着计划生育进入新的阶段，提倡一对夫妇生育一个孩子的政策。改革开放后，我国国民经济持续快速发展，人民生活水平开始大幅度提高，但是从全局来看，仍存在着巨大人口总数与生活资料数量不适应、劳动年龄人口增长同生产资料数量不适应、人口质量同四个现代化建设发展要求不适应等严峻矛盾。为实现人口增长与经济发展相协调，1982年10月在全国计划生育工作会议上，正式确立把实施计划生育作为国家的一项基本国策和一项长期战略任务。2002年实施了《中华人民共和国人口与计划生育法》，逐步形成“一对夫妇只生一个孩子的政策”，即独生子女政策。

经过三十多年计划生育政策的实施以及伴随经济发展水平提升、社会转型而来的生育观念转变，长期以来的高生育率水平得到有效控制，人口增长速度迅速回落，进入缓慢低增长期，中国人口再生产类型从“三高”即高出生、高死亡、高增长转变为“三低”即低出生、低死亡和低增长。进入21世纪以来，是否应当调整生育政策再次引起学术界的辩论。“数量第一，结构第二，还是数量和结构并举”成为辩论的焦点①。彭希哲、胡湛（2011）在《中国社会科学》发文提出：现行人口生育政策已实施三十多年，实现了政策制定之初的人口目标，而与此同时，该政策的继续实施对人口年龄结构等方面的负面影响或风险却正在不断集聚，需根据现有人口发展态势适时调整并加以完善，以逐渐改变人们的生育行为，并借此延缓老龄化的速度，为未来世代赢得应对老龄化问题的时间。②

2004年，顾宝昌等18位学者联名提出建议，我国应从2005年起，用15年左右时间将现行一孩生育政策调整过渡到普遍允许一对夫妇生育两个孩子。2009年，顾宝昌等26位学者再次联名，提出尽快调整我国生育政策的再建议，重申和提出了进一步的论证报告。③ 曾毅（2010）根据其数据预测，如果继续实现现行一孩化的计划生育政策，将难以应对人口快速老龄化产生巨大的经济社会负面影响，进而提出实行二孩化晚育政策软着陆。④当然，也有部分学者主张应当继续保持现行生育政策不变，坚持并稳定现行生育政策是重大清醒⑤，甚至有学者主张实行更加严厉的生育政策⑥，

---

① 翟振武：《当代中国人口发展战略的回顾与思考》，《教学与研究》2001年第3期。

② 彭希哲、胡湛：《公共政策视角下的中国人口老龄化》，《中国社会科学》2011年第3期。

③ 顾宝昌：《二胎政策完全有条件在全国广泛推行》，《商务周刊》2010年第1期。

④ 曾毅：《低生育水平下的中国人口与经济发展》，北京大学出版社2010年版，第196页。

⑤ 段华明：《坚持稳定现行生育政策是重大清醒——兼评是否“放开生育二胎”的争论》，《南方人口》2010年第2期。

⑥ 程恩富：《激辩“新人口政策”》，中国社会科学出版社2010年版，第5页。

不应以应对老龄化为名急于修改现行生育政策①。

尽管学者们意见态度分歧较大，但可以看出绝大多数学者有着共同的判断：未来中国既不能忍受庞大人口总量已有压力，也同样也不能承受人口快速老龄化产生的劳动力供给严重不足及养老负担问题。随着理论、实践和政策讨论的深入，促进人口均衡发展逐渐成为社会普遍共识，国家严格控制的生育政策开始全面放松，2014 年我国实行单独二孩政策，2016 年初则实行全面二孩政策。从全面二孩政策的实施效果看，2016 年我国出生人口为 1786 万人，2017 年为 1723 万人，还是高于“十二五”规划时期年均出生 1644 万人的水平，二孩比重也由“十二五”规划时期的 40%增加到 50%以上，显示生育政策的调整取得了明显成效，对优化人口结构起到积极促进作用。

二、促进人口与经济社会均衡发展战略的核心是坚持以人民为中心的发展思想，全面提高我国人口发展质量

马克思认为人的自由全面发展是发展的目的，而不是手段，强调人的自由全面发展是人的自由选择和自由发展。他认为，“因为人的本质是人的真正的社会联系，所以人在积极实现自己本质的过程中创造、生产人的社会联系、社会本质，而社会本质不是一种同单个人相对立的抽象的一般的力量，而是每一个单个人的本质，是他自己的活动，他自己的生活，他自己的享受，他自己的财富”②。随着经济的发展，资源约束和环境破坏问题制约着人类对高质量生活的追求，可持续发展成为时代主题。罗马俱乐部推出的关于人类贫困的研究报告《增长的极限》一书中提出了人类发展将要面临空前困境。随后发生的石油危机、世界经济衰退让世界

---

① 侯东民：《国内外思潮对中国人口红利消失及老龄化危机的误导》，《人口研究》2011 年第 3 期。

② 《马克思恩格斯全集》第 42 卷，人民出版社 1979 年版，第 24 页。

发生了彻底的变化，开始认真思考原有的发展方式。著名的发展经济学家阿马蒂亚·森认为人类关注的不应是财富或商品本身，而是为了获得功能和能力，发展的最终目的是实现人的自由发展，他认为“使用‘人力资本’的概念只集中注意到了整个画面的一个部分（虽然是一个重要的部分，涉及拓宽对‘生产性资源’的核算），虽然它无疑是一个进步，但是它确实需要补充。这是因为，人不仅是生产的手段，而且是其目的”①。

1990 年联合国开发计划署开始提出人类发展指数（human development index），用来测评各国在人口发展方面的状况。该指标认为人类的发展不仅包括身体健康水平、教育和经济水平，还包括政治自由、人身安全和参与文化与政治活动等。并在此基础上提出了一套评估人类发展的指标体系，包括发展中国家的人类贫困指数（HPI-1）、部分经济合作与发展组织（OECD）国家的人类贫困指数（HPI-2）、性别发展指数（GDI）以及性别赋予尺度（GEM）。

我国在 2002 年党的十六大报告中第一次提出了人口均衡发展的概念，以此来衡量和实现促进人口全面发展战略。2017 年国务院发布的《国家人口发展规划（2016—2030 年）》中将人口均衡发展战略上升到国家战略，明确指出，“牢固树立和贯彻落实创新、协调、绿色、开放、共享的发展理念，以促进人口均衡发展为主线，创造有利于发展的人口总量势能、结构红利和素质资本叠加优势，促进人口与经济社会、资源环境协调可持续发展，为全面建成小康社会、实现中华民族伟大复兴的中国梦提供坚实基础和持久动力”。《国家人口发展规划（2016—2030 年）》中提出了人口发展的主要目标和战略导向：以实现人口总量、结构、素质、分布等自身发展均衡发展的态势，进一步提高人口与经济社会、资源环境的协调程度。

---

① ［印］阿马蒂亚·森：《以自由看待发展》，任赜、于真译，中国人民大学出版社 2002 年版，第 294 页。

三、新发展理念下我国人口发展质量的内涵及主要内容

在新发展理念要求下，我国人口均衡发展思想和政策逐步被完善，人口发展质量概念必然更为丰富，我们将其内涵继续拓展，即由人口素质扩大到人口总量、人口结构、人口素质和人口分布四个方面，而且将人口与经济社会和资源环境的关系纳入其中。因此，我们提出：人口发展质量应当包括两个“动态均衡”，一是指人口内部各要素之间的动态均衡，二是各要素与经济社会和资源环境之间的动态均衡，两个“动态均衡”在相互协调中促进人口质量由低级向高级发展。首先，两个“动态均衡”不是一先一后的关系，而是同时进行。人口的出生、劳动力转移、人口平均寿命的变化和受到的教育在变化平衡的同时，外部经济、环境也在同时发生变化，由于内外部要素之间具有一定相关性，动态均衡具有同步性。其次，两个“动态均衡”不是单向影响，而是双向互动。对人口发展而言，人口总量、人口结构等内部因素受到外部经济社会和环境约束的同时，后者同时也受到人口内部要素的影响。最后，人口发展质量的落脚点在人口素质，人口自身素质的平衡是重点，同时还要实现人口与经济社会和资源环境的动态平衡，如图 2-1 所示。

根据人口发展质量的定义，我们认为人口发展质量是一个系统概念，包括三方面内容：

1. 人口自身发展协调

具体包括人口总量、人口结构、人口素质、人口分布四个要素，这些要素之间需要相互协调，达到人口总量适度、人口结构优化、人口素质较高、人口合理分布。同时，自身协调要兼顾经济社会和资源环境的协调一致，不断促进人口自身发展体系在动态平衡中由低级向高级转化。

2. 人口与经济社会协调

人是一切经济活动的主体，人口数量对经济产出起到关键作用。人

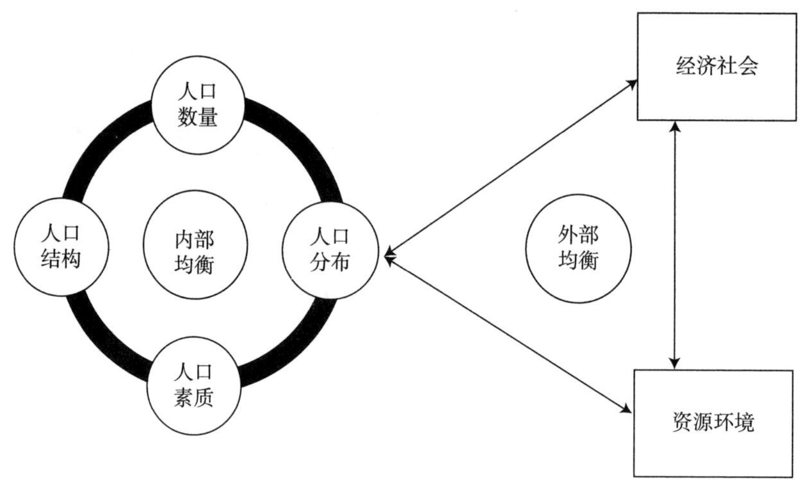

图 2-1　人口发展质量评价指标体系

口数量是劳动密集型产业的核心要素，人口年龄结构会影响劳动力数量，人口分布会带来地区经济的差异化发展等。人口内部因素的变化会直接影响经济效率。同时，人口因素的变化也会引起社会变革。在经济发展水平较低时，人们较少关注到教育、卫生和安全等问题，而经济发展水平较高时，人们对更高质量教育、更可靠的卫生医疗条件和更稳定的社会环境提出了要求，社会发展水平随之水涨船高。

经济首先带来的是物质丰富。高效的经济发展向人类提供基本物质生活保障，收入水平显著提高，人口死亡率下降，平均寿命延长，教育支出不断提高，人类可以享受到经济发展成果。同样，社会发展水平的提高可以带来完善的基础设施，教育资源的丰富，医疗卫生水平的提高，满足人类生活与生产活动需要。

3. 人口与资源环境协调

人类发展离不开资源，但资源的有限性决定了资源不能被无限制开发和使用。人均占有量较多时，合理使用资源储备有利于经济发展；人口数量越多，人均资源占有量降低。资源过度使用，如水污染、乱砍滥伐、矿产资源过度开采等，导致水资源短缺、森林面积减少，给资源承载力和人类健康带来巨大负担。人口和经济发展以资源消耗和环境污染为代价，高效使用能源和可持续发展成了人类发展的重要议题。

人是环境的一部分，环境是人类赖以生存和生活的外部条件，环境质量决定了人口发展是否可持续。过度发展带来空气污染、水污染和土壤污染等环境问题，反过来影响人类健康、生活和生产。过度开发资源带来能源枯竭和环境恶化，青山绿水和依山傍水的宜居环境不复存在，人类长期健康发展受制约。

第三节　新发展理念与经济发展方式转变的认识进程

在工业化初级阶段，增加物质资本投入通常是促进经济发展的主要手段；在工业化的高级阶段，提高发展质量则是主要任务，鼓励技术创新、积累人力资本、提高管理效率成为推动发展的主要手段。改革开放以来，随着工业化、城镇化、市场化和国际化程度的深化，我国对于经济增长方式和发展方式的理论认识和政策实践逐渐深化。

一、经济发展方式的科学内涵

经济发展是以经济增长为基础，以经济结构优化为标志，以经济质量提高、社会进步、政治民主、文化繁荣和生态环境优良为目标的历史演进过程。经济发展方式是指通过生产要素变化包括数量增加、结构变化、质量改善等，实现经济持续发展的方法和模式体系。经济发展是经济发展方式的结果，即经济发展方式决定了经济发展，但反过来经济发展所处的阶段又影响着经济发展方式，与此同时，经济发展方式还与政府宏观调控的政策导向密切相关，不同的经济发展政策会催生不同的发展方式。发展方式转变和经济增长的持久动力，最终是人类所具备的价值和财富创造能力。

经济发展方式是既包括发展生产力又包括调整生产关系的动态体系，按照历史的进程可以分为四种模式：一是以量为主的发展方式，即仅注重经济数量(GDP)的增长，以劳动密集型粗放式的发展为特征；二是以量为主，同时开始关注经济结构调整和经济质量的提升，这是中国当前大多数地区的经济发展方式；三是以经济结构优化升级和经济质量提高为主，即注重经济质量、生态环境和社会民生的改善，以技术密集型集约式的发展为特征；四是以质量为中心，经济协同社会、政治、文化和生态环境发展，即以人为本、全面协调发展为特征。一般地，经济发展的初期采用以量为主的发展方式，经济发展可等同为经济增长。但随着经济总量的扩大，人们会逐渐对经济发展的质量产生更多的要求，与此同时，经济发展的内涵在不断扩充，外延不断扩大，将更多的因素纳入经济发展的框架之内，特别是将人置于经济发展的中心，经济发展的最根本目的在于为人谋求福利，提高人们的生活质量。因此，经济发展方式是随社会生产力的发展而不断变化的，它是一个历史的实践过程，处在不同发展阶段的不同国家或地区的经济发展方式不尽相同。

二、我国经济增长方式从“粗放型”到“集约型”转变的探索

1995年，党的十四届五中全会提出“九五”计划期间经济社会发展的主要任务是实现经济体制和经济增长方式两个根本性转变，第一次在中共中央文件中正式使用了“转变经济增长方式”的提法，明确提出要实现经济增长方式“粗放型向集约型”的根本转变，从主要依靠生产要素投入数量增加来实现经济增长逐步转移到主要依靠提高生产要素的使用效率来实现经济增长。1997年，党的十五大又明确提出“转变经济增长方

式”,改变高投入、低产出,高消耗、低效益的状况。

在从“粗放型”到“集约型”的经济增长方式转变过程中,尽管开始注重经济增长的代价和可持续发展等问题,但在思想观念和行为实践中始终保留着以 GDP 增长为中心的增长方式。这种发展方式带动了中国经济的快速增长,但显现出来的弊病愈演愈烈。

三、经济发展方式转变的理论和实践探索到新发展理念的凝聚成型

鉴于中国二十多年粗放型经济增长方式带来的经济、社会、资源和生态环境损害和成本越来越高,根据科学发展观“全面、协调和可持续”原则要求,2007 年在党的十七大上,我国首次正式从理论上提出“加快转变经济发展方式”要求,以替代对原有经济增长方式问题相对狭隘的认识,并对转变的路径指出了明确的“三个转向”:(1)在需求结构上,促进经济增长由主要依靠投资、出口拉动向依靠消费投资、出口协调拉动转变。(2)在产业结构上,促进经济增长由主要依靠第二产业带动向依靠第一、第二、第三产业协同带动转变。(3)在要素结构上,促进经济增长由主要依靠增加物质资源消耗向主要依靠科技进步、劳动者素质提高、管理创新转变。

转变经济发展方式提出后,中国学者从不同的角度阐述了转变经济发展方式的内涵。比如,张蕴萍(2009)认为转变经济发展方式的内涵至少包括效率提高、结构优化、自然和谐、运行平稳和统筹协调五个方面的内容①;卫兴华(2010)认为转变经济发展方式需要处理好经济增长与经济发展方式相统一,经济发展与人的发展相统一,经济发展中利用外资与

① 张蕴萍:《转变经济发展方式的理论探索与现实对策》,《山东社会科学》2009 年第 11 期。

经济安全相统一，经济发展与社会主义发展相统一四个方面的关系①；李群认为经济发展方式的转变包括由粗放型转向集约型经济，全面、均衡、协调的可持续发展，以人为本的核心目标三个方面。

2011 年“十二五”规划根据转变经济发展方式进程中遇到的各种问题及困难，提出：加快转变经济发展方式是我国经济社会领域的一场深刻变革，是综合性、系统性、战略性的转变，将贯穿经济社会发展全过程和各领域，为确保转变经济发展方式取得实质性进展，基本要求是“五个坚持”：（1）坚持把经济结构战略性调整作为加快转变经济发展方式的主攻方向。构建扩大内需长效机制，促进经济增长向依靠消费、投资、出口协调拉动转变。加强农业基础地位，提升制造业核心竞争力，发展战略性新兴产业，加快发展服务业，促进经济增长向依靠第一、第二、第三产业协同带动转变。统筹城乡发展，积极稳妥推进城镇化，加快推进社会主义新农村建设，促进区域良性互动、协调发展。（2）坚持把科技进步和创新作为加快转变经济发展方式的重要支撑。深入实施科教兴国战略和人才强国战略，充分发挥科技第一生产力和人才第一资源作用，提高教育现代化水平，增强自主创新能力，壮大创新人才队伍，推动发展向主要依靠科技进步、劳动者素质提高、管理创新转变，加快建设创新型国家。（3）坚持把保障和改善民生作为加快转变经济发展方式的根本出发点和落脚点。（4）坚持把建设资源节约型、环境友好型社会作为加快转变经济发展方式的重要着力点。（5）坚持把改革开放作为加快转变经济发展方式的强大动力。

2012 年党的十八大再次强调：以科学发展为主题，以加快转变经济发展方式为主线，是关系我国发展全局的战略选择；加快形成新的经济发展方式，把推动发展的立足点转到提高质量和效益上来，着力激发各类市场主体发展新活力，着力增强创新驱动发展新动力，着力构建现代产业新

① 卫兴华：《转变经济发展方式需要处理好四个关系》，《红旗文稿》2010 年第 15 期。

体系，着力培育开放型经济发展新优势，使经济发展更多依靠内需特别是消费需求拉动，更多依靠现代服务业和战略性新兴产业带动，更多依靠节约资源和循环经济推动，更多依靠城乡区域发展协调互动，不断增强长期发展后劲。

随着我国在理论、政策和实践中对于经济发展方式认识的深化，2015年党的十八届五中全会正式提出了新发展理念，成为指引我国经济社会人口发展的指导思想。新发展理念包含了一系列对发展方式转变的深刻历史要求：经济增长的动力要从要素投入驱动转变为创新驱动为主；经济发展的逻辑要从总量非均衡扩张式增长转变为结构均衡协调发展；经济发展的成果要从允许一部分人先富起来转变为更多地体现以共同富裕为目标的共享；经济发展的生态要从外在发展转化为发展本身的内在要求；经济发展的国际格局从边缘转化为正在日益走近世界舞台中央，形成人类发展的命运共同体等。这些历史性变化赋予新时代中国特色社会主义现代化经济发展全新的内涵。

四、新发展理念与构建现代化经济体系

"新发展理念"的提出和成型，使我国经济发展方式的转变路径逐渐清晰。国家"十三五"规划提出：坚持发展是第一要务，牢固树立和贯彻落实创新、协调、绿色、开放、共享的发展理念，以提高发展质量和效益为中心，以供给侧结构性改革为主线，扩大有效供给，满足有效需求，加快形成引领经济发展新常态的体制机制和发展方式。

2017年党的十九大报告根据我国"两个百年"奋斗目标，尤其是开启全面现代化新征程的需要，进一步提出通过经济发展方式转变构建现代化经济体系的新要求：我国经济已由高速增长阶段转向高质量发展阶段，正处在转变发展方式、优化经济结构、转换增长动力的攻关期，建设现代化经济体系是跨越关口的迫切要求和我国发展的战略目标。必须坚持质

量第一、效益优先，以供给侧结构性改革为主线，推动经济发展质量变革、效率变革、动力变革，提高全要素生产率，着力加快建设实体经济、科技创新、现代金融、人力资源协同发展的产业体系，着力构建市场机制有效、微观主体有活力、宏观调控有度的经济体制，不断增强我国经济创新力和竞争力。

第三章

人口数量红利快速消退的经济冲击

改革开放以来，因人口基数大、就业难等基本问题困扰，人口计划生育政策成为基本国策，与之相伴城乡分割的户籍、教育、医疗和住房等限制性制度逐渐固化成为一整套人口控制和管理政策。这些措施大为降低了我国经济社会发展的人口和劳动力成本，在人口等资源要素红利叠加的刺激下，短短三十多年我国工业化和城镇化取得了飞速发展。随着近些年中国工业化和城镇化进入中后期，传统人口红利日渐衰退，人口从总量过剩型问题迅速转变为结构性供给短缺型新问题，成为我国转变经济发展方式必须面对的新情况。

第一节　我国人口数量红利衰退超预测

新中国成立以来，中国人口再生产模式经历了由“高出生率、低死亡率、高增长”向“低出生率、低死亡率、低增长”的转变，人口增长经历了速度由快变慢，增量由大到小的渐变过程。1978 年我国总人口 9.6 亿，2017 年达到 13.9 亿，增加 4.3 亿人，平均每年增加一千多万人，40 年间，我国人口年均增长率为 0.9%，低于同期世界人口年均增长率。20 世纪 80 年代人口年均增长 1555 万人，90 年代年均增长量降至 1273

万人，而进入21世纪的第一个十年和第二个十年，人口年均增长量分别降至745万人和702万人。人口年均增速从70年代的1.9%，降至21世纪以来的0.6%，人口增速快速下降。随着全面二孩政策的实施，中国人口出生率和增长率均有所增加，但整体上仍处于低位，人口劳动力在新阶段的新问题愈益成为影响我国经济发展方式转变进程的关键因素。

一、我国人口总量增长逐年递减，人口数量红利衰退超过原有预测，自然增长率已经严重低于世界平均水平

我国早在20世纪90年代初就达到了更替水平以下的低生育率，目前，进入相对稳定的低生育水平时期，在一些先进地区，甚至已经到了超低生育率发展阶段，潜在问题和风险已经引起社会各界广泛重视。从改革开放后我国历次人口普查的数据看，第四次人口普查显示，1982年至1990年期间，人口增加12550万人，增长率为12.45%，年均增量为1568万人；第五次人口普查显示，1990年至2000年人口共增加13215万人，增长率为11.66%，年均增量为1279万人；第六次人口普查显示，2000年至2010年人口共增加了7389万人，增长率为5.84%，年均增量为738.9万人，只有第五次人口普期间年均增量的60%。

观察和比较跨年代的人口金字塔可以形象地展示人口发展的动态过程，也揭示了人口变动的惯性。图3-1是根据历次我国人口普查数据计算的人口金字塔，1953年和1964年人口金字塔有一个较大的底部，反映了当时大量的新出生人口；从1977年我国实施计划生育政策开始，1982年、1990年、2000年、2010年的人口金字塔出现生育水平的起落，形成年龄结构的波动。

a. 1953年全国分年龄性别的人口数比例金字塔

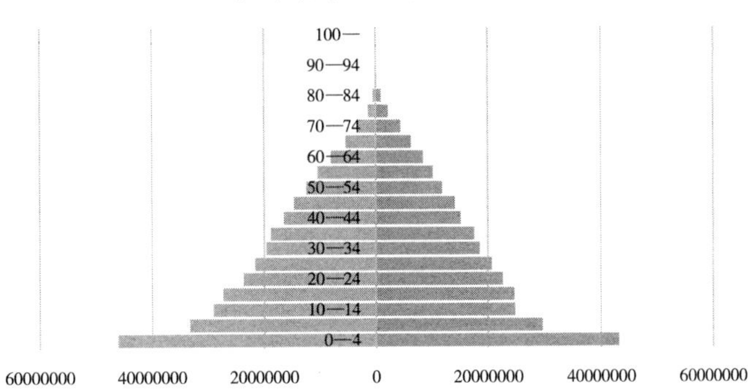

b. 1964年全国分年龄性别的人口数比例金字塔

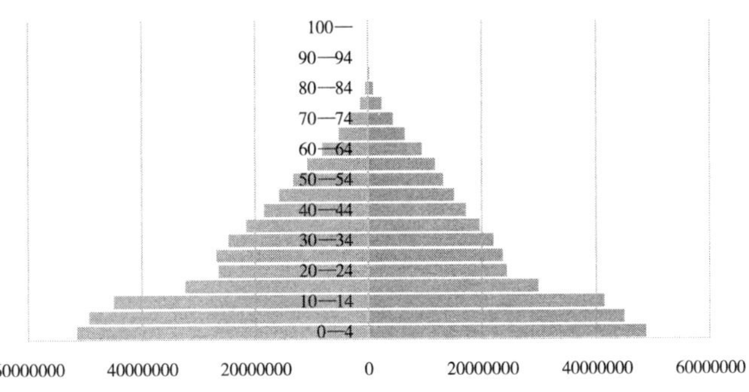

c. 1982年全国分年龄性别的人口数比例金字塔

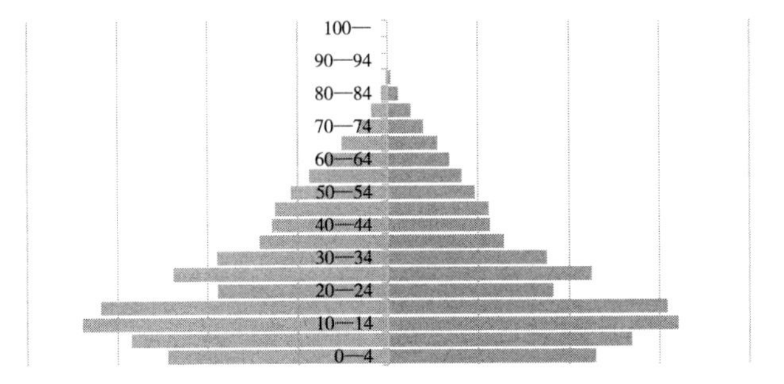

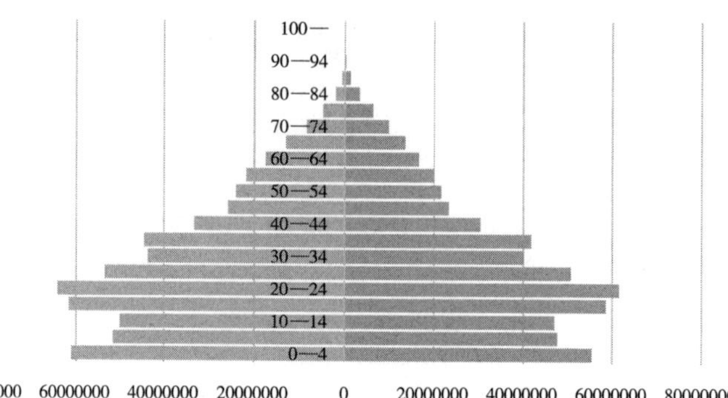

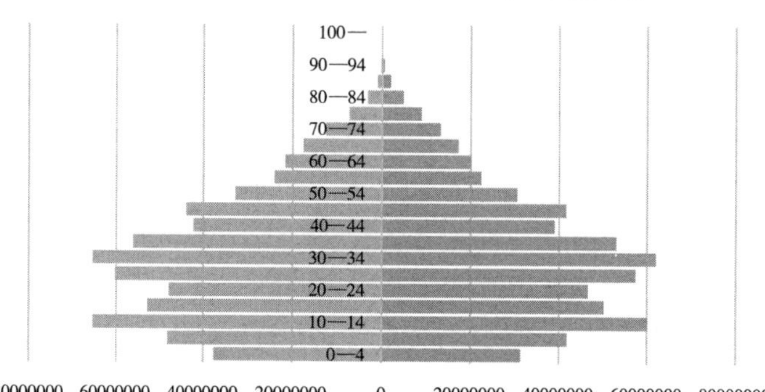

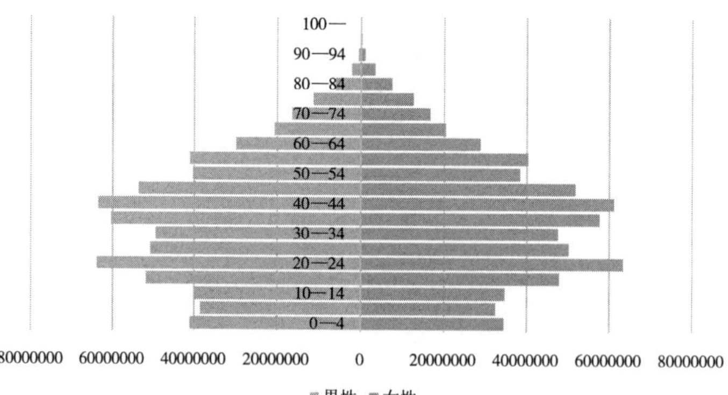

图 3-1 我国历次人口普查的人口金字塔结构图

数据来源:历年中国统计年鉴。

2013 年我国人口自然增长率为 4.92‰，为历年最低水平。图 3-2 是 60 年来我国生育率变化曲线图，从中可以看出，1960 年以来我国的生育率水平呈显著下降趋势。在全面二孩政策刺激下，我国人口自然增长率略有恢复，仍远远低于世界平均水平。实际上，我国生育率已经较长时期处于更替水平以下，虽然实施全面二孩政策后短期回升，但受生育行为选择变化等因素影响，从长期看，生育水平持续走低的风险和概率比较大。

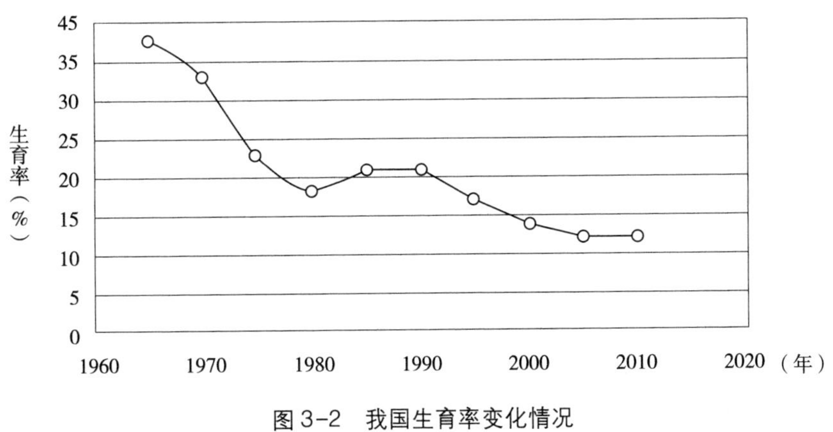

图 3-2　我国生育率变化情况

数据来源：国家统计局历年数据。

二、我国劳动年龄人口已经进入数量递减和年龄老化的双衰退阶段，总人口老龄化问题日趋明显

2005 年《国家人口发展战略研究报告》预测：我国劳动年龄人口将在 2016 年达到高峰；2011 年《国家人口发展“十二五”规划》预测，“十二五”规划期间我国劳动力人口总量会达到峰值，此后缓慢下行。实际上，这一变化在“十二五”规划初期很快就到来了。2008 年全球金融危机后，招工难尤其是青壮年劳动力短缺逐渐从东部地区蔓延至中、西部

地区，成为劳动密集型行业的普遍现象。农村外出务工人员数量不仅逐渐减少，而且年龄趋向老化，从以二三十岁青壮年为主扩大至四五十岁左右的中年人口，显现出非农产业和城镇经济发展面临的劳动力用工问题日趋紧迫。2012 年我国劳动年龄人口（15—64 岁）为 10.04 亿人，达到劳动人口数量峰值，自此每年递减约 200 万人左右，进入劳动人口负增长发展阶段。根据世界银行和国家统计局的数据预计，劳动年龄人口在2020 年为 9.86 亿人、2030 年为 9.57 亿人、2040 年为 8.56 亿人，2050 年为 7.86 亿人，经过 30 年左右时间，我国劳动年龄人口数量将下降 1/5。

从 1960 年人口金字塔看，比较年轻人口结构中有较多的育龄妇女，由于人口增长具有惯性，所以即使计划生育政策推行而导致生育率水平较低，也会有较多的新出生人口（如 1990 年的人口金字塔图所示）；从 2000 年开始的人口金字塔显示我国人口年龄结构有了明显的变化，劳动力人口年龄结构在不断老化，在这一趋势下，人口年龄构成转变为中年人比例较高的结构，到这一阶段，因为缺少足够数量的育龄妇女，人口负增长也具有相应惯性，即使暂时提高生育率也无法在短期内出现较多的新生人口，扭转出生人口下降的趋势，最终结果是越来越严重的人口老龄化，多数欧洲国家和日本的情况就是如此。按此趋势，我国未来的人口金字塔将如图 3-3 所示：2020 年后，我国人口金字塔呈现出典型的老年型社会特征，即：金字塔底部越来越小，顶部越来越大，意味着我国 60 岁及以上老年人的比重将大大提高；图 3-3 显示我国老年人口比重将在 2030 年左右超过中年人口，成为社会人口中人数最多的群体人口；2050 年时我国人口结构更加老龄化，人口老龄化程度将十分严重。

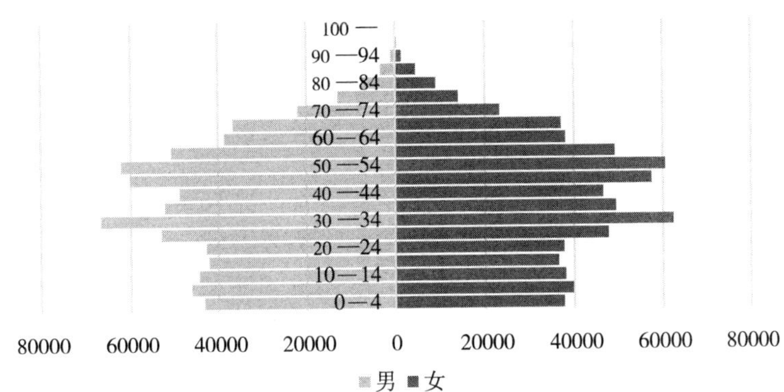

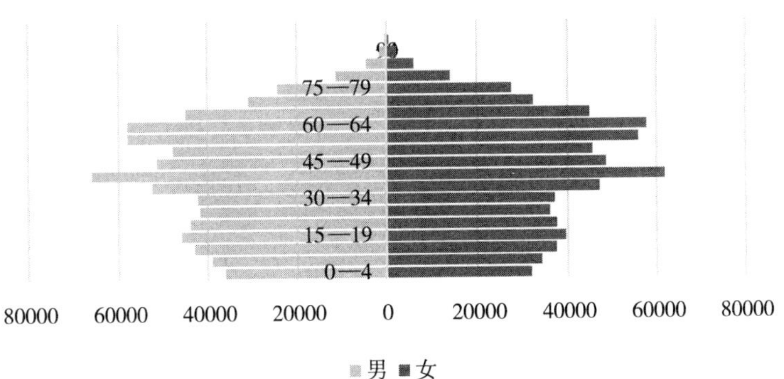

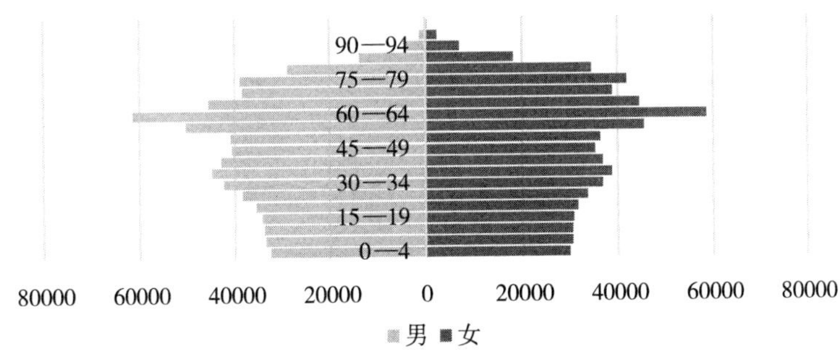

图 3-3　我国人口金字塔结构预测

数据来源:世界银行数据库。

三、人口劳动参与率呈现整体下降趋势

因劳动人口减少青壮年劳动力短缺问题日趋严重，我国劳动参与率出现从下降到复升的波动变化，但仍然难以根本改变劳动参与率下降的基本趋势。根据经济学理论和各国的经验，不同年龄段劳动力劳动参与率也不同，劳动参与率一般先随着年龄的增长、身体智力发展的成熟而呈上升趋势；随着身体条件各方面达到全面发展，人们劳动参与率也将达到顶峰；但随着年龄的进一步增长，逐渐老化，人们的劳动参与率逐渐呈下降趋势；达到65岁以上时，人们渐渐地失去了劳动能力，届时，劳动参与率也降到人生的最低点。按照联合国国际劳工组织划分，青年劳动年龄人口是指处于16—29岁之间的劳动年龄人口，青年劳动力正处于就学、寻找工作、变换工作最为频繁的时期，也是积累人力资本的时期，所以青年劳动年龄人口劳动参与率普遍不高；中年劳动年龄人口是指处于30—44岁之间的劳动年龄人口，由于中年劳动年龄人口正处于体力、知识和能力的成熟期，并且肩负养育子女和赡养老年人的责任，因此该年龄段人口的劳动参与率较高；老年劳动年龄人口是指处于45—64岁之间的劳动年龄人口，由于老年劳动年龄人口普遍身体健康状况不及中青年劳动者，知识水平更新较慢，慢慢地走向退休或已经退休。他们更多地选择享受闲暇而不是参加劳动，因此，老年劳动年龄人口和65岁及以上人口的劳动参与率普遍不高。

从2010年第六次人口普查的情况分析，我国总的劳动力供给规模为78388万人，人口总劳动参与率为70.96%，其中男性总劳动参与率为78.16%，女性总劳动参与率为63.73%，男性的劳动参与率比女性高出14.43%。分年龄人口中，青年人口的劳动参与率为67.69%，中年人口的劳动参与率为90.57%，老年人口的劳动参与率为58.66%，其中中年劳动力的劳动参与率最高（见表3-1）。

表 3-1　2010 年我国人口分年龄、性别的劳动参与率

<table>
<tr><td rowspan="2">年龄段(岁)
劳动参与(%)</td><td colspan="2">青年劳动力</td><td colspan="2">中年劳动力</td><td colspan="3">老年劳动力</td><td rowspan="2">总计</td></tr>
<tr><td>15—19</td><td>20—29</td><td>30—39</td><td>40—44</td><td>45—54</td><td>55—64</td><td>65 岁及以上</td></tr>
<tr><td>男性</td><td>34. 80</td><td>84. 91</td><td>97. 00</td><td>96. 50</td><td>92. 83</td><td>71. 03</td><td>27. 61</td><td>78. 2</td></tr>
<tr><td>女性</td><td>32. 04</td><td>75. 00</td><td>83. 85</td><td>84. 82</td><td>72. 51</td><td>48. 25</td><td>15. 11</td><td>63. 7</td></tr>
<tr><td rowspan="2">总计</td><td>33. 47</td><td>79. 93</td><td>90. 49</td><td>90. 71</td><td>82. 78</td><td>59. 72</td><td rowspan="2">21. 10</td><td rowspan="2">70. 9</td></tr>
<tr><td colspan="2">67. 69</td><td colspan="2">90. 57</td><td colspan="2">72. 69</td></tr>
</table>

数据来源:国家统计局网站 2010 年第六次人口普查。

动态地考察不同年份各年龄段人口的劳动参与率的变化则更有意义。从表 3-2 可以看出:我国中年劳动年龄人口(30—44 岁)的劳动参与率最高,且最高值出现在 30—39 岁年龄段上;青年与老年劳动年龄人口的参与率排序状况在 15 年间发生了明显的变化:在 1990—2000 年之间,青年劳动年龄人口(16—29 岁)劳动参与率明显高于老年劳动年龄人口(45—64 岁),1990 年,高出了 9%,而 1995 年更是高出了近 25%;但是 2000 年后情况截然不同,老年劳动年龄人口(45—64 岁)劳动参与率略微高于青年劳动年龄人口(16—29 岁)。

表 3-2　1990—2010 年各年龄阶段劳动力劳动参与率　(单位:%)

	1990 年	1995 年	2000 年	2005 年	2010 年
青年劳动力	83. 01	82. 42	75. 87	65. 86	67. 69
16—19 岁	70. 54	50. 68	50. 84	37. 00	33. 47
20—29 岁	92. 64	91. 62	85. 74	80. 62	79. 93
中年劳动力	94. 66	94. 46	90. 11	88. 17	90. 57
30—39 岁	95. 02	94. 88	90. 47	88. 29	90. 49
40—44 岁	93. 69	93. 51	89. 09	87. 91	90. 71
老年劳动力	72. 00	58. 33	74. 17	71. 06	72. 69
45—54 岁	84. 40	77. 43	83. 06	79. 48	82. 78

续表

	1990 年	1995 年	2000 年	2005 年	2010 年
55—64 岁	56.49	34.85	59.19	58.32	59.71
65 岁及以上	19.27	17.82	25.00	19.74	21.10
总劳动参与率	79.18	76.99	74.08	76.27	70.96

数据来源:1990 年、1995 年、2000 年、2005 年和 2010 年数据分别来自第四次人口普查、1995 年全国 1%人口抽样调查、第五次人口普查、2005 年全国 1%人口抽样调查和第六次人口普查。

从 1990—2010 年这 20 年的情况判断,我国不同年龄劳动人口的劳动参与率发生了明显变化。青年和中年劳动年龄人口的劳动参与率都呈现持续下降的趋势。其中青年劳动年龄人口的劳动参与率在 20 年间下降了 15.32%,尤其是 16—19 岁的低龄劳动年龄人口的劳动参与率下降了一半多,1990 年为 70.54%,到了 2010 年仅为 33.47%。20—29 岁年龄段劳动年龄人口的劳动参与率则下降了 12.71%。中年劳动年龄人口的劳动参与率也从 1990 年的 94.66%降至 2010 年的 90.57%,下降了 4.09%。

自 2013 年我国劳动人口绝对数量减少以来,我国劳动参与率开始明显增加,详见表 3-3。这种变化的原因在于人口红利消退后,我国劳动力工资收入上涨较快,吸引更多未就业劳动力进入劳动力市场,尤其是城镇化带动的第三产业快速扩张,有效刺激和提升了高龄劳动力就业途径和收入水平,但高劳动参与率的大部分人口是低技能高龄普通劳动力,这种高就业水平对提高我国劳动生产率的帮助作用并不大。

表 3-3　2011—2016 年我国劳动参与率情况

年份	2011 年	2012 年	2013 年	2014 年	2015 年	2016 年
经济活动人口(万)	78579	78894	79300	79690	80091	80694
劳动年龄人口(万)	100283	100403	100582	100469	100361	100260
劳动参与率(%)	78.35	78.57	78.84	79.31	79.80	80.48

资料来源:《2017 年中国人口和就业统计年鉴》。

第二节　人口红利快速消退的经济冲击——转变发展方式的紧迫性

我国人口数量红利超预期消退，使中国经济自2008年全球金融危机后，受经济周期叠加劳动力低成本快速提升，人口素质优势未显现等不利因素影响，传统要素驱动型经济发展方式受到强烈的直接冲击，经济新常态阶段中各类结构性问题集中显现，转变发展方式更为紧迫。

一、劳动力成本快速上涨，经济增长动力迫切需要从要素驱动转向创新驱动

我国传统经济发展方式是建立在人口、资源和环境的低成本基础上，出口商品的主要竞争优势是劳动密集型产品。改革开放40年来，我国劳动力供求长期处于大规模过剩状况，劳动力工资增长缓慢。由于劳动生产率的增长更快，职工劳动报酬增长相对滞后，因此企业单位劳动成本并没有上升。

但是自1998年我国劳动力成本开始进入快速上升期，主要表现在以下两个方面：第一，职工工资增幅明显，企业直接成本提高。20世纪90年代以来我国职工工资的增长以1997年为拐点，1990年到1997年职工实际平均工资年均增长率约为4.86%，大大低于同期人均GDP增长（年均增长率8.99%）；1998年至2008年我国职工实际平均工资年均增长率为12.87%，高于同期人均GDP8.36%的增长速度。根据李实、万海远（2017）计算，经济进入新常态后，在宏观经济和企业经营绩效下行的背景下，进城务工人员工资收入的增长趋势仍较为明显，2015年进城务工人员人均月收入比2014年仍然增长了7.2%，超过同期GDP6.9%约0.3

个百分点①。第二,职工社会保障水平提高,企业间接成本明显上升。据统计,目前企业社会保险费用平均占劳动力成本的20%,占企业间接成本的60%左右。随着我国养老、医疗、失业、工伤、生育保险等城镇社会保障制度的逐步建立并完善,各项社会保险覆盖率和保障标准进一步增加,企业劳动力成本中所包含的间接费用也相应提高。

劳动者工资成本快速提高已经成为我国企业必须面对的挑战和必须接受的事实,以劳动力低成本为核心的我国中低端产品国际竞争力也在相对削弱,外需对经济的贡献率逐渐下行走低。2008 年全球金融危机之后,我国外贸依存度迅速降低,并一度低于世界贸易依存度平均水平,货物和服务净出口需求对经济增长的拉动力持续下降,如图 3-4 所示。

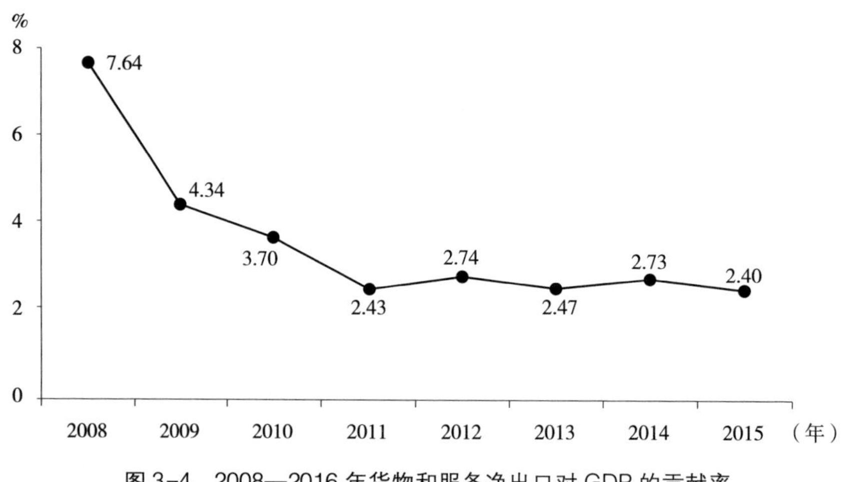

图 3-4　2008—2016 年货物和服务净出口对 GDP 的贡献率

数据来源:历年《中国统计年鉴》,中国统计出版社。

以劳动力为主的各类要素成本上涨,使我国大量微利以及低利润企业的旧有发展模式难以维持,许多传统经济发展方式下的地区和行业面临停产、倒闭甚至破产的危机。因此,劳动力成本上升将迫使我国企业从

① 李实、万海远:《对当前中国劳动力成本的基本判断》,*China Economics* 2017 年第 1 期。

主要依靠劳动等要素投入为主的增长方式,转向依靠科技进步、管理创新和提高劳动者素质这种新的发展方式上来。

二、传统第三产业扩张带来的高就业率尚难以有效提升国民经济总劳动生产率

从我国近些年劳动就业实际情况看,在工业化和城镇化高速发展的需求拉动下,第一产业就业占比逐年下降,已从 20 世纪 90 年代平均 50%占比,降至 2014 年不足 30%;第二产业占比在 2012 年达到 30. 3%的最高占比后开始下降,2016 年占比为 28. 8%;第三产业占比逐年提升,从 2000 年的 30%左右增加至 2016 年的 43. 5%。

第三产业就业比重提高,在扩大就业规模、提高就业弹性的同时,是否能够有效促进经济增长呢? 国外学者,如 Nordhaus(2008)研究证明第三产业生产率与全社会生产率的关系,发现第三产业生产的低速增长拖累了 OECD 国家的经济增长,这种现象被称为"成长病"或"增长病"。

从我国目前第三产业就业状况看,生活服务业占第三产业的比重近 70%,生产服务业仅占 30%左右,第三产业在容纳大量普通劳动力就业的同时,不能有效提高劳动生产率,反而劳动密集型服务业占比过大,降低了经济的劳动生产率水平。从图 3-5 可以看出,我国整体劳动生产率增长率自 2007 年以来基本呈持续下滑趋势,第一、二产业劳动生产率增长率自 2004 年以来虽有波动但总体稳定,第三产业劳动生产率增长率则自 2007 年以来大幅下滑。结合已有的研究理论,基本可以判断,我国第三产业劳动生产率增长率的大幅下降是导致我国整体劳动生产率增长率提升缓慢的主要原因。近年,我国产业结构发生了快速转变,2012 年第三产业增加值对 GDP 的贡献超过第二产业,并于 2016 年超过 50%,而 2012 年以来第二产业增加值对 GDP 的贡献一直

呈下滑趋势。中国经济增长前沿课题组(2012)解释认为,我国两大产业生产率的增长差异来自工业化进程中吸收了相对高素质的劳动力,而把大量低素质的劳动力驱赶到非正规就业广泛存在的服务业部门,导致第三产业的被动扩张和效率长期低下。此外,城市化的高速推进对服务业的发展具有巨大的带动作用。张平等(2015)提出,我国城市化率在2016年前后越过50%的关键点,从城市化与服务业产业增加值长期统计关系来看,1978年至2013年间,城市化率提升一个百分点,带动服务业增加值提升约0.5个百分点。

劳动生产率增长率持续下滑会带来两个相互关联的问题,一是国民收入增长速度将会放缓,二是国民收入增长速度放缓导致的资本投资、研发投资、人力资本投资的障碍,而这又会进一步影响国民收入的增长速度。

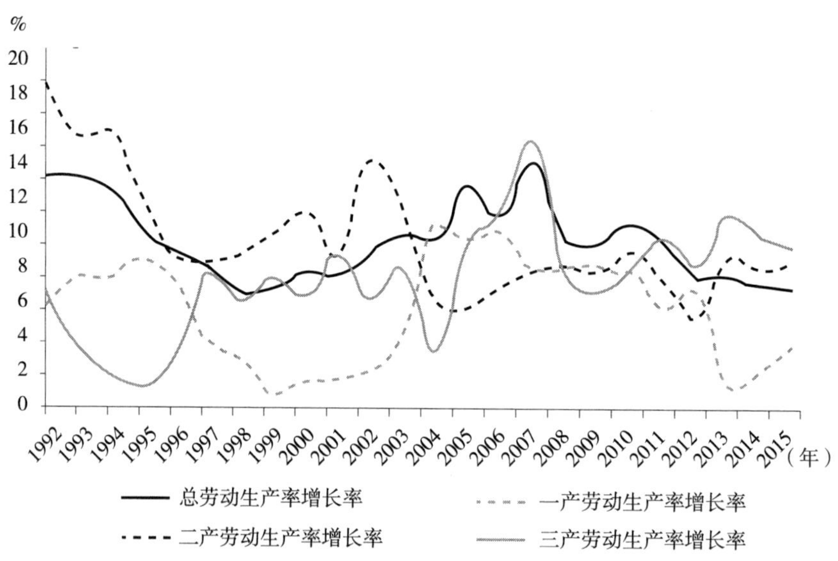

图3-5 中国总劳动生产率和三次产业劳动生产率增长率

来源:根据《中国统计年鉴2016》整理,产值经过生产指数调整。

三、人口素质红利大量结构性错配和沉淀，创新驱动的内在动力远未得到激活与释放

尽管我国人口第一红利快速消退，但作为一个教育大国，较高素质劳动力的绝对数量还是庞大的，理论上认为，这种素质规模优势如果发挥出来，是能够弥补成本劣势的。如我国 15 岁以上的成人总体人口的识字率从 20 世纪 80 年代的 65.5%提高至 2016 年的 96.4%，增加了 30 个百分点，15—24 岁青年人口识字率达到 99.7%，接近百分之百。2010 年以来我国接受高等教育在校生和毕业生数量增长幅度均较快，大学本科文化层次的人口占比从 2000 年的 0.78%增长至 2015 年的 5.93%，增长了 5.15 个百分点；研究生文化层次的人口占比从 2000 年的 0.08%增长至 2015 年的 0.59%，增长了 0.51 个百分点。[①] 人口素质的大幅度提高为实现经济转型和发展方式转变提供了人口质量红利基础。

另一方面，我国人力资源开发使用并不充分，以素质提高为基础的人口红利潜力没有得到有效释放，严重降低了人力资源的整体效率。按照第六次全国人口普查的行业分类，中国在业人口共划分为 20 个部门类别。表 3-4 展示出 2010 年我国在业人口的文化教育水平同样具有较明显的行业差距，16 个行业中，从事农、林、牧、渔业的人口的受教育程度最低，其受教育年限只有 7.53 年，达不到接受完整九年义务教育水平，大部分只接受过初中以下教育或者根本就没有受过教育，在未上过学的人口从业分布中这一行业依然占据了最大比例。除去农、林、牧、渔业外，其他行业人口的受教育程度略有差异，但人均教育年限都超过了九年。在这些行业中，国际组织和教育从业人口的受教育水平最高，其人均受教育年

① 晏月平、韦思琪：《中国人口新常态与新型人口红利研究》，《重庆理工大学学报》(社会科学)2018 年第 1 期。

限分别达到 14. 77 年和 14. 27 年，基本上达到高中以上的水平；受过教育的从业人员人均受教育年限在 13 年以上的行业有科学研究、技术服务和地质勘察业从业人员（14. 09 年），金融、保险业（13. 83 年），公共管理和社会组织（13. 38 年），卫生、社会保障和社会福利业（13. 35 年）以及信息传输、计算机服务和软件业（13. 34 年）。

表 3-4　2010 年按行业分的全国就业人口受教育程度构成

行业	受教育程度占行业比例（%）							受教育年限（年）
	未上学	小学	初中	高中	大专	本科	研究生	
农、林、牧、渔业	6. 26	37. 19	50. 15	5. 80	0. 49	0. 10	0	7. 53
采矿业	0. 67	13. 10	50. 15	22. 98	8. 69	4. 13	0. 29	10. 08
制造业	0. 75	13. 12	56. 26	20. 06	6. 43	3. 10	0. 29	9. 77
电力、燃气及水的生产和供应业	0. 19	4. 17	28. 30	33. 08	22. 02	11. 47	0. 77	12. 05
建筑业	1. 11	19. 95	60. 50	12. 49	3. 87	1. 98	0. 11	9. 06
交通运输、仓储和邮政业	0. 51	10. 03	54. 55	24. 12	7. 42	3. 21	0. 17	10. 06
信息传输、计算机服务和软件业	0. 15	2. 22	18. 23	24. 33	27. 02	24. 61	3. 45	13. 34
批发和零售业	0. 82	11. 04	50. 00	25. 76	8. 71	3. 47	0. 21	10. 15
住宿和餐饮业	0. 98	13. 03	58. 37	21. 32	4. 81	1. 44	0. 06	9. 56
金融业	0. 05	1. 19	11. 97	24. 20	32. 64	27. 08	2. 87	13. 83
房地产业	0. 73	8. 53	33. 66	27. 39	18. 30	10. 63	0. 77	11. 42
租赁和商务服务业	0. 40	5. 74	29. 50	24. 30	20. 68	17. 05	2. 33	12. 19
科学研究、技术服务和地质勘察业	0. 14	2. 19	13. 61	18. 74	23. 92	32. 45	8. 95	14. 09
水利、环境和公共设施业	2. 32	16. 76	35. 68	22. 21	13. 90	8. 47	0. 65	10. 45
居民服务和其他服务业	1. 65	15. 24	57. 02	20. 39	4. 36	1. 28	0. 06	9. 36
教育	0. 13	1. 68	9. 01	18. 00	33. 27	33. 19	4. 72	14. 27

续表

行业	受教育程度占行业比例(%)							受教育年限(年)
	未上学	小学	初中	高中	大专	本科	研究生	
卫生、社会保障和社会福利业	0.22	2.50	14.29	27.46	33.93	19.27	2.33	13.35
文化、体育和娱乐业	0.34	5.21	31.46	25.24	18.55	17.35	1.85	12.08
公共管理和社会组织	0.45	3.44	14.67	23.00	31.60	24.94	1.91	13.38
国际组织	0.15	1.22	12.77	15.35	15.05	36.32	19.15	14.77

数据来源:《中国2010年人口普查资料》,中国统计出版社2016年版。

如果把国民经济中产业增加值结构与劳动就业人口教育程度进行比较,可以发现:国民经济行业地位与劳动就业的素质状况严重失衡,呈明显的反向关系。表3-5是根据第六次人口普查数据,按我国19大类行业增加值由高到低进行了排序,制造业、农林牧渔业、批发和零售业、建筑业、房地产行业是我国产值最高的五大支柱产业,但是就业劳动力受教育年限却是最少的几个行业,其中,第一大支柱产业制造业劳动力的平均受教育年限只有9.77年,仅仅略高于农林牧渔业(平均受教育年限最少,只有7.53年)、建筑业(平均受教育年限只有9.06年)、居民服务和其他服务业(平均受教育年限只有9.36年)、住宿和餐饮业(平均受教育年限只有9.56年)。作为国民经济中的支柱产业,尤其是制造业劳动力教育水平长期偏低,将严重妨碍这些产业的转型升级,对我国加快转变经济发展方式是十分不利的。

表3-5　2010年我国19大类行业增加值与劳动就业人口平均受教育年限

行业	行业增加值(亿元)	平均受教育年限(年)
制造业	130325	9.77
农、林、牧、渔业	40533	7.53

续表

行业	行业增加值(亿元)	平均受教育年限(年)
批发和零售业	35746	10.15
建筑业	26661	9.06
房地产业	22782	11.42
金融业	20980	13.83
采矿业	20936	10.08
交通运输、仓储和邮政业	19132	10.06
公共管理和社会组织	16210	13.38
教育	12042	14.27
电力、燃气及水的生产和供应业	9460	12.05
信息传输、计算机服务和软件业	8881	13.34
住宿和餐饮业	8068	9.56
租赁和商务服务业	7785	12.19
居民服务和其他服务业	6101	9.36
卫生、社会保障和社会福利业	5980	13.35
科学研究、技术服务和地质勘探业	5636	14.09
文化、体育和娱乐业	2495	12.08
水利、环境和公共设施管理业	1752	10.45

数据来源:《中国2010年人口普查资料》,中国统计出版社2016年版。

在受教育程度最高的五个行业中,教育(平均受教育年限14.27年)、科学研究、技术服务和地质勘探业(平均受教育年限14.09年)、金融业(平均受教育年限13.83年)、公共管理和社会组织(平均受教育年限13.38年)以及卫生社会保障和社会福利业(平均受教育年限13.35年),只有金融业的行业增加值较高,位居第六位,其他行业的增加值都位居行业后位。尽管上述产业劳动力教育水平较高,但是由于普遍产值规模较小,短期内难以起到大幅度拉动经济增长的动力作用,只有不断加快促进这些行业的发展质量和规模,才能够使其在转变经济发展方式进程中逐渐发挥更大的带动作用。

四、以创新驱动加快转变经济发展方式,突破点是开发利用好中国的质量型人口红利

回顾改革开放40年,中国在时间和空间上成功利用了第一次人口红利。我国人口红利转移,本质上是数量型人口红利向质量型人口红利的转变。经济进入新常态后,我国经济结构的调整必须遵循创新、协调、绿色、开放、共享的“五大”新发展理念。《中国制造2025》确立“创新驱动、质量为先、绿色发展、结构优化、人才为本”的基本方针,技术、技能、服务、金融等知识密集型产业替代传统劳动、资源等要素密集型产业是大势所趋。党的十九大提出建设现代化经济体系、加快建设创新型国家、优先发展教育事业、提高就业质量和人民收入水平、实施健康中国等战略,是收获新人口红利和实现经济高质量发展的政策基础。

第四章

新发展理念下的人口发展质量评价

各国人口和经济发展历史与经验表明，随着一国人口第一红利逐渐消退，经济增长将主要依靠第二红利，即通过提高人口素质、劳动力生产率增长来推动经济可持续发展。近些年我国实施以提高人口素质为中心的人口全面发展战略，人口素质和质量得到有效改善，为加快转变经济发展方式创造了更为有利的人口条件。

第一节　人口发展质量的指标体系

一、人口发展质量的指标体系比较

对人口发展质量的测评体系主要分为几类：PQLI 指标体系、HDI 指标体系、人口发展综合指标体系、人口现代化指标体系、人口均衡发展指标体系。其他还包括 ASHA 指标体系和 ISP 指标体系。

1. PQLI 指标体系及其完善

物质生活质量指数（phsical quality of life index，PQLI）由美国学者莫里斯·大卫·莫里斯（Morris David Morris）在 1977 年提出，用来考察一国在人民营养、医疗卫生、教育水平等领域发展的综合指标，用来反映一国在满足人民基本需求方面的成就。该指标包括婴儿死亡率、一岁年龄的预期寿命和15岁以上人口的识字率三部分组成。① 其中，婴儿死亡率和一岁年龄的预期寿命属于人口身体素质层面，15岁以上人口识字率属于文化素质层面。

PQLI指标体系的计算方法是：将三个指标全部转化成指数形式，然后将其加权平均。

早期研究者利用PQLI指标体系对中国各个省份之间的人口发展状况和中国与其他国家进行了比较分析，得出了与事实相符的结果（马淑鸾，1986）。② 还有研究将PQLI指标体系中人口素质和科学文化两个指标属性进行了丰富。杨世菁、周炎炎（2016）在人口素质指标下引入了青少年平均身高/体重、出生缺陷发生率、5岁以下儿童营养不良率、传染病死亡率等次级指标，在人口科学文化素质指标下引入了劳动人口平均受教育年限、每万人在校大学生人数、每万人拥有发明专利数等次级指标，虽然没有脱离PQLI的分析框架，但指标体系内涵不断丰富。③

对PQLI指标属性的扩展。学者将思想道德素质加入指标体系中，但有些学者（武洁、陈忠琏，1998）认为思想道德素质指标无法进行量化而没有将其纳入指标体系中。在对思想道德素质量化的研究中，人口的刑事犯罪率和青少年人口犯罪率最先被纳入指标中（王皓，1999）。在此基础上，心理素质也被引入评价指标体系中，并细分为能力类指标、表象类指标和条件类指标（张俊良，2015）。

2. HDI指标体系

联合国开发计划署在《人类发展报告1990》中将人类发展定义为扩

① Morris David Morris, *Measuring the Condition of the World's Poor: The Physical Quality of Life Index*, Pergamon Press, 1979, p.120.

② 马淑鸾：《我国人口生命素质指数比较分析》，《人口研究》1986年第3期。

③ 杨世菁、周炎炎：《人口素质测评指标体系的构建及应用》，《统计与决策》2016年第12期。

大人选择的过程，具体涉及寿命、教育、生活水平、政治自由和个人权利等方面的选择，并提出了人类发展指数（human development index，HDI）。①

国内学者利用该指数对中国城乡差距进行了测评（宋洪远、马永良，2004）。② 但该指数被提出之后，国内外对其褒贬不一。一是对其指标体系的指标进行质疑，认为 HDI 指数没有准确、系统地反映人类发展的显著变化，如一国财富分配不均、政治自由和人权问题［克利（Kelly），1991］；③另有批评指出该指标体系无法凸显出不发达国家的落后现状和可持续性问题［萨加尔、纳吉姆（Sagar、Najam），1998］。④ 二是对人类发展指数的指标权重提出质疑［卢克特斯、门克霍夫（Luchters、Menkhoff），2000］⑤，认为三个指标之间的权重不是恒定不变的。

针对 HDI 指标的缺陷，批评者给出了解决方案。方案对指标的选取和指标的权重计算方法进行了修改。萨加尔（Sagar）和纳吉姆（Najam）利用三个指数的乘积来计算 HDI，取代了原来的平均赋权法，并引入了不平等指标基尼系数和资源环境指标来凸显不平等现象和可持续性问题。卡尔杜奇、皮萨尼（Carducci、Pisani，1995）⑥，林德（Lind，1992）⑦和莱

① United Nations Development Programme，*Human Development Report* 1990，New York：Oxford University Press，1990，P.1.

② 宋洪远、马永良：《使用人类发展指数对中国城乡差距的一种估计》，《经济研究》2004 年第 11 期。

③ Allen C.Kelly，"The Human Development Index：'Handle with Care'"，*Population and Development Review*，Vol.17，No.2（June 1991），pp.315-324.

④ Ambuj D.Sagar，Adil Najam，"The Human Development Index：a Critical Review".*Ecological Economics*，Vol.25，No.3（June 1998），pp.249-264.

⑤ G.Luchters，L.Menkhoff，"Chaotic Signals from HDI Measurement"，*Applied Economics Letters*，Vol.7，No.4（April 2000），pp.267-270.

⑥ Francesco Carducci，Stefano Pisani，"A Multiattribute Measure of Human Development"，*Social Indicators Research*，Vol.36，No.2（October 1995），pp.145-176.

⑦ Niels C.Lind，"Some Thoughts on the Human Development Index"，*Social Indicators Research*，Vol.27，No.1（August 1992），pp.89-101.

(Lai,2000)[①]对指标赋权方法和指标选取提出了不同的意见,代表性的赋权方法有主成分分析法[莱(Lai),2003[②];杨永恒等,2005[③]]。

3. 人口发展综合指标体系

国内学者综合 PQLI 指标体系、HDI 指标体系、ASHA 指标体系和 ISP 指标体系,再结合中国经济发展的特点,建立了包括人口再生产、人口素质、人口分布和人口结构的综合指标体系。陈仲常(2007)选取了经济活动指标、人口总量指标、人口结构指标、人口素质指标和人口再生产指标五类。[④] 洪英芳(1998)分别建立了人口转变、人口素质与人力资源开发、经济增长质量和生活质量四个指标体系。[⑤] 王维志(1993)建立了"综合指数"体系,选择出生率、人口加倍时间、总和生育率、婴儿死亡率、平均寿命、65 岁以上人口比重、15 岁以下人口比重、城镇人口比重、成人识字率和第三产业劳动力比重共 10 个指标对我国人口发展水平和趋势进行衡量。邵凡、谭克俭(2007)选取了人口数量、人口素质和人口结构三类指标,并将思想道德素质指标选取为"每万人刑事案件立案数"。[⑥] 陈仲常、杨琳(2009)建立了人口发展熵值—模糊综合评判模型,选取了人口总量、人口结构、人口素质、人口再生产和人口经济活动五个指标。[⑦] 另外,朱巧玲(2011)依据马克思主义人口的自由全面发展理论,建立了以

---

① Dejian Lai, " Temporal Analysis of Human Development Indicators: Principal Component Approach", *Social Indicators Research*, Vol.51, No.3(September 2000), pp.331-366.

② Dejian Lai, "Principal Component Approach on Human Development Indicators of China", *Social Indicators Research*, Vol.61, No.3(March 2003), pp.319-330.

③ 杨永恒等:《基于主成分分析法的人类发展指数替代技术》,《经济研究》2005 年第 7 期。

④ 陈仲常等:《中国人口发展监测评价模型研究——基于全国 31 个省份人口发展的证实分析》,《中国人口科学》2007 年第 5 期。

⑤ 洪英芳:《我国人口经济发展的测评系统研究》,《社会学研究》1998 年第 4 期。

⑥ 邵凡、谭克俭:《与全面小康指标相适应的人口发展指标体系研究——以山西为例》,《经济问题》2007 年第 6 期。

⑦ 陈仲常、杨琳:《人口发展熵值—模糊综合评判模型研究》,《中国人口 · 资源与环境》2009 年第 5 期。

劳动性、需求性、社会性和个性、自然环境为一级指标的人的发展指标①。

4. 人口发展的协调可持续发展指标体系

首先,人口现代化指标体系。陈友华(2003)从生育现代化、人口素质现代化、人口结构现代化和经济现代化四个方面入手,建立了人口现代化评价指标体系。其中,生育现代化包括生育质量和生育数量,人口素质现代化包括身体素质和科学文化,人口结构现代化包括人口性别年龄结构现代化、人口社会结构现代化,经济现代化包括人均 GDP。王学义(2006)引入了联合国提出的 GDI 性别发展指数和 HPI 人类贫困指数并增加了逆人口现代化指标,建立了以人口再生产类型现代化、人口素质现代化、人口结构现代化和逆人口现代化为子系统的人口现代化测度指标体系。

其次,人口均衡发展指标体系。该指标体系衡量了人口内部均衡与外部均衡的协调与可持续性,并选取了相应指标对其进行综合评价,包括人口数量、人口素质、人口分布和人口结构等人口自身发展指标以及人口与经济社会、人口与资源环境指标(王军平,2010;茆长宝、陈勇,2011;张俊良、郭显超,2013;马红旗、陈仲常,2012)。②

5. 人口健康综合评价指标体系

该指标体系较少被国内学者使用,本文仅做简要介绍。ASHA 指标体系由六个指标构成:就业率、识字率、平均预期寿命、人均 GDP 增长率、人口出生率和婴儿死亡率。

6. 社会进步指数

社会进步指数(index of social progress,ISP)由宾夕法尼亚大学教授埃斯蒂斯于 1984 年提出,随后又提出了加权社会进步指数(weighted

---

① 朱巧玲:《人的发展指标的构建——基于马克思主义人的自由全面发展理论的分析》,《改革与战略》2011 年第 9 期。

② 茆长宝、陈勇:《人口内部均衡发展研究——以西部地区为例》,《人口研究》2011 年第 1 期。

index of social progress, WISP)。该指标选取了 10 个领域的 45 个指标对一地区的经济社会发展状况进行测评。但该指标侧重于对整体社会的测度,人口因素只是其中很小一部分。正因为在对人口发展测评上缺乏专业性和科学性,也较少被学者用来测评人口发展。

7. 评价指标体系的指标选取和权重赋予

(1)指标筛选方法

对指标的筛选方法主要有主成分分析法(PCA)、因子分析法、R 聚类分析、专家经验等。莱(Lai,2003)和杨永恒等(2005)利用主成分分析法(PCA)对中国各省份进行了分析。杨永恒等(2005)还利用 Spearman 秩相关系数将主成分分析法与 HDI 的分析结果相比较,得出一致的分析结论。陈仲常等(2007)利用因子分析法和专家经验相结合来选取指标。张俊良、郭显超(2013)利用聚类分析中的 R 聚类分析对指标进行筛选。

(2)指标赋权法

除了 HDI 和 PQLI 指标体系给出的赋权方法外,赋权法可分为主观赋权法和客观赋权法。主观赋权法包括专家评分法、德尔菲法、层次分析法(AHP)等,客观赋权法包括熵值法、主成分分析法、因子分析法、灰色关联法等。为了提高指标赋权的可靠性,两种方法会同时运用在赋权分析中。王军平(2010)利用熵值法和层次分析法(AHP)分别对指标进行了赋权,然后利用“乘积”集成法将两种方法的结果进行综合,以提高分析准确度。马红旗、陈仲常(2012)利用主观赋权法和客观赋权法对人口发展进行综合评价。为了确保以上分析方法的可靠性,还可以对不同的赋权方法进行权重分析,再依此对不同的赋权方法进行使用。马红旗、陈仲常(2012)使用了模糊 Borda 组合评估法对不同赋权法的结果进行综合分析,降低单一方法的缺陷。段力刚、段丽凌(2011)利用层次分析法(AHP)对专家赋权法中的各位专家权重进行赋权,再利用群决策法对不同权重的专家赋权进行分析。为了便于分析差异性,利用聚类分析法可以将分析结果进行分类比较（武洁、陈忠琏，1998）。

二、人口发展质量指标研究体系评价

1. 主要特点

从人口发展质量测评体系演进过程来看，人口发展研究具有以下特点：

（1）指标体系的指导思想逐渐深入

早期的指标体系关注点都集中在人口自身的发展。PQLI 指标体系中的三个指标可以划分为人口身体素质和科学文化素质两类，后来加入的思想道德素质和心理素质等指标均是在 PQLI 指标体系下的扩展，没有脱离健康、文化和精神等个人属性。为了更好地反映经济发展在人口发展中所起的作用，联合国建立了包括文化教育、健康和经济水平的 HDI 指标体系。HDI 指标体系中人口自身要素仍然占据了 2/3 的比重，虽然该指标体系在预期目标、指标选取和计算方法上存在不一致和不科学性，但其给出了看待人口发展的新方法。国内外研究者利用该指标体系得出了比较符合实际发展状况的结果。随后，国内研究者将研究范围扩大到整个人口的内部因素，包括人口分布、人口结构、人口数量等，人类社会的发展表明，这些因素同样在人口发展中起到了至关重要甚至决定性作用。随后的研究都集中在如何让人口数量、人口素质、人口结构和人口分布等因素达到平衡，以期达到理想的人口发展状况。虽然这一时期也对人口自身与外部的互动进行了考量，但没有对其进行定量分析，研究重点仍在前者。

在此基础上，对人口发展的研究逐渐转向人口自身与外部因素的协调关系上。随着经济社会飞速发展，外部环境变得越来越复杂，人口发展已经与外部世界融为一体，相互促进、相互制约，国内研究者认为只关注人口自身发展无法对人口状况做出科学、准确的评判。基于此，人口均衡发展思想成为评判人口发展的主要依据。人口均衡发展思想包括人口数量、人口结构、人口分布、人口素质等内部因素和经济、社会、资源与环境等外部因素。人口均衡发展思想考虑到人口自身因素的均衡,同时将重点集中在人口自身因素与外部因素的协调关系对人口自身发展的推动作用。

（2）指标选取与构建方法不断完善

首先,指标体系不断丰富。每一个指标体系的提出都符合所处时代的人口发展需要,并根据现有研究成果进行指标的选取和测评体系的构建。在 20 世纪七八十年代,人口质量的测评主要集中在对人口自身素质上,如人口身体素质、人口科学文化水平,这与当时世界发展趋势相符合。七八十年代以来,世界各国都以经济发展为主要目标,改善生活水平、摆脱贫困成为当时人们的最主要理想。发展离不开人才,而当时人才资源十分短缺,因此,对人力资源的开发成为热点领域,也凸显出人们摆脱贫困、获得知识的渴望。虽然 PQLI 指数和 HDI 指数中的识字率、预期寿命和人均 GDP 等指标反映了这一事实,但这些指标体系只能将现实状况进行简化,一是没有现成的分析工具可用,二是人类没有意识到人口发展不是简单的几个指标就可以完全衡量的,因此,这些指标具有时代局限性。

人类经济发展到一定水平,随之而来的资源约束和环境破坏不断警告需要转变人类发展方式。于是,这一阶段经济学家们提出了对 PQLI、HDI 指标体系的修订,并引入了可持续发展的指标和凸显各国不平等的指标,国内研究者将人口整体进行定性和定量分析,提出了人口现代化指标体系。对中国而言,人口发展已经不单是人口自身发展问题,与经济社会、环境资源的协调性更为重要。真正实现对人口发展状况进行科学、严谨评判的是人口均衡发展指标体系。该体系以普遍联系的思想、从宏观与微观相结合的视角、以定量分析为工具对人口发展进行测评,指标体系更复杂、更全面,也具有科学性和严谨性。

其次,由定性向定量转变。受到经济分析工具的限制和理论的不完善,人口发展质量测评体系一开始局限于定性分析,后来发展出简单的PQLI和HDI指标体系。在此基础上,随着经济的发展,经济理论和数学工具的丰富,人口发展质量测评体系的指标数量也变得丰富,测评的结果更具有实际指导意义。

2. 存在的主要问题

(1)缺乏统一、完整的理论架构

不同的研究者从不同的理论角度出发,构建了自己的人口发展质量测评体系,如陈友华的人口现代化指标体系、朱巧玲基于马克思主义人的自由全面发展理论建立的人的发展指标、张俊良从人口内外部均衡理论建立的人口长期均衡发展指标体系,不同指标体系所基于的理论不尽相同,缺乏统一的理论指导。早期的PQLI和HDI指标体系已经无法对当前的人口发展进行科学测评。人口现代化指标体系仍局限于人口自身各要素之间的关系。对人口均衡发展指标体系的研究,有学者从马克思主义人的自由全面发展理论进行分析,该理论只有抽象概括性的描述,对定量分析而言,可操作性较弱;也有学者从人类发展的角度分析,经济、社会、资源与环境等都是影响人类发展必不可少的因素,如何将这些因素统一于一个理论框架中进行分析,需要不断的理论创新。

(2)指标体系的构建方法有待进一步完善

首先,一些人口发展的衡量指标无法统一,可选指标的替代性过强。原因一是缺乏一定的数据和理论支撑,由于统计方法的不断更新,某些统计指标没有出现之前,无法对一些指标进行精确衡量;二是部分指标过于抽象,不同的定义可以选择不同的指标,用哪一个或哪几个指标来衡量更准确值得深入讨论。其次,随着指标的不断增多,一些指标之间的相关性也不断增强,为准确的结果分析带来一定困难。

第二节　我国人口发展质量的评价体系

我国人口发展质量评价体系的构建，以《国家人口发展规划（2016—2030年）》中提出的人口总量、人口结构、人口素质、人口分布和重点人群为主要目标，以《国家人口发展规划（2016—2030年）》中提出的注重人口内部各要素相均衡、注重人口与经济发展相互动、注重人口与社会发展相协调和注重人口与资源环境相适应为战略导向，使其符合哲学与经济发展规律的指标体系，反映当前中国人口发展中的突出问题和人口发展需要。

一、指标体系构建的原则

1. 科学性

指标的选取应该充分考虑到研究对象的特点和现状，有针对性地建立指标体系。中国目前是世界第一大国，经济发展速度居世界前列，发达国家在几百年的发展历程中出现的问题，在中国自改革开放以来的40年间集中爆发，可谓任务艰巨。因此，在指标选取时，就必须能反映中国的实际情况，在国外不会再发生的问题在中国正在发生，比如城镇化、人口流动、资源消耗量等。同时，也要注意到，中国是世界第一大社会主义国家，所选指标必须凸显社会主义道路、制度和理论的优越性。中国也在全力开展脱贫攻坚工程，贫困人口的指标能充分体现中国正在发生的变化。科学性还体现在不能出现功能重复性指标。

2. 系统性

系统性体现在必须考虑到不同体系指标之间的联系，形成协调统一的分析框架。在本书中，人口发展质量的测评包括三个分系统：人口自身素质发展体系、人口与经济社会体系、人口与资源环境体系，这三个体系既相互独立，又有联系。独立性体现在每个体系可以单独作为一个测评体系而存在，联系体现在三个指标体系是相互制约、相互协调、相互促进的关系。因此，在指标选取时，需要顾及分体系，也要兼顾整体的一致性。

3. 层次性

层次性体现在对所选取的指标从宏观和微观两个角度进行选择。从宏观层面来看，该指标体系必须体现某一系统指标的宏观状态，如二级指标人口数量方面，相对应的三级指标人口总量就是从总体状态上对人口数量进行衡量。从微观层面来看，人口自然增长率等其他三级指标就是从微观角度对二级指标的界定。另外，层次性还体现在三个分系统之间有层次。对于本书所建立的指标体系而言，人口自身素质发展是分析该问题的基础，其他两个指标体系也是建立在该指标体系之上，因此，需要对指标进行区分，以促进三个分系统的协调统一，也要注重对人口自身发展的回归。

4. 可操作性

可操作性体现在指标的简洁。指标体系的指标数量必须控制在一定范围内。对该指标体系而言，所涉及的指标较多，对研究对象的描述越详细，各指标之间的相关性越低，但是能用一个指标的就不用两个指标来表达，比如在描述人口增长率的指标中，死亡率和出生率可以一起表示人口的增长状况，但是人口自然增长率（出生率与死亡率的差值）可以更简洁地体现。这种原则对操作性方面是有帮助的。

数据的可获得性对指标体系中的指标准确性是最大的挑战之一。对于本书而言，数据时间跨度为 38 年，由于中国早期统计系统的不健全和统计方法的不科学，许多详尽的指标数据无法完全获得。在一些指标的数据缺失较大的情况下，只能选择放弃而选用相近指标来代替。

为了更好地对指标进行计算，必须对数据进行处理，以便于计算和比较。首先,有些年份数据缺失的指标,需要根据内插法和外推法推测出相应年份的数据。其次,对一些量纲不同的指标需要进行量纲标准化处理。比如,有的指标的单位不同,需要对其进行换算,一般采取比例数、指数和平均数等指标;对于总量指标也需要通过量纲的换算才能进行比较。

二、指标选取

根据人口发展质量的内涵界定,我们将该评价体系分为三级:第一级包括人口自身发展指标体系、人口与经济社会指标体系、人口与资源环境指标体系;第二级包括人口数量、人口结构、人口素质、人口分布、人口与经济、人口与社会、人口与资源、人口与环境 8 个要素;第三级共选取了 39 个指标。我们选取了 3 个一级指标、8 个二级指标和 39 个三级指标,见表 4-1。

在一级和二级指标的选取中,根据定义,人口发展质量包括人口自身发展、人口与经济社会的发展和人口与资源环境的发展三部分组成。人口自身发展注重人口自身的数量、质量、结构和分布的协调关系;人口与经济社会的发展强调,在经济发展和社会进步方面,人口在其中起到的作用,及其对人口发展的影响;人口与资源环境的发展注重的是,人口在自身和经济发展中对资源与环境的使用和回馈情况,体现资源环境对人口发展的约束性。在三级指标的选取中,分别从 8 个二级指标展开分析。

(1)人口数量指标的确定

人口数量指标的选取需要从动态和静态两个角度入手。从静态角度来看,人口总量是一个基本指标,显示中国目前的人口基数,也是中国目前人口问题居多的重要因素之一。有研究显示,在全面实施二孩政策后,中国人口峰值将在 2030 年达到 14. 66 亿人,这一庞大的人口基数是目前和将来中国人口问题严峻的根源所在。①

从动态角度来看，人口数量是一个不断变化的概念，总和生育率从生育率的角度表现出各个育龄女性的生育状况，便于观察每年的生育率的变化，降低了年龄结构对人口发展趋势的影响；人口自然增长率是出生率与死亡率的差值，从总量的角度考察总人口的变化速度。

(2) 人口质量指标的确定

人口质量包括人口身体素质、人口科学文化素质和人口思想道德素质三个方面（刘铮，1986）。

人口身体素质方面选取了平均预期寿命和婴儿死亡率两个指标。平均预期寿命是指一岁以下婴儿的平均预期寿命，可以反映一个国家和地区人口在营养、医疗等方面对人口身体素质的影响；婴儿死亡率与经济社会发展水平和先天身体条件密切相关。

人口科学文化素质方面选取 15 岁及以上人口人均受教育年限、每万人在校大学生人数和 GDP 教育财政支出三个指标，用来考察人口的科学文化水平和条件。人均受教育年限用来表示整个地区的整体教育普及率，每万人在校大学生人数是高等教育的普及率，GDP 的教育财政支出是一国的教育投入水平。其中，人均受教育年限指标中，大专及以上受教育、高中（包括中专）受教育、初中受教育、小学受教育和 15 岁及以上的文盲和半文盲分别按照 16 年、12 年、9 年、6 年和 1 年计算。

文盲和半文盲人数所受的教育定义为 1 年，由于个别年份有文盲和半文盲的数据，有些只含有文盲数据，在兼顾数据分析可靠的情况下，坚持统计数据给哪些数据就用哪些数据的原则。

人口思想道德素质是人口精神层面的发展状况，但是这一指标由于过于抽象，较难用指标衡量。通过人在某些方面的行为可以间接衡量人

① 王金营、戈艳霞：《全面二孩政策实施下的中国人口发展态势》，《人口研究》2016 年第 6 期。

口思想道德素质，选取每万人犯罪率为指标，以被公安机关立案的刑事案件涉案人数占总人口的比重来表示。

(3)人口结构指标的确定

人口结构指标选取老龄化、出生性别比和人口抚养比三个指标。老化系数是指一个地区65岁以上年龄人口数量与15岁以下少年儿童人口数量的比值，用来表达一个地区老龄化人口所占比重的变化，该指标跳过了中间大量成年劳动人口，专门突出两段数量较少的特殊人群的比例，准确性更高。该指标为逆向指标，老化系数越大，说明老龄化问题越严重。

出生性别比用来突出人口在出生时的男女差异，这一指标可以预知一个地区未来的男女人口比例趋势。指标属性为逆向指标，指标越大，男女比例差异越大，越不利于人口平衡发展。该指标是用出生时男孩数量与女孩数量的比值百分数表示。

人口抚养比是某一地区在抚养老年人和儿童的负担指标，为逆向指标，指标越大，该地区在人口抚养方面付出的成本越高。该指标由两个分指标构成：老年人抚养比和儿童抚养比，人口抚养比是两个指标的综合。

(4)人口分布指标的确定

人口分布是指在某地区固定区域内的人口总量。我们从动态和静态两个角度进行指标选取。从静态角度来看，中国的人口分布呈现出东南稠密、西北稀疏的格局，为了呈现这一特点，选取人口密度作为衡量指标。人口密度越大说明该地区聚集的人口数量越多，该指标是个适度指标，即人口密度大不一定会带来好或不好的发展结果，要看该地区的人口发展策略，是个中性指标，会随着其他因素的变化而产生不同的影响。

从动态角度来看，中国目前正经历前所未有的人口大迁移，城镇化正如火如荼进行，为了突显这一显著特征，选取了人口净迁移率作为人口迁移动态的监测。人口净迁移率是人口迁入率与人口迁出率的差值，为适度指标。

(5)人口与经济指标的确定

人口与经济的关系可以从投入产出、收入差距、贫富差距、就业和产业结构几个角度加以分析。人均 GDP 是一个产出指标,反映该地的总体经济状况,也是反映地区经济发展质量的指标之一。居民消费水平和恩格尔系数用来描述收入状况,消费水平较高的地区一般居民收入较高。介于统计数据的缺失,为了表达对居民生活水平差异,本书选取了恩格尔系数而没有选择基尼系数。恩格尔系数有两种表达公式:一是通过购买食物支出变动百分比在总支出变动百分比的比例来表达一地区的生活水平高低;二是通过食物支出变动百分比在收入变动百分比的比例。

恩格尔系数属于逆向指标,该指标越大,说明该地区食物支出占总支出或收入变动的比例越大,该地区生活水平越低。

城乡收入比是城镇人口可支配收入与农村人口纯收入之比,用来衡量城乡之间在收入方面的差异。收入差距是当前中国经济存在的突出问题,收入差距越大,不仅会带来经济问题,也会导致社会问题更严重。城乡收入比越大,说明收入的差距在不断扩大。

城镇化是指农村人口向城镇人口的转化过程,是世界各国工业化必经的历史阶段,城镇化率是反映这一过程的重要指标。中国的城镇化进程十分迅速,产生了诸多人口发展问题。

中国目前正在开展全国范围的脱贫攻坚任务,贫困人口比例的变化可以较好地反映这一变化。联合国发布的《千年发展目标报告 2015 年》指出,中国对全球减贫的贡献率超过了 70%。《千年发展目标报告 2015 年》还指出,中国农民贫困率从 1990 年的 60%,到 2002 年的 30%,再到 2014 年的 4.2%,不得不说是人类减贫史的一个奇迹。中国要实现全面脱贫,面临着巨大困难,从目前来看,中国正在按部就班地完成脱贫指标。

第三产业是所有产业中最能吸纳过剩劳动力的产业,对解决就业发挥重要作用。第三产业的从业人口比例可以显著地观测人口就业的产业结构变化,为我国产业政策的调整和就业问题提供指导。

就业率是衡量某一地区经济水平最重要的指标之一。就业关系到国计民生，就业不仅会为社会创造财富，提供生产需要的劳动力，还可以减少社会治理相关问题。

(6)人口与社会指标的确定

人口与社会的关系可以从社会保障、基础设施建设、生活质量、创新环境四个角度选取指标。

社会保障领域中，养老保险覆盖率、医疗保险覆盖率、医疗机构的病床数和医疗卫生的财政投入从覆盖范围、基础建设和资金投入的角度进行衡量。医疗保障关系到民生，也是一国卫生事业整体水平的集中体现，反映一地区居民的生活质量。

基础设施领域，公路密度是衡量交通基础设施建设的重要指标之一。随着中国个人轿车的普及，居民日常出行不再单纯依赖客车，但是公路依然是个人出行和传统的货物交通运输的必要选择。公路密度是用来观测公路建设的覆盖率，计算方法是利用全国总公路里程除以全国总面积得出。网络基础设施的建立和完善是现代化的重要体现，互联网普及率较好地体现了网络建设和现代化水平。

生活质量领域选取人均住房面积。住房问题成为中国当今社会一大难题，居住也是人类生存和生活的刚需，有无住房很大程度上决定了人们的生活质量。人均住房面积衡量的是居住人口所拥有的单位住房面积，可以较好地反映中国在住房市场的现状和发展趋势。

创新环境是一个社会的重要推动力。创新是提高技术水平和经济转型质量的有效途径，科学研究与发展经费和专利授权数更能体现创新环境和能力。

(7)人口与资源指标的确定

粮食是人类生存的基础性资源，关系到人类长期发展。中国在解决粮食问题上投入了大量财力和物力，用占世界耕地面积7%的土地养活了占世界20%的人口。但粮食问题不仅摆在中国面前，更是全世界一大难题。因此,人均粮食产量可以用来体现中国在粮食生产方面所取得的成果。同样,水资源和能源消耗都是人类生存发展所必需的条件,中国人口众多,物产丰富,而人均水资源拥有量却很小,随着中国人口不断增加,这一指标会不断降低。能源消耗会随着经济发展不断提高,该指标是逆向指标,人均能源消耗量越大,对人口与社会发展产生的负作用越大。

(8)人口与环境指标的确定

森林和绿地与人口发展密切相关。中国早期的发展以向自然界索取为主,随着经济水平的提高,中国必须注重保护自然和回馈自然,森林蕴含了大量木材资源,但乱砍滥伐也导致森林面积受到破坏,森林的净化器功能丧失,自然环境不断恶化并给人类可持续发展带来阻碍。同时,人类经济活动会产生大量温室气体,带来温度升高等气候问题,对人均碳排放量的监测有助于维护环境安全和提高人类生活质量。

表 4-1　中国人口发展质量评价指标体系

<table>
<tr><th>一级指标</th><th>二级指标</th><th>三级指标</th><th>单位</th><th>指标属性</th></tr>
<tr><td rowspan="14">人口自身发展</td><td rowspan="3">人口数量</td><td>人口总量</td><td>万人</td><td>适度</td></tr>
<tr><td>人口总和生育率</td><td>—</td><td>适度</td></tr>
<tr><td>人口自然增长率</td><td>‰</td><td>适度</td></tr>
<tr><td rowspan="6">人口质量</td><td>平均预期寿命</td><td>岁</td><td>正向</td></tr>
<tr><td>婴儿死亡率</td><td>%</td><td>逆向</td></tr>
<tr><td>15 岁及以上人均教育年限</td><td>年</td><td>正向</td></tr>
<tr><td>每万人在校大学生人数</td><td>人</td><td>正向</td></tr>
<tr><td>GDP 中教育财政支出</td><td>%</td><td>正向</td></tr>
<tr><td>每万人犯罪率</td><td>‰</td><td>逆向</td></tr>
<tr><td rowspan="3">人口结构</td><td>老化系数</td><td>—</td><td>逆向</td></tr>
<tr><td>出生性别比</td><td>—</td><td>适中</td></tr>
<tr><td>人口抚养比</td><td>—</td><td>逆向</td></tr>
<tr><td rowspan="2">人口分布</td><td>人口密度</td><td>人/km^2</td><td>适度</td></tr>
<tr><td>人口净迁移率</td><td>‰</td><td>适度</td></tr>
</table>

续表

一级指标	二级指标	三级指标	单位	指标属性
人口与经济社会发展	人口与经济	人均 GDP	元/人	正向
		居民消费水平	元/人	正向
		城乡居民恩格尔系数	%	逆向
		城乡人均收入比	—	适中
		城镇化率	%	适度
		贫困人口比例	%	逆向
		第三产业人口比例	%	正向
	人口与社会	就业率	%	正向
		社会养老保险覆盖率	%	正向
		医疗保险覆盖率	%	正向
		每千人医疗机构病床数	张	正向
		医疗卫生支出占财政总支出比重	%	正向
		每亿人公路网密度	km/亿人	正向
		互联网普及率	%	正向
		人均住房面积	m^2/人	正向
		科学研究与发展经费占 GDP 比重	%	正向
		每万人授权专利数	万件/万人	正向
人口与资源环境发展	人口与资源	人均粮食产量	kg/人	正向
		人均水资源拥有量	m^3/人	正向
		人均能源消耗量	吨标准煤/人	逆向
	人口与环境	人均森林覆盖面积	公顷/千人	正向
		人均公园绿地面积	平方米/人	正向
		人均碳排放量	kg/人	逆向

三、中国人口发展质量的评价模型

（一）评价指标权重

指标权重的赋予是评价模型的核心问题之一，指标权重是否合理，会直接影响评价的科学性。就理论而言，有客观、主观和综合三种赋权方法。根据前文对人口发展质量内涵的分析和评价指标体系的构建，这里认为客观赋权法相对更合理。通过综合对统计数据的特征分析和对人口发展质量内涵的正确理解，使人口发展质量的测评更具评价和指导意义。这里采用熵值法赋权。

熵是源于热力学的一个物理学概念，后由申农（C. E. Shannon，1948）①引入信息论，现已广泛运用于社会经济等研究领域。若某项指标的指标值变异程度越大，熵越小，该指标提供的信息量越大，其权重也越大；反之，某项指标的指标值变异程度越小，熵越大，该指标提供的信息量越小，其权重也越小。熵值法用于确定人口发展质量评价指标权重的步骤：

第一步，构建指标数据矩阵。设测评中国 $n(n \in N^{+})$ 年的人口发展质量，$m(m \in N^{+})$ 为评价指标体系的具体指标数，则可以建立一个 $n \times m$ 阶矩阵：

$X = \{x_{ij}\}_{n \times m}(1 \leqslant i \leqslant n, 1 \leqslant j \leqslant m)$，

其中，x_{ij} 为第 i 年第 j 个指标的统计数值。

第二步，指标数据标准化。具体方法见后文“（二）评价模型 1.指标数据标准化”。标准化后的数据矩阵为

$Y = \{y_{ij}\}_{n \times m}(1 \leqslant i \leqslant n, 1 \leqslant j \leqslant m)$。

---

① C.E.Shannon，“A Mathematical Theory of Communication”，*The Bell Labs Technical Journal*，Vol.27，No.3（July.1948）pp.379-423.

第三步,计算指标比重。令$p_{ij}=\frac{y_{ij}}{\sum_{i=1}^{n}y_{ij}}$。

第四步,计算第j个指标的熵值。令$e_j=-\frac{\sum_{i=1}^{n}p_{ij}\ln p_{ij}}{\ln n}$,当$p_{ij}=0$时,令$p_{ij}\ln p_{ij}=0$。

第五步,计算评价指标j的差异性系数。令$g_i=1-e_j$。

第六步,计算评价指标j的权重。令$w_j=\frac{g_i}{\sum_{j=1}^{m}g_j}$,则权向量为$w=\{w_j\}$。

根据以上方法及步骤,计算出中国人口发展质量评价指标体系中各项指标的权重,见表4-2。

表4-2　人口发展质量评价指标权重

一级指标	二级指标	三级指标	单位	指标权重
人口自身发展	人口数量	人口总量	万人	0.0206
		人口总和生育率	—	0.0110
		人口自然增长率	‰	0.0092
	人口质量	平均预期寿命	岁	0.0335
		婴儿死亡率	%	0.0189
		15岁及以上人均受教育年限	年	0.0143
		每万人在校大学生人数	人	0.0459
		GDP中教育财政支出	%	0.0137
		每万人犯罪率	‰	0.0100
	人口结构	老化系数	—	0.0097
		出生性别比	—	0.0208
		人口抚养比	—	0.0160
	人口分布	人口密度	人/km^2	0.0195
		人口净迁移率	‰	0.0212

续表

一级指标	二级指标	三级指标	单位	指标权重
人口与经济社会发展	人口与经济	人均 GDP	美元/人	0.0590
		居民消费水平	元/人	0.0469
		城乡居民恩格尔系数	%	0.0121
		城乡人均收入比	—	0.0201
		城镇化率	%	0.0193
		贫困人口比例	%	0.0084
		第三产业人口比例	%	0.0187
		就业率	%	0.0093
	人口与社会	社会养老保险覆盖率	%	0.0196
		医疗保险覆盖率	%	0.0541
		每千人医疗机构病床数	张	0.0184
		医疗卫生支出占财政总支出比重	%	0.0230
		每亿人公路网密度	km/亿人	0.0646
		互联网普及率	%	0.0845
		人均住房面积	m^2/人	0.0150
		科学研究与发展经费占 GDP 比重	%	0.0266
		每万人授权专利数	万件/万人	0.0789
人口与资源环境发展	人口与资源	人均粮食产量	kg/人	0.0112
		人均水资源拥有量	m^3/人	0.0178
		人均能源消耗量	吨标准煤/人	0.0328
	人口与环境	人均森林覆盖面积	公顷/千人	0.0367
		人均公园绿地面积	平方米/人	0.0454
		人均碳排放量	kg/人	0.0132

注释:表中各项指标原始权重$w_i \in (0,1)$, $\sum_{i}^{48} w_i = 1$。

(二) 评价模型

1. 指标数据标准化

一般而言,指标可分为三类:一是正项指标,即具有指标值“越大越优”的性质;二是逆向指标,即具有指标值“越小越优”的性质;三是适度指标,即具有指标值“适度为优”的性质。在评价指标体系中,不同的指标具有不同的量纲,为消除量纲的差异所带来的不可公度性,必须对指标进行标准化。因此,指标的标准化包括指标类型的一致化和指标数值的无量纲化两个过程。

设指标数据矩阵为

$X = \{x_{ij}\}_{n\times m}(1 \leqslant i \leqslant n, 1 \leqslant j \leqslant m)$ 。

其中, x_{ij} 为第 i 年中国人口发展质量评价指标体系中第 j 个指标的统计数值。

第一步,逆向和适中指标的一致化①:逆向指标,令 $x'_{ij} = M - x_{ij}(1 \leqslant i \leqslant n)$,其中 M 是指标 $x_{ij}(1 \leqslant i \leqslant n)$ 的一个允许的上界,令 $M = \max(x_{ij})$;适中指标,令 $x'_{ij} = K - |\alpha - x_{ij}|\ (1 \leqslant i \leqslant n)$,其中 α 是 $x_{ij}(1 \leqslant i \leqslant n)$ 的适度值。K 是 $|\alpha - x_{ij}|$ 的一个允许的上界,令 $K = \max(|\alpha - x_{ij}|)$ 。

对于正向指标,再令 $x'_{ij} = x_{ij}$,则指标数据阵变换为

$X' = \{x'_{ij}\}_{n\times m}(1 \leqslant i \leqslant n, 1 \leqslant j \leqslant m)$ 。

第二步,指标的无量纲化:使用极差化法对指标数据进行无量纲化处理,②令

$$y_{ij} = \frac{x'_{ij} - \min(x'_{ij})}{\max(x'_{ij}) - \min(x'_{ij})},$$

则标准化后的指标数据阵为

$Y = \{y_{ij}\}_{n\times m}(1 \leqslant i \leqslant n, 1 \leqslant j \leqslant m)$ 。

2. 线性加权评价模型

根据以上指标权重和标准化的指标数据,可得中国第 i 年的人口发展质量指数为

---

① 常用的一致化处理方法有倒数一致化和减法一致化两种方法,这里采用在线性评价模型中鲁棒性较好的减法一致化。

② 无量纲化法包括线性和非线性两大类,其中常用的线性无量纲化法有极差化法、Z-Score 法、极大化法、极小化法、均值化法、归一化法、秩次化法等。

$$q_i = y_i w^T = \sum_{j=1}^{m} y_{ij} w_i 。$$

其中，y_i 为第 i 年标准化后的指标数据集，即 Y 的第 i 行向量；w 为综合权重向量。

第三节　我国人口发展质量评价结果

一、指标数据的获取

数据的全面、准确是人口发展质量评价研究的基础，也是难点之一。空间尺度对测评人口发展质量的指标设计和数据获取影响较大，这里针对全国人口发展进行测评，所用到的数据来源包括：国家统计局网站（数据库）、各部委网站（历年的统计公报或统计年报）、《中国统计年鉴》《中国人口和就业统计年鉴》《中国环境统计年鉴》《中国环境年鉴》《中国教育统计年鉴》《中国教育经费统计年鉴》《国家教育督导报告》《中国卫生统计年鉴》《中国民政统计年鉴》《中国劳动统计年鉴》《中国农村统计年鉴》《中国人力资源和社会保障年鉴》《中国健康事业的发展与人权进步》《中国城乡建设统计年鉴》《交通运输行业发展统计公报》《中国互联网络发展状况统计报告》《科技统计报告》、世界银行等。指标数据以国家统计局数据库和《中国统计年鉴》为主要来源，其他数据来源作为补充。在数据的获取过程中，有些数据可以直接收集到，比如中国人口总量、第三产业比重、每千人医疗机构病床数等；大部分数据需要将收集到的相关数据进行整理和计算，比如城乡居民消费水平（城镇和农村居民消费水平的加权和）、城乡居民恩格尔系数（城镇和农村居民恩格尔系数的加权和）、城乡人均收入比等。这里对非单一来源的数据进行认真核验，数据有冲突的以国家统计局官方公布的数据为准。数据的缺失对于评价测算会有一定的影响,对于缺少的数据,本书采取了两种处理方法:一是时间区间两段缺少的数据用线性回归法填补;二是时间区间内缺少的数据用线性插值法填补。其中,1995 年之后互联网在中国开始走向民用,之前的互联网普及率默认为零;我国自 2003 年开始试点新型农村合作医疗制度,到 2012 年底参合人口达到 8.12 亿人,参合率达到 95%以上;①2009 年国务院发布了《关于开展新型农村社会养老保险试点的指导意见》,因为新农保对进城务工人员并没有吸引力,各地的参保率均不高。2014 年国务院决定合并新型农村社会养老保险和城镇居民社会养老保险,建立全国统一的城乡居民基本养老保险制度。这里在养老保险和医疗保险覆盖率数据中均体现了原新农合与新农保的影响。此外,1978—1984 年城镇职工仍是企业保险,1985 年开始重建养老保险社会统筹试点,1991 年国务院颁布《关于企业职工养老保险制度改革的决定》,在全国重新建立实行了社会统筹制度。按照中国养老保险发展历程,对于缺少的数据,这里采取了线性回归法进行估计。

二、人口发展总体质量测算

根据获取的指标数据,运用中国人口发展质量评价模型,计算 1978—2015 年共 38 年的中国人口发展质量指数,见表 4-3。

表 4-3 中国人口发展质量指数(1978—2015 年)

年份	人口发展质量指数
1978 年	15.57
1979 年	16.86
1980 年	17.70

① 中华人民共和国国家卫生和计划生育委员会:《中国的新型农村合作医疗制度发展》,2012 年 9 月 17 日,见 http://www.nhfpc.gov.cn/mohbgt/s3582/201209/55893.shtml。

续表

年份	人口发展质量指数
1981 年	18. 72
1982 年	17. 12
1983 年	18. 46
1984 年	19. 41
1985 年	19. 57
1986 年	19. 09
1987 年	18. 63
1988 年	18. 98
1989 年	19. 29
1990 年	19. 95
1991 年	19. 79
1992 年	19. 89
1993 年	19. 94
1994 年	19. 87
1995 年	21. 38
1996 年	23. 41
1997 年	23. 84
1998 年	24. 52
1999 年	25. 12
2000 年	27. 54
2001 年	28. 25
2002 年	30. 26
2003 年	31. 79
2004 年	34. 18
2005 年	37. 01
2006 年	42. 16
2007 年	45. 21
2008 年	52. 19
2009 年	58. 17

续表

年份	人口发展质量指数
2010 年	63. 30
2011 年	66. 67
2012 年	72. 61
2013 年	75. 87
2014 年	79. 17
2015 年	83. 04

注释:为方便观察,将人口发展质量指数扩大 100 倍,令 $q_i \times 100$ 为新的人口发展质量指数。38 项指标数据中共有 15 项数据有不同程度的缺失,对于缺失的数据,这里均按照前文介绍的两种方法妥善处理。

通过测算可以看出:我国人口发展质量整体有较大提升,1978 年人口发展质量指数仅为 15. 57,2015 年已增至 83. 04,38 年中国人口发展质量指数增加了 5. 33 倍,年均提高 1. 78。总体而言,改革开放以来,人口发展的前 30 年处于稳中上升态势,近 10 年的发展快速提高。前 30 年稳中有升发展态势得益于改革开放带来的经济建设成果,后 10 年快速提高阶段得益于科学发展观、“五位一体”总体布局、“四个全面”战略布局和“五大发展理念”的引导和转变经济发展方式、深化经济体制改革、注重生态文明建设的支撑。这充分说明,改革开放以来,中国在经济发展取得了巨大成功的同时,人口发展也取得了巨大成效,中国人口发展与中国社会主义现代化进程紧密相连。

三、中国人口发展质量经历了四个阶段

从中国人口发展质量指数变化规律来看(见图 4-1),改革开放前 30 年,增长缓慢,自 2007 年进入了高速增长期。这表明,人口发展质量的提升需要一个经济发展积累的过程,只有经济发展到一定程度,才能为人口自身发展、社会发展、资源节约与环境保护等提供坚实的物质基础。

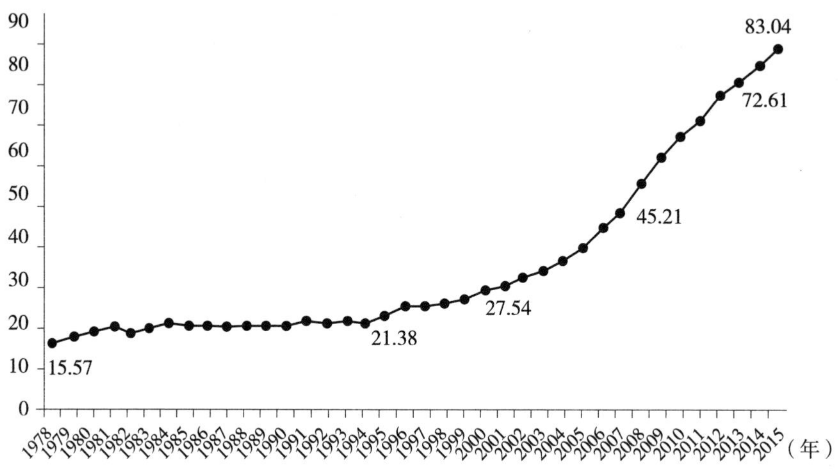

图 4-1 中国人口发展质量指数(1978—2015 年)

数据来源:表 4-3。

1. 快速起步阶段

1978—1981 年人口发展质量由 15. 57 增至 18. 72,年均增长 0. 79。改革开放之初,中国经济发展迎来了千载难逢的机遇,吸引外资、开放国内市场和农村经济体制改革给中国经济增长提供了强劲动力。这一时期的人口发展质量主要体现在中国经济发展方式和理念的转变,即由原来的闭门造车到引进和吸收国外先进发展经验。改革开放之前,中国封闭的经济市场以及政治社会等因素导致中国经济和人口发展极其受限。随着改革开放政策的实施,中国不断开放国内市场,大量吸引外资,将主要精力集中在经济建设上来。这一时期人口发展质量的提高主要体现在人均 GDP 的变化(图 4-2)。数据显示,1974—1977 年间的人均 GDP 增速分别为 0. 3%、5. 7%、-0. 3%和 7. 1%,经济增长极不稳定;与此相对应的是,1978—1981 年四年间人均 GDP 增速分别为 11. 9%、9. 8%、10. 6%和 6. 2%,平均增速超过了 9%,经济增长效应显著。经济增长带来了人均 GDP 快速提高,给人口发展提供了良好的物质开端,温饱问题解决迅速,物质层面消费逐渐增加,虽然物质生产依然严重短缺,但居民基本物质生活需要部分得到满足，人口发展呈现出快速起步特征。

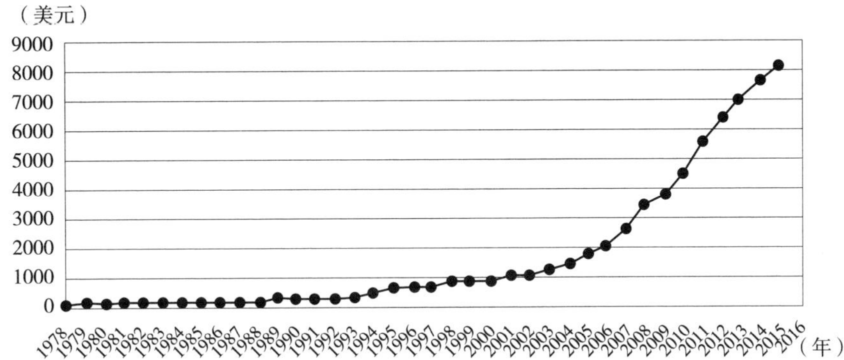

图 4-2　1978—2016 年中国人均 GDP 变化趋势图

数据来源：《中国统计年鉴 2017》。

2. 波动停滞阶段

1982—1994 年人口发展质量由 17. 12 增至 19. 87，年均增长 0. 21。这一时期的人口发展既有有利因素，也有不利因素，两者势均力敌。有利因素主要包括人口数量得到有效控制，经济总量快速提升，城镇化进程高速发展，物质生活得到极大满足等，不利因素包括经济发展方式落后，贫富差距不断扩大，民生工程发展滞后，环境污染严重，能源利用效率低下等方面。导致这一现象的原因是中国以增长为目标的发展理念，发展理念较为单一，只注重增长，不重视或忽视社会发展和环境治理。尽管如此，经济发展给中国提供了坚实的物质保障，为解决发展不协调不可持续问题提供了经济基础。

人口数量是影响人口发展波动停滞增长的主要因素之一。20 世纪 80 年代末期中国开始实施计划生育政策，但没有达到控制人口的效果。20 世纪 90 年代，党中央、国务院又出台了相关政策来严格控制人口增长，人口快速增长态势才得以有效控制，虽然改变了整个社会的生育观念和人口结构，短期来看，人口总量的缓慢增长减轻了人口增长对经济社会发展带来的压力。

经济总量快速增长带来了就业率上升，更多人参与社会大生产中，居民收入和消费水平大幅提高，贫困人口数量不断降低，医疗卫生教育等领域的投入逐渐增加，居民健康、文化水平显著提高，带动了人口质量正向发展。

1950 年中国城镇化率只有 11%，1978 年只有 17.9%，随着改革开放经济快速发展，90 年代城镇化过程明显加快，从国际经验来看，城镇化过程在未达到 50%之前会加速进行，中国这一时期正处在城镇化加速发展过程中。城镇化为大量进城人员带来了便利和民生保障，生活质量明显提升，对人口发展质量起到正向拉动作用。

然而从负面角度考虑，中国粗放式的经济发展方式带来了严重的资源浪费、环境污染等问题。先发展后治理的思路让中国唯 GDP 论英雄，造成居民生活环境恶化和能源结构不合理。中国利用庞大的廉价劳动力发展中低端制造业，虽然给经济发展提供了动力，但是高污染、高能耗、高强度的传统制造业给中国社会带来诸多弊端，如工作环境恶劣，社会保障体系严重缺失反而让出卖劳动力者社会地位低下，生活质量不高。快速的城镇化带来的大量迁移人口也面临户籍制度限制，公共服务短缺等问题，短期内无法融入城市生活，分享城市的社会和公共服务。面对经济社会高速发展中出现的大量新问题，党的十三大报告中提出："必须坚定不移地贯彻执行注重效益、提高质量、协调发展、稳定增长的战略。这个战略的基本要求是，努力提高产品质量，讲求产品适销对路，降低物质消耗和劳动消耗，实现生产要素合理配置，提高资金使用效益和资源利用效率，归根到底，就是要从粗放经营为主逐步转上集约经营为主的轨道。"① 这是我国首次提出"转变经济增长方式"的思想，也为今后经济增长和发展方式转变打下坚实基础。

① 《十三大以来重要文献选编》上，人民出版社 1991 年版，第 17 页。

总体看来，人口发展波动增长的原因主要是改革开放释放的市场红利让经济和人口发展带来的负面效应所抵消。与改革开放早期不同，只注重经济增长不能全面提升人口发展质量，反而会阻碍人口发展质量的提升。

3. 低速增长阶段

1995—2007 年人口发展质量由 21. 38 增至 45. 21，年均增长 1. 83。人口发展质量的提升得益于国家在经济发展方式的转变。1995 年，党的十四届五中全会指出："经济增长方式从粗放型向集约型转变。"①核心是提高和改善增长质量。1997 年党的十五大报告中提出："转变经济增长方式，改变高投入、低产出，高消耗、低效益的状况。"②在党的十七大报告中，第一次将"转变经济增长方式"变成"转变经济发展方式"，反映出我国对经济发展认识的不断深入。③ 经济发展方式的转变为环境改善、调整能源使用效率和结构、民生保障工程的开展提供了思路和经济基础。但是长期的粗放式发展方式不是短期内可以扭转过来，只能部分改善，同时，中国城镇化过程不断加速，人均 GDP 水平快速攀升，居民生活水平已经解决温饱问题，正向全面实现小康社会的过程发展，人口与资源环境指标往正向发展，人口发展质量也在缓慢中不断提升。

4. 高速增长阶段

2008—2015 年人口发展质量由 52. 19 增至 83. 04，年均增长高达 3. 86。发展已经进入深水区，只有注重协调可持续发展与全面深化改革方能为长期经济增长提供持久动力。党的十六届三中全会提出"坚持以人为本，树立全面、协调、可持续的发展观，促进经济社会和人的全面发

---

① 《十四大以来重要文献选编》中，人民出版社 1997 年版，第 1572 页。

② 《十五大以来重要文献选编》上，人民出版社 2000 年版，第 26 页。

③ 方福前：《关于转变经济发展方式的三个问题》，《经济理论与经济管理》2007 年第 11 期。

展”①的科学发展观，就是要求经济发展应注重质量和效率而不是追求数量，注重协调可持续发展，注重社会和人的综合发展，人口发展地位不断被提高。党的十八大以来，践行以人民为中心的发展思想成为经济社会发展的主攻方向，这一时期，深化经济改革、转变经济发展方式、注重环境保护、注重改善和保障民生等提高人民生活质量的政策不断增添入各级党委和政府执政行动中，受益于国家战略方针的转变，我国人口发展质量提高改善明显。

具体来看，九年义务教育入学率增速较快并在2010年达到发达国家水平，教育投入不断提高，人力资本逐年积累，文化事业繁荣发展，满足人的精神文化需求。社会养老保险覆盖率和医疗保险覆盖率逐年攀升，医疗卫生事业水平达到较高水准。资源利用率大幅提高，环境保护力度不断增强并取得显著效果。

四、人口自身发展指数、人口与经济社会发展指数和人口与资源环境发展指数比较

人口自身发展、人口与经济社会发展和人口与资源环境发展分别是人口发展质量的三个层面，根据各指标数据和综合权重分别计算出以上“三项”发展指数，见表4-4和图4-3。

人口自身发展指数起步最高，在波动中缓慢增长，1978—2015年由34.75增至56.58，年均增长0.57。这说明改革开放以来，中国的经济虽然取得了巨大的发展，但人口的自身发展整体相对缓慢，水平还相对较低。究其原因，中国虽然实行了计划生育政策，但人口基数过大，伴随着人口数量增长，中国的人口迁移、劳动力过剩、性别结构失衡、老龄化问题、教育水平低和不公平等问题集中涌现，国家在相关领域的关注和投入

① 《十六大以来重要文献选编》上，中央文献出版社2005年版，第465页。

严重不足。这些问题短时期内无法解决,新的问题还在不断出现,因此,人口发展质量虽然在经济发展的带动下有所提升,但受自身因素影响,提升幅度缓慢。

人口与经济社会发展指数起步最低、增长速度最快、水平最高,1978—2015 年由 1. 98 增至 96. 48,年均增长高达 2. 49。这说明改革开放以来,中国经济社会发展取得了巨大进步,人民的物质文化生活得到了极大的丰富,是中国特色社会主义制度优越性的充分体现。人口与经济社会发展质量之所以提高如此之快,得益于中国改革开放以来以经济建设为中心的基本方略没有动摇,同时加快从各方面改善社会民生,促进了人口发展质量增长。

人口与资源环境指数起步较高,经历了先降低后增加的变化过程,1978—2015 年由 33. 32 增至 78. 07,年均增长 1. 18。这表明改革开放以来,中国人口与资源环境的发展,经历一个高资源投入、高环境污染的过程,随着经济发展方式的转变,才扭转了恶化的趋势。从发展历程来看,改革开放前期,中国集全国之力发展国民经济,较少考虑到环境和资源的约束,只是更多地索取资源环境红利,导致的结果是人口与资源环境发展指数和人口与经济社会发展指数呈现负相关关系。但是这一趋势直到两条曲线在 2000 年前后重合,改为同向增长,负相关的格局开始转变。究其原因,是由于经济发展带来的资源环境的负面效应已经对中国长期发展敲响了警钟,一系列注重发展效率、注重环境保护和注重能源高效利用的方针政策开始实施,促进了人口与资源环境发展关系的转变和持续改善。

表 4-4　中国人口"三项"发展指数(1978—2015 年)

年份	人口自身发展指数	人口与经济社会发展指数	人口与资源环境发展指数
1978 年	34. 75	1. 98	33. 32

续表

年份	人口自身发展指数	人口与经济社会发展指数	人口与资源环境发展指数
1979 年	37.40	3.02	33.23
1980 年	40.28	3.81	30.86
1981 年	41.93	5.19	29.45
1982 年	33.22	6.28	29.92
1983 年	35.60	7.39	30.38
1984 年	38.16	8.04	29.71
1985 年	38.72	8.90	26.65
1986 年	37.34	8.72	26.54
1987 年	34.93	9.21	25.90
1988 年	35.39	10.16	23.81
1989 年	36.53	10.46	22.81
1990 年	36.86	11.34	23.22
1991 年	36.87	11.40	21.94
1992 年	36.82	11.84	21.00
1993 年	37.26	11.80	20.76
1994 年	36.09	12.35	20.26
1995 年	37.61	13.95	21.41
1996 年	40.41	15.60	23.54
1997 年	39.62	16.88	22.89
1998 年	38.70	18.28	23.61
1999 年	38.06	19.78	22.98
2000 年	41.17	22.59	22.82
2001 年	41.24	23.42	24.16
2002 年	43.35	25.45	25.96
2003 年	43.95	27.30	27.81
2004 年	45.99	28.32	35.87
2005 年	49.24	30.63	39.90
2006 年	49.71	39.26	40.13

续表

年份	人口自身发展指数	人口与经济社会发展指数	人口与资源环境发展指数
2007 年	48. 86	44. 40	42. 02
2008 年	50. 72	50. 84	59. 62
2009 年	52. 34	58. 00	68. 58
2010 年	52. 87	65. 29	73. 52
2011 年	53. 65	71. 19	71. 98
2012 年	56. 39	78. 96	76. 51
2013 年	55. 85	84. 77	76. 82
2014 年	57. 05	89. 79	77. 29
2015 年	56. 58	96. 48	78. 07

注:为方便观察,将人口自身发展、人口与经济社会发展和人口与资源环境发展指数均扩大 100 倍,令 $\alpha_i \times 100(i = 1,2,3)$ 。

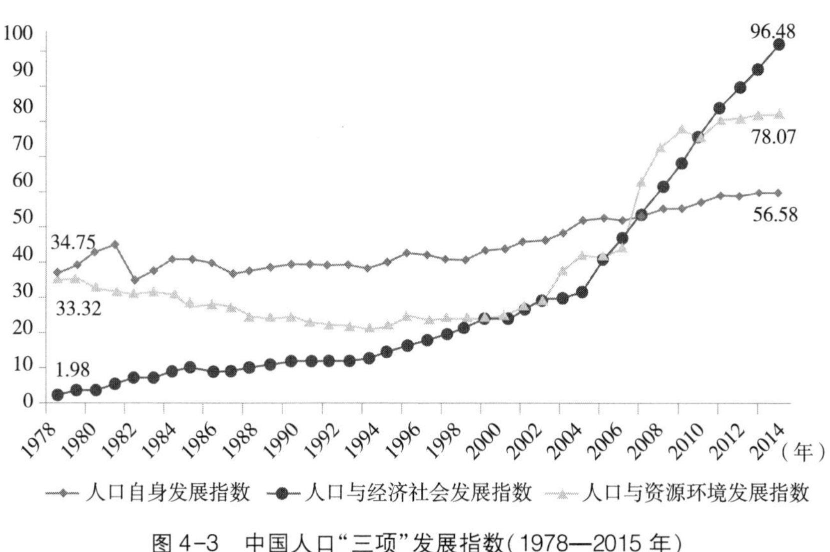

图 4-3　中国人口“三项”发展指数(1978—2015 年)

通过前文测评结果分析,结合中国人口发展的历程,这里可以得出以下判断:

（1）中国人口发展质量整体显著提升。得益于40年的经济快速发展积累的坚实物质基础以及以注重环境保护和资源节约为发展方向的确立，我国人口发展质量明显改善。特别是2008年以来，人口发展质量呈现高速增长的态势。

（2）人口自身发展质量不高是影响人口发展质量的主要原因。人口自身发展质量不高不仅反映了我国健康医疗、教育投入等与人口发展最直接相关的需求满足程度仍然有较大的差距，而且意味着相关人口发展战略需要适时进行大的转变和调整，才能更高效地提高人口发展质量。

（3）经济社会的发展支撑了人口发展质量的提升。经济发展为人口发展提供了丰富的物质基础，带动了就业，解决了温饱问题，人民生活水平显著提高。在此基础上，国家将会在经济基础上投入更多资金补足短板，回馈自然，保护环境，不断提高可持续发展和人口均衡发展水平。从前述数据可以看出，经济社会发展为人口发展提供了长期正向拉动作用，其贡献度是最大的影响因素。

（4）资源环境是越来越成为制约人口发展的关键因素。在所有三个分指标中，只有资源环境的发展经历了下降再上升的过程，这说明随着资源环境因素由负向发展向正向发展转变之后，人口发展质量整体进入了快速提升阶段。随着资源环境质量的提升，人口发展才真正向人口长期均衡发展方向转变。

第五章

转变经济发展方式的进展及长期挑战

2008 年全球金融危机爆发之后，加快转变经济发展方式成为中国经济社会各界共同面对的挑战。目前全球产业技术和分工格局的变革更为显著，我国经济发展正处于提质增效升级的历史性关键期。

第一节　转变经济发展方式的主要进展

党的十七大提出转变经济发展方式的“三个方向”，十八大提出转方式的“五个坚持”，近些年，围绕这些要求，中国通过产业结构调整、科学技术创新和生态环境保护等多种途径加快了经济发展方式的转变，实现了经济稳定健康的发展。

一、工业发展向中高端迈进，装备制造业、高技术产业和消费品产业对工业增长的拉动作用增强

“十二五”规划后期以来，我国经济已经进入工业化中后期进程明显加快，工业发展模式迈入新阶段。2011—2014 年，装备制造业和高技术产业增加值年均分别增长 13. 2% 和 11. 7%，比规模以上工业增加值高

2.7%和1.2%；2014年，装备制造业和高技术产业增加值占规模以上工业增加值的比重分别达到30.4%和10.6%（按现价计算），比2010年提高0.8%和1.7%。同时，装备制造业劳动生产率显著提高，2008—2013年均递增22.9%，远高于规模以上工业同期劳动生产率7%的递增速度。① 2015年，制造业增加值增长7%；高技术制造业增加值增长10.4%，比整体工业增速高4.2%，对工业增长贡献率提高到18.7%，同比提高4.2%，装备制造业、高技术产业和消费品产业对工业增长的拉动作用增强，投资带动的高耗能行业和采矿业的比重下降，甚至出现负增长，这反映出我国工业经济正在朝着有利于结构优化的方向发展。按照产业发展的一般规律，“十三五”规划期间，随着工业整体水平的不断提高，高端制造产品、高技术产品、服务产品对工业增长的拉动作用将会继续增强。

二、产业动力结构发生改变，服务业成为支撑经济增长的主要动力

近些年中国经济增长的产业动力由第二产业（工业）向第三产业（服务业）带动转变趋势明显、进程加快。从表5-1和表5-2中可以看出，近10年来，我国第二产业增速高（2014年增加值是2005年的3.1倍）、占比大（2005—2014年平均占GDP比重为45.7%），但对GDP增长拉动和贡献率已呈下降趋势。第三产业增速最快，2014年增加值是2005年的4.0倍，2012年已超过第二产业0.5个百分点，特别是“十二五”规划以来对GDP增长拉动和贡献率快速增加，2014年两项指标分别超过了第二产业0.07%和0.96%。根据产业发展规律，第三产业比重和对GDP的贡献率

① 张继良、赵崇生：《我国工业转型升级、绩效、问题与对策》，《调研世界》2015年第12期。

超过第二产业不是短期现象，而是经济发展到新阶段后的一种常态。但是，要清醒认识到，目前我国尚未完成工业化。因此，在"十三五"规划期间乃至未来中长期，工业主导经济增长的特点仍会比较明显，工业仍是经济增长的主要动力，需要继续增强工业的根基。同时，服务业将会获得更快发展，并成为支撑经济增长的最强动力。

表 5-1　国民生产总值和三次产业比重

指标 \ 年份	2005 年	2006 年	2007 年	2008 年	2009 年	2010 年	2011 年	2012 年	2013 年	2014 年
国内生产总值（亿元）	185896	217657	268019	316752	345629	408903	484124	534123	588019	636139
第一产业增加值（亿元）	21803.5	23313	27783	32747	34154	39354.6	46153.3	50892.7	55321.7	58336.1
第二产业增加值（亿元）	87127.3	103164	125145	148098	157850	188805	223390	240200	256810	271765
第三产业增加值（亿元）	76964.9	91180.1	115091	135907	153625	180743	214580	243030	275887	306038
第一产业所占比重（%）	11.7	10.7	10.4	10.3	9.9	9.6	9.5	9.5	9.4	9.2
第二产业所占比重（%）	46.9	47.4	46.7	46.8	45.7	46.2	46.1	45	43.7	42.7
第三产业所占比重（%）	41.4	41.9	42.9	42.9	44.4	44.2	44.3	45.5	46.9	48.1

数据来源：国家统计局年度数据，见 http://data.stats.gov.cn/easyquery.htm?cn=C01。

表 5-2　三次产业对 GDP 增长拉动和贡献率

指标＼年份	2005 年	2006 年	2007 年	2008 年	2009 年	2010 年	2011 年	2012 年	2013 年	2014 年
GDP 增长拉动(%)	11. 35	12. 69	14. 20	9. 62	9. 24	10. 63	9. 49	7. 75	7. 69	7. 27
第一产业对 GDP 增长拉动(%)	0. 60	0. 56	0. 38	0. 51	0. 38	0. 38	0. 40	0. 41	0. 34	0. 35
第二产业对 GDP 增长拉动(%)	5. 71	6. 28	7. 08	4. 66	4. 79	6. 08	4. 88	3. 82	3. 69	3. 43
第三产业对 GDP 增长拉动(%)	5. 04	5. 84	6. 73	4. 46	4. 06	4. 17	4. 20	3. 52	3. 66	3. 50
第一产业对 GDP 增长贡献率(%)	5. 29	4. 41	2. 68	5. 30	4. 11	3. 57	4. 21	5. 29	4. 42	4. 81
第二产业对 GDP 增长贡献率(%)	50. 31	49. 49	49. 86	48. 44	51. 84	57. 20	51. 42	49. 29	47. 98	47. 18
第三产业对 GDP 增长贡献率(%)	44. 41	46. 02	47. 39	46. 36	43. 94	39. 23	44. 26	45. 42	47. 59	48. 14

数据来源:国家统计局年度数据,见 http://data.stats.gov.cn/ks.htm?cn=C01。

三、国民经济的要素支撑结构明显优化

随着我国经济社会的发展、城镇化的推进和教育水平的提高,资本、土地、劳动力等生产要素的质量得到了明显提升。

1. 劳动力素质明显提高

近年来,随着我国教育水平的提升,第二、三产业的劳动力素质显著提高,成为推动经济结构优化升级的主要动力之一。从图 5-1 中可以看

出，二、三产业行业大专及以上教育程度就业人员比重 2012 年比 2006 年均有明显提高，其中采矿业、制造业、交通运输仓储和邮政业、批发零售业分别提高 9.2%、5.2%、6.1%、6.6%。从表 5-3 中可以看出，近 10 年来，我国职业教育发展迅速，2005—2013 年全国职业学校共毕业 7722.01 万人，2014 年中等职业学校和高等职业学校在校生人数分别达到 1607.68 万人和 1006.60 万人。据 2015 年 9 月 15 日教育部公布的《全国职业教育工作专项督导报告》显示，我国高等职业教育已占整个高等教育规模的 40%，中等职业教育招生数占高中阶段招生数的 44.12%，与普通高中招生规模基本持平。目前，我国已建成世界上规模最大的职业教育体系，形成了基本完善的职业教育法律制度体系，职业教育的人才培养水平正在稳步提升。我国职业教育培养出数以亿计的技术技能型人才，将成为建设制造强国、发展战略新兴产业和现代服务业的主力军。“十三五”规划期间，我国劳动力素质的提升，将逐渐提升“人口红利”的层次，为构建现代化经济体系提供坚实的人才保障。

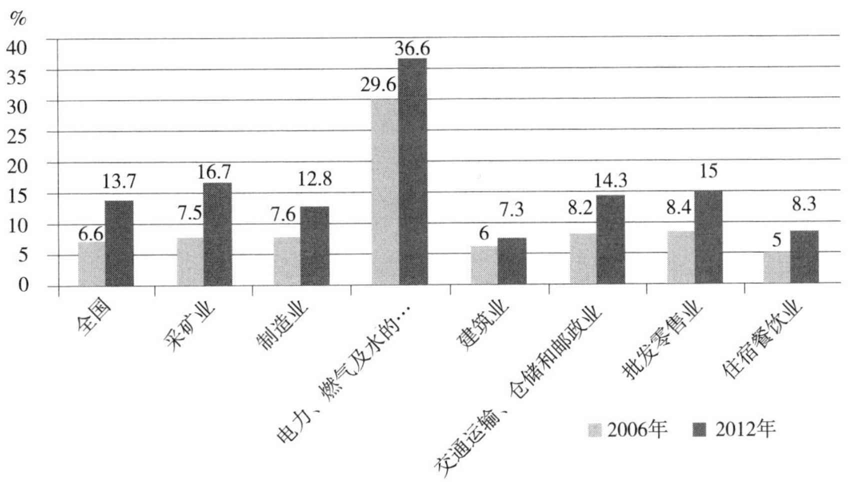

图 5-1　主要行业大专及以上教育程度就业人员比重

数据来源：国家统计局综合司课题组、盛来运：《我国经济增长动力及其转换》，《调研世界》2014 年第 12 期。

表 5-3 职业教育在校生和毕业生人数统计 单位:万人

年份 指标	2005 年	2006 年	2007 年	2008 年	2009 年	2010 年	2011 年	2012 年	2013 年	2014 年	毕业生合计
中等职业学校(机构)在校学生数	1324. 74	1489. 07	1619. 86	1688. 24	1779. 85	1816. 44	1774. 91	1689. 88	1536. 38	1607. 68	/
中等职业学校(机构)毕业生数	349. 19	392. 63	431. 24	471. 09	509. 67	543. 65	541. 13	554. 38	557. 56		4350. 54
技工学校在校学生数	275. 30	320. 80	367. 15	397. 52	415. 30	422. 10	430. 42	423. 81	386. 59		/
技工学校毕业生数	69. 00	86. 40	99. 66	109. 00	115. 50	121. 60	119. 22	120. 51	116. 88		957. 77
普通专科(高职)在校生数	712. 96	795. 50	860. 59	916. 80	964. 81	966. 18	906. 36	911. 90	921. 48	1006. 60	/
普通专科(高职)毕业生数	160. 22	204. 80	248. 20	286. 27	285. 57	316. 37	308. 66	302. 51	301. 11		2413. 71
毕业生总计	578. 41	683. 83	779. 10	866. 36	910. 73	981. 62	969. 01	977. 40	975. 55		7722. 01

数据来源:2015 年 9 月 15 日教育部公布的《全国职业教育工作专项督导报告》和国家统计局年度数据,见 http://data.stats.gov.cn/easyquery.htm?cn = C01。其中 2005—2010 年普通专科在校生人数和毕业生数包括师范普通专科毕业生。

2. 科技研发能力增强

在科技研发投入方面,从表 5-4 中可以看出,近年来我国在应用领域的研究人员在持续增加,到 2013 年已达到 39. 56 万人,比 2005 年增加了 33. 2%。2008—2013 年期间研发人员折合全时当量年均递增 19. 7%,比 2004—2008 年期间增速高出 2. 7 个百分点。① 同时,表 5-4 中还显示

① 张继良、赵崇生:《我国工业转型升级、绩效、问题与对策》,《调研世界》2015 年第 12 期。

应用研究经费支出也在不断增加，2014 年为 1269.12 亿元，是 2005 年的 2.9 倍。特别是企业投入研发的资金大幅增加，从 2005 年的 1642.5 亿元到 2013 年的 8837.7 亿元，增加了 4.4 倍。

在技术产出方面，从表 5-5 中可以看出，2014 年专利申请受理和授权数是 2361243 项和 1302687 项，分别是 2005 年的 5.0 倍和 6.1 倍。2013 年发明专利申请受理和授权数是 825136 项和 207688 项，分别是 2005 年的 4.8 倍和 3.9 倍。从表 5-6 中可以看出，我国技术市场活跃，2014 年交易额是 2005 年的 5.5 倍。2013 年高技术产品出口额和进口额分别是 2005 年的 3.02 倍和 2.82 倍，出口额比进口额增幅高 20%左右。这充分说明，随着科技研发人力和财力投入的持续增加，我国产业科技研发能力在持续增强。技术产出的增加和技术市场的繁荣发展，使得我国产业技术基础大幅提升，这为构建产业新体系提供了坚实的技术支撑。

表 5-4　应用研究人员和经费支出

指标＼年份	2005 年	2006 年	2007 年	2008 年	2009 年	2010 年	2011 年	2012 年	2013 年
研究与试验发展应用研究人员全时当量（万人年）	29.71	29.97	28.6	28.94	31.53	33.56	35.28	38.38	39.56
研究与试验发展应用研究经费支出（亿元）	433.53	488.97	492.94	575.16	730.79	893.79	1028.4	1161.97	1269.12
研究与试验发展企业资金经费支出（亿元）	1642.5	2073.7	2611	3311.52	4162.72	5063.14	6420.64	7625.02	8837.7

数据来源：国家统计局年度数据，见 http://data.stats.gov.cn/easyquery.htm?cn=C01。

表 5-5　专利申请受理、授权数　　单位：项

指标＼年份	2005 年	2006 年	2007 年	2008 年	2009 年	2010 年	2011 年	2012 年	2013 年	2014 年
专利申请受理数	476264	573178	693917	828328	976686	1222286	1633347	2050649	2377061	2361243
发明专利申请受理数	173327	210490	245161	289838	314573	391177	526412	652777	825136	928177
专利申请授权数	214003	268002	351782	411982	581992	814825	960513	1255138	1313000	1302687
发明专利申请授权数	53305	57786	67948	93706	128489	135110	172113	217105	207688	233228

数据来源：国家统计局年度数据，见 http://data.stats.gov.cn/easyquery.htm?cn=C01。

表 5-6　技术市场交易、高技术产品进出口贸易额和比重

指标＼年份	2005 年	2006 年	2007 年	2008 年	2009 年	2010 年	2011 年	2012 年	2013 年	2014 年
技术市场成交额（亿元）	1551.37	1818.18	2226.53	2665.23	3039.00	3906.60	4763.56	6437.07	7469.00	8577.00
高技术产品进出口贸易总额（亿美元）	4159.70	5287.50	6348.00	7574.25	6867.84	9050.34	10120.00	11080.30	12185.00	12119.00
高技术产品出口贸易总额（亿美元）	2182.48	2814.50	3478.00	4156.06	3769.30	4923.79	5488.00	6011.70	6603.00	6605.00
高技术产品进口贸易总额（亿美元）	1977.08	2473.00	2870.00	3418.20	3098.53	4126.55	4632.00	5068.60	5582.00	5514.00
高技术产品出口比重（%）	52.47	53.23	54.79	54.87	54.88	54.40	54.23	54.26	54.19	54.50

续表

年份 指标	2005 年	2006 年	2007 年	2008 年	2009 年	2010 年	2011 年	2012 年	2013 年	2014 年
高技术产品进口比重(%)	47.53	46.77	45.21	45.13	45.12	45.60	45.77	45.74	45.81	55.50

数据来源:国家统计局年度数据,见 http://data.stats.gov.cn/easyquery.htm?cn=C01。

3. 资本积累快速增长,工业基础设施大幅改善

“十二五”规划期间,我国工业和服务业领域积累了大量资本。2014 年,全国固定资产投资(不含农户)502005 亿元,其中工业领域投资 204515 亿元(制造业投资 166918 亿元,占工业领域投资的 81.6%),同比增长 12.9%;第三产业中,基础设施投资(不含电力) 86669 亿元,同比增长 21.5%。从表 5-7 中可以看出,2014 年铁路营业里程为 11.18 万公里,比 2010 年增加了 22.6%;公路里程为 446.39 万公里,增加了 11.4%;定期航班线路里程和国际航线线路长度分别增加了 67.7%和 65.1%;管道输油(气)里程增加了 34.6%。从表 5-8 中可以看出,固定长途电话交换机容量和局用交换机容量迅速减少,这与信息技术的发展和更新相吻合;2014 年移动电话交换机容量和长途光缆线路长度比 2010 年分别增加了 36.4%和 13.5%;2013 年光缆线路长度为 17453709.2 公里,比 2010 年增加了 75.2%。2013 年规模以上工业发电设备容量达到 118999.4 万千瓦,比 2010 年增长 2.7 倍;电力燃气水的生产供应业新增固定资产 12601.21 亿元,增长 49.4%。这些都说明,我国工业基础设施在大幅改善,特别是信息化设施水平明显提升,为“十三五”规划期间构建现代化经济体系提供了坚实的物质基础。

表 5-7　交通运输线路长度

指标 \ 年份	2010 年	2011 年	2012 年	2013 年	2014 年
铁路营业里程(万公里)	9.12	9.32	9.76	10.31	11.18
国家铁路电气化里程(万公里)	3.27	3.43	3.55	3.60	3.69
公路里程(万公里)	400.82	410.64	423.75	435.62	446.39
内河航道里程(万公里)	12.42	12.46	12.50	12.59	12.63
定期航班航线里程(公里)	2765147	3490571	3280114	4106000	4637214
国际航线线路长度(公里)	1070200	1494387	1284712	1503150	1767210
管道输油(气)里程(万公里)	7.85	8.33	9.16	9.85	10.57

数据来源：国家统计局年度数据，见 http://data.stats.gov.cn/easyquery.htm?cn = C01&zb = A0G02&sj = 2014。

表 5-8　电信主要通信能力

指标 \ 年份	2010 年	2011 年	2012 年	2013 年	2014 年
固定长途电话交换机容量(万路端)	1641.50	1602.30	1579.70	1280.50	982.90
局用交换机容量(万门)	46537.30	43428.40	43749.30	41089.30	40517.60
移动电话交换机容量(万户)	150284.90	171636.00	184023.80	196557.30	205024.90
光缆线路长度(公里)	9962466.50	12119302.90	14793300.43	17453709.20	20612529.22
长途光缆线路长度(万公里)	81.81	84.23	86.82	89	92.84

数据来源：国家统计局年度数据，见 http://data.stats.gov.cn/easyquery.htm?cn = C01&zb = A0G02&sj = 2014。

四、创业创新环境不断改善，“大众创业、万众创新”的态势逐渐形成

政府简政放权和商事制度改革使创业创新环境不断改善，企业的市场主体地位更加明确，也为构建经济新体系提供了良好制度环境。近几年，国家针对长期存在的重审批、轻监管、弱服务问题，持续深化“放管服”改革，加快转变政府职能，减少微观管理、直接干预，注重加强宏观调控、市场监管和公共服务。自 2012 年来，各类市场主体达到 9800 多万户，增加 70%以上。国务院部门行政审批事项削减 44%，非行政许可审批彻底终结，中央政府层面核准的企业投资项目减少 90%，行政审批中介服务事项压减 74%，职业资格许可和认定大幅减少。中央政府定价项目缩减 80%，地方政府定价项目缩减 50%以上。全面改革工商登记、注册资本等商事制度，企业开办时间缩短 1/3 以上。创新和加强事中事后监管，实行“双随机、一公开”，随机抽取检查人员和检查对象，及时公开查处结果，提高了监管效能和公正性。推行“互联网+政务服务”，实施一站式服务等举措。营商环境持续改善，市场活力明显增强，群众办事更加便利，“大众创业、万众创新”态势已经形成，并逐渐成为我国经济进入新常态的重要引擎。

科技创新与现代商业模式的结合不断催生新兴产业，如第三方支付、互联网金融、智慧医疗等。2016 年，共有 37. 19 万家规模以上工业企业使用互联网开展活动，占规模以上工业企业总数的 98. 4%。其中，利用互联网提供客户服务、招聘员工、进行员工培训分别占 35. 7%、33. 7%、18. 6%。[1] 市场各方的需求促使信息、互联网相关产业迅猛发展。在全球信息化的时代，互联网和大数据在不断推动产业的转型升级，新产业、

① 《共同搭乘互联网和数字经济发展的快车》，《中国经济周刊》2017 年第 48 期。

新技术、新业态、新模式、新产品正在加速成长。比如,“互联网+”作为一种新兴产业模式,利用信息通信技术,把互联网和传统产业的各行各业融合起来,从而带动传统产业更新换代。“十三五”规划期间,信息产业与传统产业将会加速融合,信息、互联网相关产业发展将会更加迅猛,为构建经济新体系打下良好的微观基础。

五、开放型经济水平显著提升

“十二五”规划以来,在经济全球化的大背景下,我国对外开放的深度和广度得到进一步拓展,统筹国内国际两个市场和两种资源的能力不断加强,我国相继倡议和推动共建“一带一路”,发起创办亚洲基础设施投资银行,设立丝路基金,一批重大互联互通、经贸合作项目落地。设立上海等12个自由贸易试验区,一批改革试点成果向全国推广。改革出口退税负担机制,退税增量全部由中央财政负担,分三批共设立35个中国跨境电子商务综合试验区,国际贸易“单一窗口”覆盖全国,货物通关时间平均缩短一半以上,进出口实现回稳向好。外商投资由审批制转向负面清单管理,限制性措施削减2/3。外商投资结构优化,高技术产业占比提高一倍。引导对外投资健康发展。推进国际产能合作,高铁、核电等装备走向世界。沪港通、深港通、债券通相继启动,人民币加入国际货币基金组织特别提款权货币篮子,人民币国际化迈出重要步伐。中国开放的扩大,有力促进了自身发展,给世界带来重大机遇。

第二节　全球经济发展的新趋势

当前,经济全球化不断走向深入,科技发展日新月异,国际竞争日趋激烈，全球经济体系发展呈现出新的态势。

一、科学技术进步、国际分工深化主导着全球范围新一轮产业结构的调整

新一轮高科技的发展，特别是以信息技术为引领的高新技术的产业化，直接推动了全球产业结构的升级。18世纪以来，科技革命特别是技术革命始终是产业革命的先导。当前，高新技术的发展，将使一批新兴产业得到快速发展，并成为全球产业结构升级的主导方向，如信息科技、生命科技和纳米科技等。同时，高新技术对传统产业的改造也在不断深化，提高了制造业的科技含量，促使传统制造业升级成为智能制造，如3D打印技术、物联网技术、智能机器人技术等。

随着经济全球化趋势的加强，国际分工也将随之深化。一国内部的产业分工日益国际化的趋势更加明显，新一轮全球化产业分工重组速度开始加快。由于发达国家控制了大部分科技资源，从而导致产业结构调整呈现失衡态势，特别是发达国家与发展中国家间的不平衡将日趋明显。全球范围新一轮产业结构的调整显示了科学技术、国际分工的主导力量，科技的进步和国际分工的深化加快了产业结构调整，促使产业结构向更高层次迈进，也给发展中国家带来新的更大的挑战和机遇。

二、三次产业结构调整速度加快，第三产业比重持续增加

从经济发展规律来看，产业在经济结构中的比重决定了经济体的发展程度。全球产业结构的特征为第一、二产业比重持续下降，同时第三产业的比重强势上升，三次产业结构调整速度加快。目前，一些发达国家第三产业占比高达70%—80%，但这并不是最终的极限。随着生产力的发

展，物质生产日益丰富，人类对非物质生产的需求日益增加，致使第三产业的比重持续增加。而且，这种趋势将在未来中长期内进一步强化，这也是人们消费水平由低层次转向高层次的必然结果。一国的经济发展水平从以工业的发展水平来衡量转变为以服务业的发达程度来衡量，标志着产业结构达到了一个较高的层次。“十三五”规划期间，世界经济由工业主导型向服务业主导型的转变会更加明显，现代服务业将会成为未来世界经济增长的新潜力和新空间。

三、新经济快速发展，产业结构软化趋势加快

在以美国为代表的西方发达国家的带动下，当今世界已经进入新经济时代。这是建立在信息技术革命和制度创新基础上的新经济现象，以经济加速从传统的工业经济向知识经济转变为标志。学界普遍认为，新经济是以信息科学、网络技术为基础，以创新为核心，由新科技创新所驱动、可持续发展的经济形态。新经济致使全球产业结构呈现软化的趋势，主要表现在两个方面：第一，在产业结构的升级过程中，以通信、金融、信息服务等行业为主的软产业的比重不断上升，特别是生产性服务业的强势崛起，“经济服务化”趋势日渐显著；第二，随着技术集约化和高加工度化的发展，在整个产业链条中，对创新、信息、科技、人才、文化、生态和制度等软要素的依赖程度不断加深。

四、信息技术的发展，产业融合与分离将会更加频繁

当今，随着信息处理的共享化和大数据化、信息服务的智能化和个性化的发展，经济对新一代信息技术的依赖持续增强。一方面，信息技术向传统产业的全面融入，从价值传递环节向价值创造环节渗透，使原来专业分工明确的产业因信息技术的融合而组成新的产业。另一方

面，新一代信息技术的发展促进了社会分工的精细化，使得生产中的许多服务环节从物质生产流程中分离出来，形成新的行业，致使生产结构产生了重大变革。生产性服务业改变了传统产业的生产流程、管理方式和劳资关系等，并导致全产业链的重构。“十三五”规划时期，随着新一代信息技术的兴起，这些产业融合与分离的现象将会更加频繁。

五、国际市场竞争中的标准战略日趋明显

当今新经济时代，发达国家的竞争策略，已经从技术战略转向标准战略，从技术主导转向知识产权主导。发达国家及其跨国公司通过技术专利化、专利标准化、标准国际化的策略，全面推行国际标准组织的规则、国家标准战略和企业标准战略。发达国家通过制定有利于自己的标准体系，控制了几乎所有高科技产业，以维护有利于自己的国际经济秩序。国际市场竞争中的标准战略的兴起，将会对全球产业布局和发展产生深远影响，特别是发展中国家将会面临更严峻的挑战。

第三节　加快经济发展方式转变的长期挑战

我国转变经济发展方式取得了成效，但不能掩盖和忽视长期存在的结构性、质量性弱点，如产业竞争优势层次较低、创新能力薄弱、核心技术缺乏、产业附加值不高等问题，是一个制造业大国而不是制造业强国。面对全球经济产业体系新趋势变化，我国经济发展方式转变必须在抓紧传统产业改造的同时，加快新兴产业、战略产业布局和成长，应对新旧结构转型的双重挑战。

一、竞争优势层次较低，产品结构不合理，部分行业产能过剩严重

改革开放以来，我国作为后发展国家，产业结构大多处于劳动密集型产业领域和资本、技术密集型产业领域中的劳动密集型环节（加工组装环节），我国制造业总体上仍处于相对低端的层次。在高端制造业与高科技领域，我国的竞争优势不明显，与发达国家差距仍然较大，航空航天技术、材料技术、电子技术、计算机集成制造技术等的竞争力指数均非常低。在技术、生产和营销价值链的三大环节中，其增值能力分别呈现出由高到低的 V 形状（微笑曲线），也就是两端利润高、中间利润低。目前我国制造业的产品结构处于全球价值链的中间（低端），参与国际分工主要集中在科技含量和产业附加值都比较低的加工环节，而技术环节和营销环节控制在跨国公司手里。在“十二五”规划期间，我国钢铁、水泥、电解铝、平板玻璃、焦炭等传统的产业利用率仅在 70%—75%之间，产能过剩尤为突出。同时，光伏、风电设备等新兴的产业也出现了产能过剩，其中光伏的产能利用率不足 60%，风机的产能利用率不足 70%。汽车、房地产等行业结构性产能过剩已经开始显现。调整产品结构，加强供给侧改革和管理力度，化解产能过剩，将是“十三五”规划期间的一个重大课题。

二、创新能力普遍不足，核心技术相对缺乏

2016 年，我国在 41 个工业大类行业中，大部分行业研发经费投入强度在 1%以下，只有 13 个行业研发经费投入强度高于 1%。长期以来，我国制造业结构升级主要依靠外资引进，同时带来先进技术和设备，而且多以生产线和最终生产设备为主。自主创新能力不足导致制造业的劳动生产率和产品附加值普遍偏低。虽然我国已取代美国成为全球最大的制造

业国家，但美国的生产率仍然是我国的三倍。目前我国制造业规模已经达到世界第一，但产品结构仍处于国际产业链的低端，大而不强的特征也反映了我国制造业企业长期存在的高端产品研发能力不强与核心技术缺乏的现实。

三、服务业附加值不高，生产性服务业发展层次较低

当前以现代服务业为代表的第三产业快速发展，已经成为我国产业结构转型升级的主要力量。但是，我国服务业整体附加值率偏低，并且增加值率的行业差异较大，体制、机制保护而产生的扭曲现象依然显著。在服务行业结构中以交通运输、批发零售等传统服务业为主，发展层次仍处于较低的水平。例如，2015 年批发零售业增加值和交通运输、仓储和邮政业增加值分别占 GDP 增加值的 9.8%和 4.5%，①明显高于其他现代服务业。金融、信息和科技服务等知识密集型、技术密集型的现代高端服务业发展速度虽有所提高，但与发达国家的差距非常显著。与第一、二产业优化升级密切相关的生产性服务业规模还小，技术创新能力低，总体上经营模式落后、劳动生产率和附加值均不高。

① 国家统计局网站：http://www.stats.gov.cn/tjsj/zxfb/201609/t20160907_1240657.html。

第六章

新发展理念指引下的转变经济发展方式评价

我国“十三五”规划确立创新、绿色、协调、开放、共享的新发展理念，是我国未来发展思路、发展方向、发展着力点的集中体现，用新发展理念引领经济发展方式转变，实现更高质量发展，将贯穿我国现代化整个进程。

第一节　新发展理念与转变经济发展方式评价新体系的构建

一、转变经济发展方式评价指标体系研究现状

目前关于转变经济发展方式进展尽管有一些成果出现，但仍存在明显不足。

1. 评价指标体系的构建

研究转变经济发展方式评价的文献一般是在对转变经济发展方式内涵界定的基础上构建指标体系，因此，不同的指标体系反映着研究者对经济发展方式转变以及所面临问题的不同理解。比较有代表性的指标体系有：中国国际经济交流中心（2009）从经济社会发展水平、城乡一体化、需求结构、产业结构、要素效率、创新和环境七个方面分两级构建了包括 18

个具体指标的评价指标体系①；李玲玲、张耀辉（2011）以经济增长、发展动力、资源环境支持、发展成果四个方面为基本框架分三级构建了包括29个具体指标的评价指标体系②；何菊莲等（2012）从经济发展、社会发展、人与自然关系的协调发展和人自身的全面发展四个方面分三级构建了包含28个具体指标的评价指标体系③。虽然大多数评价指标体系基本上涵盖了当前经济发展所面临的主要问题，比如技术创新能力不足、产业结构不合理、区域发展不协调、生态环境问题突出等，但是普遍缺乏一个对转变经济发展方式评价的理论分析框架，均存在对“转变”的内涵定位不准确，而导致要么遗漏了某些有重要意义的指标，比如很多指标体系没有将经济发展成果共享纳入评价范围；要么设计了一些无意义甚至与评价目标相左的指标，比如有些指标体系在衡量产业结构的指标下分别设计了三种产业比重的指标（正向）。

2. 评价指标权重的赋予

在构建评价指标体系的基础上赋予各指标的权重，一般有主观、客观和综合三种赋权法。比如，中国国际经济交流中心（2009）采用平均法，李玲玲、张耀辉（2011），何菊莲等（2012）通过专家打分法，这些均是主观赋权法；再比如，黄海峰等（2014）采用熵值（权）法，李小玲（2015）采用变异系数法，钞小静、任保平（2011）采用主成分分析法，这些均是客观赋权法④；又比如，王威（2013）以高收入国家经济发展指数为参考计算指标权重，并结合专家打分法对权重值进行了调整，李群（2014）采用平均法（一

① 2009年中国国际经济交流中心研究测算了首个中国转变经济发展方式评价指数，2010年又研究测算了省区及重点城市转变经济发展方式评价指数。其中和全国评价指标体系不同省区是6个一级指标（经济社会发展水平、需求结构、产业结构、要素效率、创新和环境），23个二级指标；城市是6个一级指标（同省区），20个二级指标。

② 李玲玲、张耀辉：《我国经济发展方式转变测评指标体系构建及初步测评》，《中国工业经济》2011年第4期。

③ 何菊莲等：《我国经济发展方式转变进程测评》，《经济学动态》2012年第10期。

④ 钞小静、任保平：《中国经济增长质量的时序变化与地区差异分析》，《经济研究》2011年第4期。

级指标)和标准差法(三级指标)相结合计算指标权重,这些均是综合赋权法①。指标权重的赋予既是评价的重点,也是问题比较集中的地方。有些文献没有意识到指标权重的重要性,随意赋予权重或是均等权重,忽略了各指标对经济发展方式转变影响的差异性;有些文献刻意追求客观赋权法,认为通过算法给出的权重就是最科学的,却忽略了衡量转变经济发展方式的最终目的,让科学变得更不科学;还有些文献运用了专家打分赋权法,但并没有设法消除其中的主观随意性。

3. 评价模型的设计

评价模型是当前学术界研究比较薄弱的方面,绝大多数文献仅采用了加权求和的方法,比如,李玲玲、张耀辉(2011),钞小静、任保平(2011),王威(2013),李群(2014)等。也有少量文献在评价模型上做了一些创新,比如,崔立涛(2008)将经济发展方式分成高度粗放、粗放、准集约、集约和高度集约五种类型(判断的标准),并运用模糊层次分析法对浙江经济发展的类型进行判断,但是这种评价仅限于经济发展方式类型的评价,评价结果没有量化,无法横向比较;曾铮和安淑新(2014)按照地区的经济特征(农业型、资源型、制造型、外向型和城市型)分类评价(仅有模型设计,没有最终计算结果)②,虽然注意到了经济发展方式与地区经济特征间的关系,但忽略了评价目的和前提的逻辑关系。

收集和整理指标数据是评价成败的关键之一,也是转变经济发展方式评价的又一难点。大多数文献仅选取了全国或某个地区为评价对象,虽有极少数学者研究了省域评价,但具体指标数量较少,无法很好地突显评价的科学性。比如中国国际经济交流中心(2009)设计了 23 个具体指标③,关

① 李群:《经济发展方式转变成效的评价及其实证分析》,中国社会科学出版社 2014 年版,第 19—41 页。

② 曾铮、安淑新:《地方转变经济发展方式评价指标体系研究》,《当代经济管理》2014 年第 12 期。

③ 郑新立主编:《加快转变经济发展方式研究(2010—2011)》,中国社会科学文献出版社 2011 年版,第 535 页。

皓明等(2014)设计了33个具体指标①,李群(2014)设计了28个具体指标,鉴于以上分析,本书力求构建方向明确、指标完备的评价体系,采用合理的赋权方法,建立科学的评价模型,收集和整理准确的指标数据(省域板面数据),对省域及全国的转变经济发展方式进行综合评价。

二、新发展理念指引下转变经济发展方式评价体系的构建

新发展理念提出后,转变经济发展方式只有以五个发展新理念为引领,转变思路、创新路径,才能为破解新时期经济发展难题、厚植经济发展新优势奠定良好基础。因此,系统完整评价中国转变经济发展方式的进展质量,也应从这五大新发展理念入手,构建一套可定量化科学衡量的指标体系,即确定转变的方向,构建评价指标体系,确定指标权重,进而建立评价模型。

评价转变经济发展方式首先要定好“转变”的方向,然后再测评在既定的方向上的转变成效。没有方向、方向不明或方向不正确的转变是很危险的,在正确方向上没有速率的转变也是毫无意义的。经济发展方式本质上是人的实践活动方式,人的实践是有意识的行为,因此转变经济发展方式的方向起始于经济发展的理念。科学地确定转变经济发展方式的方向就是在新发展理念的指导下界定转变经济发展方式内涵的过程,经济新常态下中国转变经济发展方式总的方向是将经济发展方式从第一、第二种模式向第三、第四种模式转变,即在经济增长的基础上实现经济结构、经济质量、社会发展和生态环境等“质”的提升。实现总方向的转变关键是破解经济发展所面临的问题,主要表现在创新能力不强、发展不协调、生态环境恶化、开放水平不高以及收入差距较大等方面。因此,转变经济发展方式可

① 关皓明等:《中国区域经济发展方式转变过程测度及特征分析》,《经济地理》2014年第6期。

分成创新、协调、绿色、开放和共享五个分方向，五个方向的“合力”决定了转变的总方向。五个分方向要进一步细分，具体化为明确的目标、路径或举措，它关系到评价指标体系最终的具体指标设定，如图 6-1 所示。

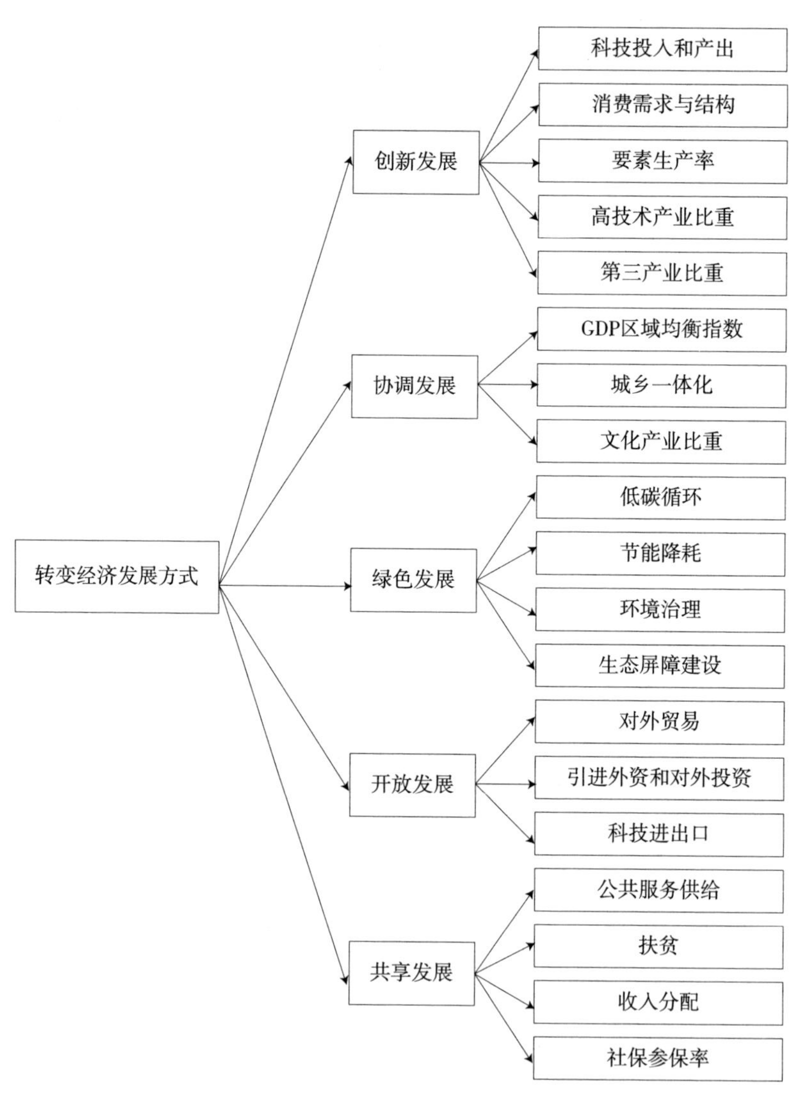

图 6-1　转变经济发展方式评价目标体系

资料来源：作者绘制。

1. 创新发展

约瑟夫·熊彼特(1912)认为经济发展的核心在于组合创新,通过"革命性、创造性的破坏"过程来推陈出新,使经济发展跃迁到新的轨道。路风、余永定(2012)认为自主创新促进能力成长,进而推动经济发展方式的转变。① 全面创新是反映经济发展质量和效益的基点,创新发展是经济发展的主攻方向,也是驱动转变经济发展方式的主动力。科技创新在经济转型和全面创新发展中具有引领和支撑作用,科技创新不仅体现在科学研究与发展资金和人员的投入强度中,更体现在专利申请授权量和技术市场成交量等科技产出的质量中;创新驱动消费,消费对经济发展具有基础性作用,居民消费支出的增加和消费结构优化升级是创新发展的直接体现;理论创新、制度创新、科技创新、管理创新和文化创新等使得要素生产率持续提升,创新发展与要素投入效率提高互为因果;以战略新兴产业为代表的高技术产业是创新的直接成果,为转变经济发展方式拓展新的空间,是未来创新发展的主攻方向。吴丰华、刘瑞明(2013)的研究表明产业升级能够有效带动一个地区自主创新能力的提升,转变过度依赖工业的传统发展模式。② 在信息化的引领下快速发展现代服务业是中国经济创新发展的必然选择。因此,在创新发展方向细分为科技投入和产出、消费需求与结构、要素生产率、高技术产业比重和第三产业比重五个方向。

2. 协调发展

协调是经济发展的重要手段和目标,协调发展是转变经济发展方式、增强发展整体性的关键举措。协调发展虽然有着丰富的内涵,但在各领域形成平衡的发展结构是关键。区域协调发展关键在区域

① 路风、余永定:《"双顺差"、能力缺口与自主创新——转变经济发展方式的宏观和微观视野》,《中国社会科学》2012 年第 6 期。

② 吴丰华、刘瑞明:《产业升级与自主创新能力构建——基于中国省际面板数据的实证研究》,《中国工业经济》2013 年第 5 期。

经济协调发展，主要体现在区际经济联系、区域经济增长和区域经济差异三个方面，其中 GDP 区域均衡度是三者的核心；城乡一体化发展关键在城乡经济融合发展，其中城乡居民人均收入比和消费比，特别是城镇化率均可以直接反映城乡经济融合发展的状况；中国改革开放以来，物质文明比精神文明发展得更快，加强社会主义精神文明建设，提升国家软实力是协调发展的必然要求，这里可以从文化产业发展状况来衡量物质文明和精神文明的协调发展状况。因此，在协调发展方向可以细分为 GDP 区域均衡指数、城乡一体化和文化产业比重三个方向①。

3. 绿色发展

绿色发展是实现经济社会可持续发展的重要基础和前提，是转变传统的发展方式和发展思路的关键特征。李晓西等（2014）通过研究人类绿色发展指数（HGDI）表明中国绿色发展状况不容乐观，未来中国要重点在低碳循环发展、提高资源利用效率、落实环境治理和环境保护政策等方面努力。② 景维民、张璐（2014）研究发现中国依靠经济体自身的发展很难转变污染偏向的技术发展趋势，合理制定并实施的环境治理和保护政策十分必要。③ 低碳循环发展是绿色生产方式的标志，一方面优化能源结构，减少碳排放；另一方面发展循环经济，提高资源的综合利用率。节约高效利用资源是绿色生产和消费的必然结果，这可以通过单位 GDP 的水和能源的消耗量来直接反映；环境治理是弥补环境历史欠账，实现绿色发展的关键举措，不仅要考虑环境治理的投入，更要从液体、固体和气体三方面综合衡量环境治理的成效；环境保护不仅需要治理还需要生态

---

① 协调发展内涵非常丰富，但许多方面都难以量化，比如经济建设与国防建设融合发展，区域间也没有可比性，因此仅选取了区域、城乡和文化三个方面。

② 李晓西等：《人类绿色发展指数的测算》，《中国社会科学》2014 年第 6 期。

③ 景维民、张璐：《环境管制、对外开放与中国工业的绿色技术进步》，《经济研究》2014 年第 9 期。

建设，体现出一个同质的生态现代化的取向，各地区根据经济发展水平选择不同的路径和模式，可以从生态建设的投资和成效来衡量。因此，在绿色发展方向细分为低碳循环、节能降耗、环境治理和生态屏障建设四个方向。

4. 开放发展

毛其淋、盛斌（2012）研究发现对外开放对省际全要素生产率具有显著的促进作用，扩大对外开放对加快转变经济增长方式和提升地区技术水平具有不可替代的作用，特别是中国的内陆地区。[①] 在经济全球化和全球一体化的大背景下，继续丰富对外开放内涵，发展更高层次的开放型经济，是转变经济发展方式的应有之意。改革开放以来，出口贸易和外商直接投资对中国经济的成功起到重大的正面效应。加快对外贸易优化升级，从外贸大国迈向贸易强国，是中国经济发展的必经之路；引进外资和对外投资是发展开放型经济的主要途径，随着中国经济的发展，相比引进外资，对外投资对转变经济发展方式作用更加明显。当前蓬勃发展的中国对外直接投资整体表现为投资不足而非投资过度，在未来中国的对外投资还有很大的发展空间。李小平、朱钟棣（2006）研究表明中国加强与科学研究和发展（R&D）投入比重较高的发达国家的对外贸易促进了自身的技术进步、技术效率和全要素生产率（TFP）的增长，科学技术的国际间合作是开放发展的高级层次。[②] 因此，在开放发展方向细分为对外贸易、引进外资和对外投资以及科技进出口三个方向。

5. 共享发展

共享是经济发展的出发点和落脚点，共享发展是最终实现共同富

---

① 毛其淋、盛斌：《对外经济开放、区域市场整合与全要素生产率》，《经济学（季刊）》2012 年第 1 期。

② 李小平、朱钟棣：《国际贸易、R&D 溢出和生产率增长》，《经济研究》2006 年第 2 期。

裕的“指南针”,是体现转变经济发展方式的关键。邓宗兵等(2014)研究表明人均GDP和城镇化水平与公共服务供给效率呈显著正相关,政府的财政投入能极大地提高公共服务效率(规模递增)。① 政府主导,市场参与,突显机会平等、人人享有和坚守底线的原则,通过提高公共服务的数量和质量,让经济发展成果惠及全体人民;建设不让一个人掉队的全面小康社会,必须消除贫困,让贫困者分享经济增长的成果。章元等(2012)研究表明中国贫困人口的减少主要来自工业化的渗透效应,未来政府需要继续推进新型工业化,创造足够的非农岗位,消除农村贫困和城乡差距。② 公平正义与共享是互为依托、相辅相成的关系,创造更加公平正义的社会环境是实现共享发展的重要途径。林毅夫、陈斌开(2013)认为政府不当的发展战略是收入分配结构不合理的根本原因,政府的发展战略要提高居民收入占GDP的比重和劳动者的报酬,最终实现“公平的增长”;③社会保障制度具有显著的再分配功能,是共享发展的有效制度安排,也是推动共享发展的重要着力点。因此,在共享发展方向细分为公共服务供给、扶贫、收入分配和社保参保率四个方向。

总之,转变经济发展方式是一个内涵丰富且层次分明的方向体系,准确地界定这个方向体系,在宏观上要具备合理的经济发展理念,在微观上要科学把握相关经济规律。

---

① 邓宗兵等:《中国区域公共服务供给效率评价与差异性分析》,《经济地理》2014年第5期。

② 章元等:《一个农业人口大国的工业化之路:中国降低农村贫困的经验》,《经济研究》2012年第11期。

③ 林毅夫、陈斌开:《发展战略、产业结构与收入分配》,《经济学(季刊)》2013年第4期。

第二节　以五大发展为标志的转变经济发展方式评价方法

一、评价指标体系

根据转变经济发展方式的内涵构建评价指标体系，在具体指标的选取中，综合考虑了以下四个方面：第一，方向明确。转变经济发展方式评价指标体系不仅包含了五大发展理念的科学内涵，还融合了党的十七大报告提出的经济增长“三个转变”，以及十八大报告提出的经济发展“五个依靠”。构建转变经济发展方式评价指标体系的目的是指导今后的经济发展，各具体指标对未来经济发展要有正确的导向性，从而既能比较科学地评价转变经济发展方式的成效，又能让各地区之间相互对比、寻找差距、相互学习，进一步指导未来的经济发展。第二，系统客观。指标体系是各具体指标的有机集合，既要注重体系的内在联系，又要注重体系的功能和目标，形成一个层次分明的系统，同时具体指标要选择能够直接量化或间接量化的客观性指标。第三，独立可比。同一层的具体指标之间界限分明、独立互补，尽量避免在经济意义上的重复性。不同地区经济发展具有差异性，具体指标应能反映不同地区转变经济发展方式共性特征，具有较强的可比性。既要便于横向比较，即不同地区之间的相互比较，以反映地区之间转变经济发展方式的差异；又要便于纵向比较，通过同一地区不同时点的评价指数衡量经济发展方式转变的成效。满足可比性的要求，各具体指标均采用相对值，原数据是绝对值，统一转换为相对值。第四，数据获取。构建转变经济发展方式评价体系既是理论问题也是实证问题，因此必须考虑各具体指标数据的测量和数据收集工作的易操作性。原始数据应选用国家统计局、各部委以及各省、自治区、直辖市统计局等权威部门通过官方网站或各类统计年鉴公开发布的统计数据，尽量避免定义复杂、计算繁复的指标，对于难以量化、难以获取数据的指标只能舍弃或暂且搁置。同时，这里采用指标设定与数据收集、整理和计算同步的方法，增强指标体系的可操作性。

总体上我们构建的转变经济发展方式评价指标体系，一级指标共有5个，即创新发展指标、协调发展指标、绿色发展指标、开放发展指标和共享发展指标；二级指标共有19个，是对一级指标的细分；三级指标共有57个，是对二级指标进一步具体化的细分，如图6-1所示。

二、评价指标权重

指标权重的赋予是综合评价法的核心问题之一，在评价指标值已经确定的情况之下，权重的变化将不可避免地导致评价结论的变化。指标权重不仅反映了指标之间重要性的差异程度，还反映了评价体系价值的差异程度和指标在不同对象中的表现差异。因此，指标权重是否合理，会直接影响评价的科学性。就理论而言，评价指标赋权方法主要有三种：一是客观赋权法，即利用评价指标数据信息，计算出各指标的权重。比如，主成分分析法、因子分析法、变异系数法、熵权系数法、局部变权法、物元分析法、灰色关联度法、人工智能算法等；二是主观赋权法，即利用决策者的经验，通过对评价指标属性的比较而赋权。比如，德尔菲法（Delphi Method）、层次分析法（AHP）、二项系数法、环比评分法等；三是综合法，即客观赋权法和主观赋权法结合使用。有学者认为客观赋权法要优于主观赋权法，我们认为这种观点是欠妥的。判断一组权重的合理与否并不能根据其采用哪种赋权方法，而应该根据评价指标体系的背景和目标，看其是否准确反映了各指标的真实重要性。因此，只要根据具体问题，运用科学的方法得出的权重就是合理的。根据前文分析，转变经济发展方式是政府基于市场宏观调控的过程,“转变”的动力源于经济发展的压力,是为了破解经济发展中所面临的难题,进而主动适应经济新常态、引领新常态的必然选择。我们认为从已有的指标数据值出发,使用客观赋权法不能得出衡量转变经济发展方式各指标重要性的合理权重,只有通过对转变经济发展方式内涵的正确理解,运用主观赋权法才能合理赋予各指标的权重,使经济发展方式转向理想的方向。综合各种主观赋权法的优缺点,本书采用“德尔菲法+层次分析法”来确定各指标的权重,具体步骤如下:

第一步,用德尔菲法确定判断矩阵。转变经济发展方式评价体系共分为四层:目标层、一级指标层、二级指标层和三级指标层,设第一指标层对目标层的判断矩阵为 $A=(a_{ij})_{5\times5}$;第二指标层对第一指标层的判断矩阵为 $A_1=(b_{ij})_{5\times5}$, $A_2=(b_{ij})_{3\times3}$, $A_3=(b_{ij})_{4\times4}$, $A_4=(b_{ij})_{3\times3}$, $A_5=(b_{ij})_{4\times4}$;第三指标层对第二指标层的判断矩阵为 $B_1=(c_{ij})_{6\times6}$, $B_2=(c_{ij})_{4\times4}$, $B_3=(c_{ij})_{3\times3}$, $B_4=(c_{ij})_{2\times2}$, $B_5=(c_{ij})_{2\times2}$, $B_6=c_{11}$, $B_7=(c_{ij})_{3\times3}$, $B_8=(c_{ij})_{2\times2}$, $B_9=(c_{ij})_{2\times2}$, $B_{10}=(c_{ij})_{3\times3}$, $B_{11}=(c_{ij})_{4\times4}$, $B_{12}=(c_{ij})_{3\times3}$, $B_{13}=(c_{ij})_{2\times2}$, $B_{14}=(c_{ij})_{3\times3}$, $B_{15}=c_{11}$, $B_{16}=(c_{ij})_{7\times7}$, $B_{17}=(c_{ij})_{4\times4}$, $B_{18}=(c_{ij})_{3\times3}$, $B_{19}=(c_{ij})_{2\times2}$,以上均为正互反矩阵。构造判断矩阵需要定量化的标度,标度的方法众多,比如,1∶9 标度法、0∶1 标度法、0.1∶0.9 标度法、-2∶2 标度法、$\frac{9}{9}:\frac{9}{1}$ 标度法等。对比各种标度法,本书选用简单易行的 1∶9 标度法。

我们从中共中央党校、国务院研究室、中国社会科学院、国家发展和改革委员会、中国人民大学等单位选取 15 位长期从事经济研究或管理工作的专家,通过电子邮件给专家发《转变经济发展方式评价指标判断矩阵调查表》(配有详细的说明),让专家用 1∶9 标度法确定各指标的相对重要性。第一轮汇总专家的判断矩阵,并进行一致性检验(根据第二、第三步进行),汇总专家意见并反馈进行第二轮修改(将没通过一致性检验的判断矩阵特别标注,让专家重点修改)。根据专家的经验和学识赋予信任系数,将 15 位专家第二轮确定的判断矩阵(一致性检验通不过的剔除)加权求得最后的判断矩阵。

第二步,计算权重向量。权重向量的计算一般可分为最优化排序和近似计算两类方法。本书选用其中的特征向量法,首先用 Mathematica 软件计算判断矩阵 A 的最大特征根 $\lambda_{\max}$,再由 $AW=\lambda_{\max}W$,求出权重向量 $W=\{w_1,w_2,L,w_n\}^T$。

第三步,一致性检验。单个判断矩阵的一致性检验公式为 $CR=\frac{CI}{RI}$, $CI=\frac{\lambda_{max}-n}{n-1}$;指标层的一致性检验公式为 $CR=\frac{\sum_{j=1}^{m}w_jCI_j}{\sum_{j=1}^{m}w_jRI_j}$。其中, CI 为判断矩阵的一般一致性指标, RI 为判断矩阵的平均随机一致性指标(可由表 6-1 查得), CR 为判断矩阵(或指标层)的随机一致性比率, w_j 为对上一层的权重系数。

表 6-1 平均随机一致性指标 RI

n	1	2	3	4	5	6	7	8	9
RI	0	0	0.58	0.90	1.12	1.24	1.32	1.41	1.45

若 $CR<0.1$ 时,则通过一致性检验。

第四步,计算组合权重。第一指标层对目标层的权向量为 $w^{(1)}=\{w_1^{(1)},w_2^{(1)},L,w_5^{(1)}\}^T$;第二指标层对第一指标层的权向量为 $w_i^{(2)}=\{w_{i1}^{(2)},w_{i2}^{(2)},L,w_{i19}^{(2)}\}^T$ $(i=1,2,L,5)$,以 $w_i^{(2)}$ 为列向量组成组合权向量矩阵 $W^{(2)}=\{w_1^{(2)},w_2^{(2)},L,w_5^{(2)}\}$;第三指标层对第二指标层的权向量为 $w_j^{(3)}=\{w_{j1}^{(3)},w_{j2}^{(3)},L,w_{j57}^{(3)}\}^T$ $(j=1,2,L,19)$,以 $w_j^{(3)}$ 为列向量组成组合权向量矩阵 $W^{(3)}=\{w_1^{(3)},w_2^{(3)},L,w_{19}^{(3)}\}$,则第三指标层对目标层的权向量为 $w=W^{(3)}W^{(2)}w^{(1)}$。

根据以上步骤,计算出转变经济发展方式评价指标体系中各项指标的权重,如表 6-2 所示。

表 6–2 转变经济发展方式评价指标体系权重

一级指标	二级指标	三级指标	单位	指标属性	权重
创新发展指标 A_1	科技投入和产出指标 B_1	R&D 经费投入强度（R&D 投入/GDP）C_{11}	%	正向	0. 9004
		规模以上工业企业 R&D 人员全时当量 C_{12}	人年	正向	0. 9004
		规模以上工业企业 R&D 经费 C_{13}	万元	正向	0. 4255
		专利申请授权量 C_{14}	项	正向	1. 4213
		技术市场成交额 C_{15}	亿元	正向	2. 6307
		规模以上工业企业新产品销售收入 C_{16}	万元	正向	1. 4213
	消费需求与结构指标 B_2	最终消费支出/GDPC_{21}	%	正向	2. 6648
		恩格尔系数 C_{22}	%	逆向	1. 3888
		互联网普及率 C_{23}	%	正向	0. 4539
		人均快递业务量 C_{24}	件/人	正向	0. 7509
	要素生产率指标 B_3	劳动效率（不变价 GDP/就业人数）C_{31}	万元/人	正向	3. 8498
		资本效率（不变价 GDP/资本存量）C_{32}	%	正向	1. 9249
		能源效率（不变价 GDP/能源消耗量）C_{33}	元/千瓦小时	正向	1. 9249
	高技术产业指标 B_4	高技术产业投资占比 C_{41}	%	正向	1. 9249
		高技术产业总产值/GDPC_{42}	%	正向	5. 7747
	第三产业比重指标 B_5	第三产业总产值/GDPC_{51}	%	正向	1. 8811
		第三产业从业人数/就业人数 C_{52}	%	正向	1. 8811
协调发展指标 A_2	区域均衡指标 B_6	GDP 区域加权库兹涅茨比率 C_{61}	%	逆向	5. 3305
	城乡差距指标 B_7	城镇化率 C_{71}	%	正向	0. 9756
		农村与城镇居民人均纯收入比 C_{72}	%	正向	5. 1839
		农村与城镇居民人均消费比 C_{73}	%	正向	1. 8362
	文化产业比重指标 B_8	文化事业费占财政支出的比重 C_{81}	%	正向	1. 7768
		人均文化娱乐消费支出占比 C_{82}	%	正向	0. 8884

续表

一级指标	二级指标	三级指标	单位	指标属性	权重
绿色发展指标 A_3	低碳循环指标 B_9	单位地区生产总值能耗(等价值) C_{91}	吨标准煤/万元	逆向	1. 9989
		工业(一般、危险)废物综合利用率 C_{92}	%	正向	1. 9989
	节能降耗指标 B_{10}	不变价 GDP/用水量 C_{101}	元/立方米	正向	0. 3634
		不变价 GDP/化学需氧量排放量 C_{102}	万元/吨	正向	1. 8172
		不变价 GDP/二氧化硫排放量 C_{103}	万元/吨	正向	1. 8172
	环境治理指标 B_{11}	工业污染治理完成投资 C_{111}	万元	正向	0. 3969
		工业废水排放达标率 C_{112}	%	正向	2. 0752
		工业废气处理率 C_{113}	%	正向	2. 0752
		生活垃圾无害化处理率 C_{114}	%	正向	1. 4495
	生态屏障建设指标 B_{12}	生态建设与保护本年完成投资 C_{121}	万元	正向	0. 2188
		水土流失治理面积 C_{122}	千公顷	正向	0. 6177
		造林总面积 C_{123}	千公顷	正向	1. 1625
开放发展指标 A_4	对外贸易指标 B_{13}	外贸出口总额 C_{131}	千美元	正向	2. 5074
		外贸进口总额 C_{132}	千美元	正向	3. 7611
	引进外资和对外投资指标 B_{14}	外商投资企业投资总额 C_{141}	百万美元	正向	1. 9795
		非金融类对外直接投资流量 C_{142}	万美元	正向	0. 6598
		对外承包工程营业额 C_{143}	万美元	正向	0. 4949
	科技进出口指标 B_{15}	技术进出口成交额 C_{151}	万元	正向	2. 0895

续表

一级指标	二级指标	三级指标	单位	指标属性	权重
共享发展指标 A_5	公共服务供给指标 B_{16}	人均拥有公共图书馆藏量 C_{161}	册/人	正向	0.5740
		每千人拥有道路里程数 C_{162}	公里/千人	正向	1.4223
		教育投入强度(教育投入/GDP) C_{163}	%	正向	3.2314
		每万人拥有卫生技术人员数 C_{164}	人	正向	1.4975
		每万人医疗机构床位数 C_{165}	张	正向	1.1179
		社会服务经费投入强度(服务经费/GDP) C_{166}	%	正向	1.1958
		社区服务机构覆盖率 C_{167}	%	正向	1.4206
	扶贫指标 B_{17}	贫困人口比重 C_{171}	万人	逆向	3.0194
		农村居民最低生活保障平均标准 C_{172}	元/人、年	正向	0.7549
		城镇居民最低生活保障平均标准 C_{173}	元/人、月	正向	0.7549
		医疗救助资助参加医疗人数 C_{174}	万人	正向	0.7007
	收入分配指标 B_{18}	城乡居民人均收入/人均 GDPC_{181}	%	正向	1.9583
		城镇居民登记失业率 C_{182}	%	逆向	0.4008
		劳动者报酬/GDPC_{183}	%	正向	2.8707
	社会保障指标 B_{19}	养老保险覆盖率 C_{191}	%	正向	1.7433
		医疗保险覆盖率 C_{192}	%	正向	1.7433

注:指标 B_2下选互联网普及率 C_{23}和人均快递量 C_{24}突出了“互联网+”对人们消费方式的转变;用不变价 GDP 来测算,能更客观的衡量指标数据的真实变化;选用造林总面积 C_{123}而非森林覆盖率作为指标,重点突出生态屏障增量的建设水平;在 B_{15}下仅选取技术进出口成交额 C_{151}一个指标,因为在相关权威统计资料中查不到中国省域的进口和出口分开的成交额数据;因为省域的基尼系数在相关权威统计资料中查不到,自行计算又缺少相关数据,因此指标 B_{18}下无法选用基尼系数反映社会收入分配的差距;指标 B_{19}下仅选了养老保险覆盖率 C_{191}和医疗保险覆盖率 C_{192}两个指标,相对失业保险、工伤保险和生育保险,养老和医疗保险更具代表性,也能突出“老有所养和病有所医”的共享发展方向。各判断矩阵、第一指标层和第二指标层均通过随机一致性检验,表中各项指标原始权重$w_i \in (0,1)$,$\sum_{i}^{57} w_i = 1$,为方便观察,令 $w_i \times 100$ 为新的指标权重。具体计算过程略,有兴趣的读者可以联系作者。

资料来源:作者整理,数值由作者运用 Mathematica 软件计算。

三、评价模型

1. 指标的标准化

一般而言,指标可分为三类:一是正向指标,即具有指标值“越大越优”的性质;二是逆向指标,即具有指标值“越小越优”的性质;三是适度指标,即具有指标值“适度为优”的性质。在评价指标体系中,不同的指标具有不同的量纲,为消除量纲的差异所带来的不可公度性,必须对指标进行标准化。因此,指标的标准化包括指标类型的一致化和指标数值的无量纲化两个过程。

本书的指标体系仅有正向和逆向指标,对于逆向指标采用减法一致化方法,避免倒数法对原数据分布的改变。指标无量纲化在理论上有四类方法:广义指数法(包括极大化法、极小化法、归一化法、比重法、综合指数法等),广义线性功效系数法(包括极差变换法、中高差变换法、中低差变化法、标准变换法亦称 Z-Score 法等),非线性函数法(即效用函数为非线性,如对数型、指数型、幂函数型效用函数等)和分段函数法(即用分段函数表示的折线型效用函数)。对评价指标的最优标准化方法取决于评价的目的,转变经济发展方式模型不仅要对不同地区的转变水平进行排序,还要对转变水平进行定量,并对比数据之间的差距。综合考虑各方面利弊,本书使用归一化法对数据进行无量纲处理。具体步骤如下:

第一步,逆向指标正向化。设第 i 个地区的某项指标数据集为 $\{x_{i1}, x_{i2}, L, x_{in}\}$,

令 $x_{ij}^{'} = \max\limits_{\substack{1\leqslant j\leqslant n \\ 1\leqslant i\leqslant m}} x_{ij} - x_{ij}$ 。

第二步,运用归一化法进行无量纲化处理。设 $\boldsymbol{\Sigma}_i = \sum\limits_{j=1}^{n} x_{ij}$,

令 $y_{ij} = \dfrac{x_{ij}}{\max\limits_{1\leqslant i\leqslant m} \boldsymbol{\Sigma}_i}$,

则,新的指标数据集为 $\{y_{i1},y_{i2},L,y_{in}\}$,$y_{ij} \in [0,1]$ 。

这种标准化方法简单易行,标准化后不改变原指标数据之间的关系和差异性,符合综合评价法的要求。

2. 评价模型的构建

"转变"作为一种动态过程,在评价指标体系所界定的方向上应该由两个量同时度量。一方面量化在既定的方向上转变的水平;另一方面量化在既定方向上转变的速度。因此,这里设计两种评价方法,分别从静态"转变水平型"评价和动态"转变速度型"评价两种不同的维度进行。

(1)转变经济发展方式水平评价模型:以每一年的年末为时间节点,反映各地区(省域)在预定的方向上转变经济发展方式所达到的水平。全国的转变水平是省域的综合,本书采用由局部到总体的思路更具合理性。转变水平型评价作为一种静态评价,既能体现转变的水平,也能体现发展的水平。

设 $y_i = \{y_{i1},y_{i2},L,y_{i57}\}$ 为某地区第 i 年 57 个标准化之后的三级指标数据集, $w = \{w_1,w_2,L,w_{57}\}$ 为指标权向量,则该地区在第 i 年的转变经济发展水平指数为

$$T_i = y_i w^T = \sum_{j=1}^{57} y_{ij} w_j \text{ ;}$$

由各地区的转变经济发展水平指数,得到第 i 年全国的转变经济发展水平指数为

$$T_i' = \sum_{j=1}^{n} P_{ij} T_{ij} \text{ 。}$$

其中, P_{ij}、T_{ij} 分别为第 j 个地区在第 i 年的人口所占的比重和转变经济发展水平指数。

(2)转变经济发展方式速度评价模型:经济发展方式的转变并非是短期运动,政府的政策导向在市场上通过传导机制需要一个"内化"的过程。因此,用平均速度来衡量一个地区转变经济发展方式的速度更具科学性,本书借鉴统计学上的代数平均法来确定转变经济发展方式的速度。

设基期的转变经济发展方式水平为 T_0，第 j 年的转变经济发展方式水平指数为 T_j，第 i 年的转变经济发展方式速度指数为 v_i，则

$$v_i + v_i^2 + L + v_i^i = \frac{\sum_{j=1}^{i} T_j}{T_0},$$

上式存在唯一的正根（证明略）。从中解出其正根，即为 v_i。

水平和速度是从静态和动态两个维度来评价转变经济发展方式，二者既有区别又密不可分，速度是水平的变化率，而水平的高低又与速度密切相关。从当前中国学者构建的转变经济发展方式的评价模型来看，大多数都是静态的转变水平评价，也有少数学者注意到了评价的动态性，但并没有建立起真正的动态评价模型。转变水平与地区的经济发展基础和资源禀赋等关系密切，一般而言，经济发展水平高的地区转变水平的起点也较高，在同样转变速度下，转变水平相对更高。相比转变水平，转变速度更能度量政府的政策措施对经济发展方式转变的效果。虽然每个地区的经济发展基础和经济特征不尽相同，但在经济发展方式的转变速度上是平等的，经济发展基础较弱的地区完全可以通过有效的政策导向实现经济发展方式的快速转变。

第三节　转变经济发展方式评价的测算

一、指标数据的获取与处理

指标数据的全面、准确是本书研究的基础，也是难点所在。本书用到的指标数据来源包括：国家统计局网站、各省自治区直辖市统计局网站、各部委网站、《中国统计年鉴》、《中国科技统计年鉴》、《中国高技术产业统计年鉴》、《中国人口和就业统计年鉴》、《中国文化文物统计年鉴》、

《中国文化及相关产业统计年鉴》、《中国环境统计年鉴》、《中国环境年鉴》、《中国贸易外经统计年鉴》、《中国对外直接投资统计公报》、《中国商务年鉴》、《中国教育统计年鉴》、《中国教育经费统计年鉴》、《工业企业科技活动统计年鉴》、《中国劳动统计年鉴》、各省自治区直辖市统计年鉴。指标数据以国家统计局网站和《中国统计年鉴》的数据为主,其他数据来源作为补充。在指标数据的获取过程中,有些指标数据可以直接收集到,比如专利申请授权量、城镇化率等,有些指标数据需要将收集到的相关数据进行整理,比如科学研究与发展经费投入强度、劳动效率(不变价 GDP/就业人数)等,还有些指标数据需要进行大量计算,比如 GDP 区域加权库兹涅茨比率①。数据的准确性是评价测算科学性的关键之一,本书对非单一来源的数据进行认真核验,数据有冲突的以国家统计局官方公布的数据为准。数据的缺失对于评价测算会有一定的影响,对于因未公布而缺少的数据,本书采取了两种处理方法:一是时间区间两段缺少的数据用线性回归法填补;二是时间区间内缺少的数据用线性插值法填补。需要特别说明的是,因为本书数据来源比较广泛,数据缺失仅是个别现象。

2007 年党的十七大报告首次提出转变经济发展方式的战略任务,并对转变经济发展方式提出了明确的要求,因此我们评价测算时间区间选定为 2007—2014 年。通过对 2007—2014 年评价体系中各项指标数据的收集、整理和计算,测算出各省域转变经济发展方式的水平和速度指数,并在此基础上计算出全国转变经济发展方式的水平和速度指数。

---

① 加权库兹涅茨比率将区域规模因素纳入,相比较泰尔指数、变异系数、差异系数等具有更强的合理性,虽然计算量庞大,但是衡量区域均衡的最佳选择。计算公式为 $K_i = \sum_{j=1}^{n} p_{ij} \times | p_{ij} - q_{ij} |$,其中, K_i 为第 i 个省域的不平衡系数; p_{ij} 、 q_{ij} 为第 i 个省域中第 j 个市(地级市,直辖市为区县)的人口和 GDP 所占的比重。

二、评价测算与分析

根据可获取的指标数据，运用转变经济发展方式水平评价模型，我们计算出省域及全国2007—2014年共八年的水平指数，见表6-3。以2007年为基期，运用转变经济发展方式速度评价模型，计算了省域及全国2011—2014年共四年的速度指数，见表6-4。

表6-3 2007—2014年转变经济发展方式水平评价指数

地区 \ 年份	2007年	2008年	2009年	2010年	2011年	2012年	2013年	2014年
北京市	9.6339	9.9244	10.1391	10.3952	10.7045	10.8840	11.4033	11.8014
天津市	8.3780	8.4791	8.3163	8.3808	8.5650	8.7335	9.1261	9.4058
河北省	6.9785	7.1086	7.2225	7.3510	7.3897	7.5587	7.8689	8.1057
山西省	6.7368	6.8625	6.9848	7.0376	7.1817	7.4260	7.7609	8.0331
内蒙古自治区	6.3922	6.5230	6.8353	6.9763	7.1333	7.3179	7.5348	7.7571
辽宁省	7.1984	7.3561	7.5888	7.7742	7.8034	8.0182	8.1633	8.3939
吉林省	6.6705	6.8518	7.2484	7.3958	7.5712	7.6703	7.8629	8.0294
黑龙江省	6.7146	6.9065	7.2264	7.3032	7.3450	7.5312	7.7307	7.9750
上海市	10.1331	10.3124	10.8537	10.9806	11.1563	11.2815	11.5427	11.7303
江苏省	9.1885	9.3516	9.5236	10.0574	10.4874	10.8758	11.1899	11.5024
浙江省	8.3128	8.4849	8.6018	9.0214	9.1472	9.4493	9.8918	10.1356
安徽省	6.8836	7.0340	7.1308	7.3032	7.4910	7.6971	7.9130	8.1166
福建省	7.5355	7.6953	7.8217	7.8671	8.0717	8.2704	8.4743	8.5889
江西省	7.0184	7.0666	7.2057	7.3374	7.4257	7.6463	7.9407	8.1723
山东省	7.9577	8.1733	8.3263	8.5132	8.6422	8.9386	9.2777	9.5613
河南省	6.9431	7.1535	7.3128	7.4166	7.5525	7.7969	8.1344	8.4504
湖北省	6.9776	7.2159	7.2874	7.4227	7.4917	7.7187	8.0402	8.4528
湖南省	6.9948	7.1171	7.5487	7.5565	7.5739	7.8626	8.1203	8.4319
广东省	9.4668	9.6968	9.6868	10.1377	10.4079	10.7231	11.2256	11.4707

续表

地区＼年份	2007 年	2008 年	2009 年	2010 年	2011 年	2012 年	2013 年	2014 年
广西壮族自治区	6. 7067	6. 7836	6. 9651	7. 0200	7. 1267	7. 3164	7. 4858	7. 7044
海南省	6. 8717	7. 1699	7. 2356	7. 2441	7. 3560	7. 5552	7. 8834	8. 1672
重庆市	6. 9521	7. 1319	7. 2733	7. 5881	7. 8349	8. 4243	8. 7041	9. 0824
四川省	7. 0953	7. 5887	7. 5588	7. 6268	7. 755	7. 9171	8. 1264	8. 3976
贵州省	6. 1454	6. 1144	6. 3901	6. 5661	6. 8499	7. 0615	7. 3275	7. 3887
云南省	6. 4836	6. 6683	6. 7637	6. 9162	6. 9784	7. 1053	7. 2362	7. 3240
西藏自治区	6. 6946	6. 4534	6. 6503	6. 4929	6. 5137	6. 5917	6. 8736	7. 0333
陕西省	6. 4992	6. 7180	6. 9591	7. 1273	7. 2471	7. 4630	7. 6951	7. 9092
甘肃省	6. 0570	6. 3196	6. 3632	6. 4775	6. 5389	6. 7641	6. 9674	7. 1754
青海省	5. 6725	5. 7197	5. 9409	6. 0324	6. 3064	6. 6548	6. 8383	7. 0656
宁夏回族自治区	6. 0212	6. 2771	6. 3109	6. 4126	6. 6045	7. 0375	7. 3053	7. 4634
新疆维吾尔自治区	6. 1502	6. 3349	6. 5680	6. 6828	6. 7479	6. 9065	7. 0723	7. 2255
全国	7. 3994	7. 5946	7. 7572	7. 9538	8. 1063	8. 3494	8. 6404	8. 8915

注:57 项指标数据中有 16 项存在不同程度的缺失,缺失较多为 C_{174}医疗救助资助参加医疗人数 2009 年前的数据,C_{167}社区服务机构覆盖率 2009 年前的数据,C_{82}人均文化娱乐消费支出占比 2013 年前的数据,西藏自治区的指标数据。全国的转变经济发展方式水平评价指数是省域转变经济发展方式水平指数的加权平均。

表 6-4　2011—2014 年转变经济发展方式速度指数

地区＼年份	2011 年	2012 年	2013 年	2014 年
北京市	2. 6560	2. 5920	2. 6690	2. 7410
天津市	0. 2730	0. 4630	0. 7480	0. 9870
河北省	1. 6320	1. 6240	1. 7420	1. 8520
山西省	1. 6350	1. 7490	1. 9390	2. 0990
内蒙古自治区	2. 8860	2. 8360	2. 8190	2. 8150
辽宁省	2. 3460	2. 2890	2. 2390	2. 2340
吉林省	3. 4550	3. 2400	3. 1020	2. 9930
黑龙江省	2. 7850	2. 6260	2. 5520	2. 5350

续表

地区 \ 年份	2011 年	2012 年	2013 年	2014 年
上海市	2. 6620	2. 4940	2. 4050	2. 3290
江苏省	2. 8210	3. 0330	3. 1250	3. 1610
浙江省	2. 3550	2. 4380	2. 5890	2. 6640
安徽省	2. 0280	2. 1070	2. 1790	2. 2320
福建省	1. 7140	1. 7700	1. 8310	1. 8460
江西省	1. 3520	1. 4800	1. 6580	1. 7990
山东省	2. 2410	2. 2790	2. 3720	2. 4470
河南省	2. 3400	2. 3420	2. 4410	2. 5490
湖北省	2. 1150	2. 0890	2. 1790	2. 3370
湖南省	2. 5330	2. 4750	2. 4880	2. 5450
广东省	2. 1320	2. 2670	2. 4510	2. 5380
广西壮族自治区	1. 5690	1. 6320	1. 6960	1. 7750
海南省	2. 1630	2. 0780	2. 1490	2. 2410
重庆市	2. 8240	3. 2080	3. 3930	3. 5280
四川省	2. 9410	2. 6920	2. 5720	2. 5370
贵州省	2. 1330	2. 3700	2. 5520	2. 5820
云南省	2. 1030	2. 0160	1. 9660	1. 9120
西藏自治区	-1. 0079	-0. 7756	-0. 4240	-0. 1354
陕西省	3. 0660	2. 9760	2. 9400	2. 9150
甘肃省	2. 3720	2. 3240	2. 3350	2. 3650
青海省	2. 2570	2. 6010	2. 7710	2. 8820
宁夏回族自治区	2. 4630	2. 7090	2. 8790	2. 9420
新疆维吾尔自治区	2. 7410	2. 6060	2. 5310	2. 4780
全国	2. 3940	2. 4120	2. 4730	2. 5220

注:全国的转变经济发展方式速度指数并非是省域转变经济发展方式速度指数的平均值。
资料来源:作者运用 Mathematica 软件计算。

根据测算,基本结论如下:

1. 中国转变经济发展方式总体向好。①从各省域及全国转变经济发展方式水平来看,转变水平指数虽然普遍较低,平均值为 7. 83,最大值仅为 11. 80,但总趋势是呈现不断增长的态势。特别是"十二五"规划期间(2011 年起),各省市自治区转变水平指数波动消失,稳步提升;②从各省域及全国转变经济发展方式速度来看,除西藏自治区外,30 个省市自治区速度均为正值,平均转变速度为 2. 26%。全国的整体转变速度呈现加速的态势,年平均增速为 0. 04%。这表明,从 2007 年以来,中国经济发展方式已朝着优化升级方向转变,特别是自 2011 年开始转变加速。由此可见,自 2007 年中共中央提出加快转变经济发展方式战略决策以来,中国政府在应对国际金融危机和转方式调结构的各项政策措施是有效的。

2. 转变经济发展方式水平各省域之间区域差距显著。比如 2014 年,东部地区 11 省市平均水平指数为 9. 90,河北省水平指数最低(8. 11),有 7 个地区水平指数高于 9;中部地区 8 个省平均水平指数为 8. 21,仅有黑龙江省(7. 98)低于 8;西部地区 12 个省市自治区平均指数为 7. 63,仅有重庆市(9. 08)和四川省(8. 40)高于 8。这种显著的差距是区域发展水平不均衡造成的,东部地区经济发展基础好,科技发达,人才聚集,资金充足,对外开放程度高,在转变发展方式中自然起点高,相同的时间内容易达到更高的水平。这也充分说明,转变经济发展方式水平与经济发展水平呈现显著的正相关性。

3. 各省域的转变经济发展方式速度较低,且波动明显。2011—2014 年间,各省域的转变经济发展方式速度普遍较低,最大值出现在 2014 年重庆市(3. 53%),在 31 个地区中有 15 个地区的速度出现较明显波动。这表明中国经济社会进入新常态之后,经济下行压力的持续加大,转变经济发展方式的节奏也会受到不同程度的冲击,进而出现转变速度波动,这也是经济发展适应新常态的必然过程。

4. 西部、中部和东部地区转变经济发展方式平均速度依次递减。从表 6-5 中,可以发现 2011—2014 年间三大地带转变经济发展方式平均速度指数呈现"西部大于中部,中部大于东部"的状况,同时这种差距也呈现出逐渐缩小的趋势。这表明,东部地区虽然经济相对发达,但对传统经济发展方式的依赖程度最强,中部地区次之。西部地区虽然经济相对落后,但在相对较低的发展水平上能更快地转变经济发展方式。这也说明,转变经济发展方式的速度与经济发展的水平呈负相关性(特征明显,暂不做相关性检验)。在一个国家或地区的现代化进程中,经济发展水平越高,转变经济发展方式的难度越大,速度越缓慢。

表 6-5　三大地带转变经济发展方式平均速度指数

年份	2011 年	2012 年	2013 年	2014 年
东部地带 (北京市、天津市、河北省、辽宁省、上海市、江苏省、浙江省、福建省、山东省、广东省、海南省)	2. 0905	2. 1206	2. 2109	2. 2764
中部地带 (山西省、吉林省、黑龙江省、安徽省、江西省、河南省、湖北省、湖南省)	2. 2804	2. 2635	2. 3173	2. 3861
西部地带 (内蒙古自治区、广西壮族自治区、重庆市、四川省、贵州省、云南省、陕西省、甘肃省、青海省、宁夏回族自治区、新疆维吾尔自治区)	2. 1956	2. 2662	2. 3358	2. 3830

注:数据由表 6-4 计算得出,西部地带不包括西藏自治区。

5. 转变经济发展方式五大方向(表 6-6 和表 6-7)。第一,创新方向。中国在转变经济发展方式创新方向起点较低,2007 年水平指数为 4. 5128,但整体保持增长态势,平均速度为 3. 62%。特别是进入"十二五"规划时期,呈现出明显的加速增长,2014 年速度指数已达 4. 0540%。这充分说明,经济进入新常态后,中国经济发展在逐步由要素投入驱动加速向创新驱动转变。第二,协调方向。中国在转变经济发展方式协调方向起点相对较高,2007 年水平指数为 8. 2678,但协调方向转变速度较低,平均速度仅为 0. 98%。这与市场化改革发展路径有直接关系,资本的逐利性决定政府很难在短时间内通过基于市场化的改革解决发展不协调的问题。第三,绿色方向。中国在转变经济发展方式绿色方向起点相对最高,2007 年水平指数为 18. 3707,但是绿色方向平均转变速度并不高(1. 20%),且在持续降低,由 2007 年的 1. 2790% 降至 2014 年的 1. 1590%。“十二五”规划以来,中国在产业结构调整方面虽然做出了巨大成绩,但随着产业转型升级的不断深入,难度也在随之增加,为绿色发展付出的代价逐年递增。第四,开放方向。中国在转变经济发展方式开放方向起点相对最低,2007 年水平指数为 2. 7068,并且 2009—2012 年连续四年均低于 2008 年的水平,这与 2008 年全球金融危机的影响密切相关,通过波动的数据这里不难发现,直到 2014 年中国仍然没有摆脱危机的影响。第五,共享方向。中国在转变经济发展方式共享方向一直稳步提升,水平指数已由 2007 年的 5. 6501,提高到 2014 年的 7. 8067;转变速度也相对最高,平均速度为 5. 3593%。这充分说明,随着经济总量的不断提高,中国在注重效率的同时也在加大向社会公平倾斜,但同时转变速度的减小趋势需要引起重视。

表 6-6　全国转变经济发展方式五大方向水平指数

年份	2007 年	2008 年	2009 年	2010 年	2011 年	2012 年	2013 年	2014 年
创新方向	4. 5128	4. 5717	4. 7749	4. 9798	5. 1906	5. 5138	5. 8618	6. 2567
协调方向	8. 2678	8. 2969	8. 2531	8. 4218	8. 6884	8. 8464	9. 0027	9. 2040
绿色方向	18. 3707	18. 6788	18. 9330	19. 1515	19. 0990	19. 3491	19. 6392	19. 8446
开放方向	2. 7068	2. 8538	2. 7302	2. 8239	2. 8366	2. 6841	2. 8954	2. 8828
共享方向	5. 6501	6. 0823	6. 4017	6. 6398	6. 8408	7. 2158	7. 5583	7. 8067

注:数据由各省域转变经济发展方式五大方向水平数据加权计算得来,各省域数据略。

表 6-7　全国转变经济发展方式五大方向速度指数

年份	2011 年	2012 年	2013 年	2014 年
创新方向	3. 1480	3. 4790	3. 7790	4. 0540
协调方向	0. 7070	0. 9300	1. 0760	1. 1970

续表

年份	2011 年	2012 年	2013 年	2014 年
绿色方向	1. 2790	1. 1990	1. 1760	1. 1590
开放方向	1. 5190	0. 9600	1. 0090	0. 9820
共享方向	5. 6280	5. 4100	5. 2740	5. 1250

资料来源:运用 Mathematica 软件计算。

第七章

人口发展与转变经济发展方式耦合程度

人口发展与转变经济发展方式具有内在的一致性，耦合分析注重二者之间相互作用机制研究，突出适宜性、协调性和一致性，这是我国人口发展与转变经济发展方式以往矛盾所在和将来发展目标所在。

第一节　人口发展与转变经济发展方式耦合的界定

一、人口发展与转变经济发展方式耦合的内涵

耦合原本是物理学术语，指两个或两个以上的体系或运动形式之间通过各种相互作用而彼此影响以至联合起来的现象。从经济学的视阈，一个国家或地区的人口发展和转变经济发展方式是两个相互关联的系统，它们之间、各子系统（指标）之间存在着客观复杂的耦合关系。耦合过程涵盖了协调与综合发展两大内容，即耦合过程是系统自身不断发展，同时又协调、促进的过程。“协调发展”考察时序动态演变过程中系统之间的差异程度，如果两系统的差异程度低，则表明系统之间的相互配合优化程度高。“综合发展”考察系统组合的优势状态，如果综合发展水平

高,则表明系统整体上处于较高的综合优势状态。

通过前文对人口发展与转变经济发展方式内涵的阐释,可以发现,人口发展与转变经济发展方式具有紧密的联系。早在大卫·李嘉图的比较优势理论中就探索了要素结构与经济发展方式之间的关系,即人口结构为转变经济发展方式提供条件,内生地决定着最优的经济发展方式。① 如果按照马克思在《哲学的贫困》中"手推磨产生的是封建主的社会,蒸汽磨产生的是工业资本家的社会"②的逻辑,那么不同的人口发展水平便对应不同的经济发展方式。罗斯托在《经济增长的阶段》中也分析指出:在经济起飞阶段,伴随政治经济体制改革,大量的劳动力从第一产业转移到制造业,经济规模快速扩张,并形成若干经济增长极;在走向成熟阶段,人力资本积累推动的技术创新发明逐渐成为经济增长的动力,经济增长成果惠及大众,收入水平、社会保障、公共基础设施等都会改善,但是,一旦创新不足就会增长乏力;在大众消费阶段,落后产能基本被淘汰,服务业成为主导产业,城市人口和技能型人口占比进一步提高,更多的社会经济资源用于公共服务、社会保障,以及更大程度满足大众的休闲、旅游、教育等需求。③ 从我国的发展实践来看,改革开放以来,我国总体处于起飞阶段,目前正由起飞阶段逐步过渡到成熟阶段,也是我国人口发展与经济发展方式不断由低级向高级的发展过程。由此可见,人口发展与转变经济发展方式具有内在的一致性,在经济学的视阈中,人口发展和经济发展方式转变是两个相互关联的系统,两者之间存在着客观复杂的耦合关系。

---

① 彼罗·斯拉法:《大卫·李嘉图全集:政治经济学及赋税原理》第一卷,商务印书馆 2013 年版,第 69 页。

② 《马克思恩格斯文集》第 1 卷,人民出版社 2009 年版,第 602 页。

③ [美]W.W.罗斯托:《经济管理的阶段》,中国社会科学出版社 2001 年版,第 8—11 页。

二、人口发展与转变经济发展方式的耦合机制

研究人口发展与转变经济发展方式的耦合关系,必须解释两者的耦合机制,即两者是通过什么机制联系彼此。这里分别从人口发展与转变经济发展方式的五个方向的关系来分析人口发展与转变经济发展方式的耦合机制,如图 7-1 所示。

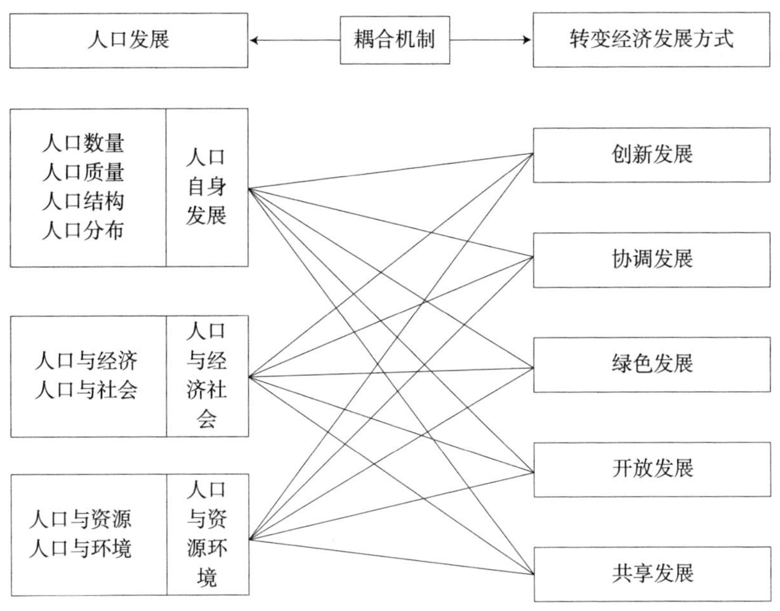

图 7-1　人口发展与转变经济发展方式耦合关系

1. 人口发展与创新发展

约瑟夫·熊彼特(2015)认为,经济发展的核心在于组合创新,通过"革命性、创造性的破坏"过程来推陈出新,使经济发展跃迁到新的轨道。① 全面创新是反映经济发展质量和效益的基点,创新发展是经济发

① ［美］约瑟夫·熊彼特:《经济发展理论》,华夏出版社 2015 年版,第 32—35 页。

展的主攻方向,也是驱动转变经济发展方式的主动力。创新包括理论创新、科技创新、制度创新、组织创新、产品创新、服务创新等,而所有创新都是以人的发展为基础。美国经济学会报告(2006)指出,美国的科技创新就是高素质员工研究、开发新产品并获得丰厚回报的过程。① 创新不仅需要创新型人才,而且需要可以采用和推动创新的人群,新产品需要具有相应知识水平的消费者的使用和推广,因此,作为创新成果的新产品的供给和需求都需要人口素质的支持。人口聚集和城镇化能催生创新发展。波尼松发现,美国 1860—1910 年间 35 座最大城市的人均专利是全国水平的 4. 1 倍。② 卢卡斯(1988)认为,知识溢出的空间地域性促进创新活动集中于城市空间内。③ 国内学者王行东(2017)利用中国省际 2000—2014 年面板数据,对城市化、人口密度与创新产出的关系研究发现:城市化水平与创新呈现出高度显著的正相关关系;在人口密度增长到一定程度后能促进创新产出。④ 左学金、王红霞(2009)对纽约、伦敦、东京等国际大都市的创新经验研究表明:稳定增长的人口规模、高素质的劳动力队伍和能够提供多种服务的产业结构以及开放的市场和人口环境,是大都市得以成功实现创新和保持创新优势的关键因素。⑤ 城镇化和工业化造成了巨大的资源环境压力,倒逼创新发展,通过增强科技自主创新能力,建设国家科技创新体系,化解资源环境制约矛盾,建设资源节约与环境友好型社会。

---

① Fredrik Andersson et al.,"Reaching for the Stars:Who Pays for Talent in Innovative Industries?",*The Economic Journal*,Vol.119,No.538,Features(June 2009),pp.F308-F332.

② A.Pred,"The Spatial Dynamics of US Urban-Industrial Growth,1800-1914",*Progress in Human Geography*,Vol.21,No.3(September 1997),pp.375-379.

③ R.E.Lucas,"On the Mechanics of Economic Development",*Journal of Monetary Economics*,Vol.22,No.1(July 1988),pp.3-42.

④ 王行东:《城市化、人口密度与创新关系研究》,《广东行政学院学报》2017 年第 6 期。

⑤ 左学金、王红霞:《大都市创新与人口发展的国际比较——以纽约、东京、伦敦、上海为案例的研究》,《社会科学》2009 年第 2 期。

2. 人口发展与协调发展

协调是经济发展的重要手段和目标，协调发展是转变经济发展方式、增强发展整体性的关键举措。党的十八届五中全会提出推动区域协调发展、城乡协调发展。区域协调发展的关键是区域经济协调发展，人口素质的普遍提高是促进区域经济协调发展的基本条件。人口迁移对区域经济发展有多种影响。新古典经济学认为人口迁移缩小区域间的劳动力边际生产率，从而缩小地区经济与收入差距，刘易斯、费景汉和拉尼斯、托达罗等提出的经典劳动力流动理论均蕴含着劳动力工资收敛一致的含义。新经济地理学派则认为，劳动力流动促使了"中心"与"外围"之间均衡格局的形成，也就是一系列包括生产、交易和其他经济活动趋向往"中心"区域集聚，伴随劳动力和企业向这些核心区域的转移，外围区域逐步"空心化"，进而形成了劳动力流动，扩大了二者间的地区差距的恶性循环。但是，从我国的经济发展实践来看，如果没有劳动力迁移，可能不会导致明显的区域经济差异，但有可能导致共同贫困，而基于国家整体战略部署（如东部地区优先发展、先富带后富）形成的区域经济联系、产业结构协调等有利于促进区域协调发展。城乡协调发展是为了缩小城乡差距，不断完善人口、就业、公共服务和社会保障等方面社会制度。坚持以人为本的新型城镇化是实现城乡协调发展的根本途径。新型城镇化本质是人的城镇化，这就要求城乡产业间的衔接和互动以及农村劳动力素质的不断提高，解决农村劳动力的就业和收入及由此带来的住房问题，并通过户籍制度改革实现城乡劳动力市场一体化，通过社会保障制度等改革实现城乡公共服务均等化，解决同城待遇和城市融入感问题。

3. 人口发展与绿色发展

绿色发展是实现经济社会可持续发展的重要基础和前提，是转变传统发展方式和发展思路的关键特征。人口发展对绿色发展的影响至少有三个方面：一是人口素质如卫生保健观念、思想观念、文化程度等对绿色发展的影响。如果人们绿色生产、生活的意识观念淡薄，绿色发展理念的贯彻执行就会大打折扣，如果文化素质提升缓慢，则促进绿色发展的科技创新、推广和使用就会遇到障碍。① 二是人口数量增长和收入水平提高对绿色发展的影响。我国近年虽然人口数量增长减缓，但我国巨大的人口基数依然对资源环境带来很大压力。收入水平的提高一方面增加对良好资源环境的需求，另一方面通过消费水平的提高增加对资源环境的消耗。吴文恒、牛叔文（2009）指出，由于收入水平提高，2005 年单位人口对资源环境的压力相当于 20 世纪 50 年代 6—7 倍；1980 年以前人口数量增长是影响资源环境的主导因素，1980 年以来则是消费水平提高。② 三是城镇化对绿色发展的影响具有阶段性。传统的城镇化模式使资源环境的承载能力接近阈值，严重制约了城市的可持续发展，而新型城镇化则要逐渐实现城市发展的资源节约、环境友好与生态文明，提高城镇化质量，这与绿色发展的核心理念内在一致。蔡宁等（2014）通过对 2007—2011 年我国省域城镇化和绿色发展的进程研究发现，我国城镇化进程中的绿色发展正处于转型升级的关键时期，大部分地区基本实现基于绿色发展的新型城镇化。③

4. 人口发展与开放发展

坚持开放发展是中国取得巨大经济成就的法宝之一，也是转变经济发展方式的突破口之一。随着外向型发展、加入世界贸易组织（WTO）、建设自由贸易试验区、“一带一路”倡议等开放发展战略深入推进，中国经济发展已经深度融入世界经济，也给中国人口发展带来了诸多影响。人口红利带来充足的劳动力和低劳动力成本推动了我国出口导向型发展的迅速扩张，但是以劳动密集型的出口导向型产业结构不利于我国全球

---

① 杜熙：《农村绿色发展与生态文明建设中的人口素质——基于困境与策略的探讨》，《理论月刊》2018 年第 2 期。

② 吴文恒、牛叔文：《人口数量与消费水平对资源环境的影响研究》，《中国人口科学》2009 年第 2 期。

③ 蔡宁等：《中国绿色发展与新型城镇化——基于 SBM—DDF 模型的双维度研究》，《北京师范大学学报（社会科学版）》2014 年第 5 期。

价值链的提升。同时,随着我国人力资本积累和技术水平的提高,我国的贸易水平不断扩大,贸易结构不断优化,贸易开放广度和深度也不断扩展。对外贸易对我国人力资本积累的影响具有明显的地域性,对于经济较为发达的沿海地区,贸易促进了其人力资本的积累;但对于经济发展水平相对较低的内陆地区,贸易并未促进其人力资本的积累。① 开放发展从整体收入水平和收入差距两方面影响了我国居民收入。就总体而言,贸易开放提升了我国整体收入水平,但贸易开放对高技能劳动力的影响大于对低技能劳动力的影响,对外资企业职工收入的影响大于对其他企业类型职工收入的影响,对资本报酬者的影响大于对劳动报酬者的影响。② "一带一路"倡议有利于促进城镇化趋向全面均衡发展。改革开放以来,中国东部沿海地区的城镇化水平和质量高于中西部地区,这也是中国区域发展不协调的一大表现。国家新型城镇化规划中提出要引导约1亿人在中西部就近城镇化,而"一带一路"建设将进一步加快中西部地区城镇化,将有利于激活中西部地区经济发展动力和市场空间,推动中国人口发展和城镇化更加协调发展。

5. 人口发展与共享发展

共享发展是转变经济发展方式的出发点和落脚点,就是要实现"发展为了人民,发展依靠人民,发展成果由人民共享"③,满足人民对物质、精神、文化的需要。人口发展是在一定的发展环境中,实现人口自身的不断发展、人口与经济社会关系的不断进步、人口与资源环境关系的不断融洽,如人力资本不断积累,收入水平不断提高,基本公共服务和社会保障不断完善等。因此,人口发展与共享发展具有内在的一致性。共享发展

---

① 陈利锋:《对外贸易与中国人力资本的积累:来自省级面板的证据》,《社科纵横》2014年第3期。

② 李磊等:《贸易开放对城镇居民收入及分配的影响》,《经济学(季刊)》2012年第1期。

③ 《习近平关于全面建成小康社会论述摘编》,中央文献出版社2016年版,第42页。

要分好蛋糕，首先要做大蛋糕。先进的生产力是实现共享发展的物质基础，而人的发展是提高生产力水平的根本动力，也就是说，发展要依靠人民，只有社会生产能力不断提高，才能实现高质量的共享发展。发展的成果惠及人民，又将促进人口发展。“共享发展”理念是继“邓小平理论之‘共同富裕’”“‘三个代表’之‘代表最广大人民群众的根本利益’”“科学发展观之‘以人为本’”之后，再次把人的发展提到更高层面。国家“十三五”规划从宏观和微观两个层面规划了共享发展。在宏观方面，包括增加公共服务供给问题，又包括教育、医疗健康、社会保障、收入差距、反贫困等多个方面；在微观层面，明确提到“推行终身职业技能培训”“建立和谐劳动关系”“推行企业工资集体协商制度”“完善最低工资增长机制”“提高劳动生产率”等内容。宏观和微观两个层面都将使全体人民在共建共享发展中有更多获得感，保障全体人民共同迈入全面小康社会。

第二节　人口发展与转变经济发展方式耦合测度模型

人口发展与转变经济发展方式之间的耦合关系客观存在，如何度量两者之间的耦合程度是重点任务。根据已有研究成果①，多个系统或要素间的耦合测度模型包括耦合度模型和耦合协调度模型。

一、耦合度模型

根据物理学中的容量耦合系数计算公式②，这里可将多个系统或要

① 刘耀彬等：《中国城市化与生态环境耦合度分析》，《自然资源学报》2005年第1期。

② Valerie Illingworth, *The Penguin Dictionary of Physics*, Beijing: Foreign Language Press, 1996, pp.92-93.

素相互影响而形成的耦合度表示为

$$c_n = \{(u_1 g u_2 g L g u_n) / [\prod_{i \neq j}^{n} (u_i + u_j)]\}^{1/n}, \qquad \text{公式 7-1}$$

其中，n 为测度系统或要素的数量；$u_i(i = 1,2,\cdots,n)$ 为各子系统或要素对总体系统作用(影响)的贡献，对于子系统而言，u_i 由其系统内的分子系统或要素决定。显然，耦合度是一个客观存在的实数。c_n 的数值不仅仅依赖于 u_i，还受到 u_i 的选取和测评的方法的制约。

为了分析对比方便，根据公式 7-1，这里将人口发展和转变经济发展方式两个系统间的耦合测度表示为

$$c_2 = \frac{2\sqrt{u_1 g u_2}}{u_1 + u_2},\ c_2 \in [0,1] \qquad \text{公式 7-2}$$

$$u_1 = f(U_1),\ u_1 \in [0,1] \qquad \text{公式 7-3}$$

$$u_2 = g(U_2),\ u_2 \in [0,1] \qquad \text{公式 7-4}$$

公式 7-2 至公式 7-4 组成了人口发展和转变经济发展方式耦合度模型。其中，u_1 为人口发展质量指数，U_1 为人口发展质量评价指标体系(集合)，f 为人口发展质量评价法则(包括指标权重及赋权的方法)；u_2 为转变经济发展方式指数，U_2 为转变经济发展方式评价指标体系(集合)，g 为转变经济发展评价发展(包括指标权重及赋权的方法)。

当 $c_2 = 1$ 时，人口发展与转变经济发展方式的耦合度最大，这表明两个系统之间达到了良性共振耦合；当 $c_2 = 0$ 时，人口发展与转变经济发展方式的耦合度最小，这表明两个系统之间处于独立的无关联状态。一般地，$0 < c_2 < 1$，即人口发展与转变经济发展方式存在一定的耦合关系，但两者很难达到同序发展的程度。

二、耦合协调度模型

耦合度仅仅从一个侧面反映两个系统之间的相互关系，但还不够全

面协调。特别是对于人口发展和转变经济发展方式具有很大的区域关联性,在各自评价指标构建的过程中也难免出现冲突或不协调。因此,还需要测度人口发展和转变经济发展方式之间交互耦合的协调程度。

$t_2 = \alpha g u_1 + \beta g u_2$, 公式 7-5

$d = \sqrt{c_2 g t_2}$, 公式 7-6

其中, t_2 为人口发展和转变经济发展方式综合调和指数,且 $t_2 \in [0, 1]$; α、β 为待定的权重系数,分别表示人口发展和转变经济发展方式贡献份额,且 $\alpha + \beta = 1$; d 为人口发展和转变经济发展方式耦合协调度,且 $d \in [0,1]$ 。借鉴已有研究①②,这里将耦合协调度进行分类,见表 7-1。

表 7-1 耦合度协调类型划分

d 值	类型	u_1、u_2 值	子类型
0.00—0.09 0.10—0.19	极度失调 严重失调	$u_1 - u_2 > 0.2$	转变经济发展方式受阻
		$u_2 - u_1 > 0.2$	人口发展受阻
		$\lvert u_1 - u_2 \rvert \in [0,0.2]$	严重共损
0.20—0.29 0.30—0.39	中度失调 轻度失调	$u_1 - u_2 > 0.2$	转变经济发展方式受阻
		$u_2 - u_1 > 0.2$	人口发展受阻
		$\lvert u_1 - u_2 \rvert \in [0,0.2]$	轻度共损
0.40—0.49 0.50—0.59	濒临失调 勉强协调	$u_1 - u_2 > 0.2$	转变经济发展方式缓慢
		$u_2 - u_1 > 0.2$	人口发展缓慢
		$\lvert u_1 - u_2 \rvert \in [0,0.2]$	初级同步
0.60—0.69 0.70—0.79	初级协调 中级协调	$u_1 - u_2 > 0.2$	转变经济发展方式滞后
		$u_2 - u_1 > 0.2$	人口发展滞后
		$\lvert u_1 - u_2 \rvert \in [0,0.2]$	中级同步

① 逯进、周惠民:《中国省域人力资本与经济增长耦合关系的实证分析》,《数量经济技术经济研究》2013 年第 9 期。

② 王少剑等:《京津冀地区城市化与生态环境交互耦合关系定量测度》,《生态学报》2015 年第 7 期。

续表

d 值	类型	u_1、u_2 值	子类型
0.80—0.89 0.90—1.00	良好协调 优质协调	$u_1 - u_2 > 0.2$	转变经济发展方式滞后
		$u_2 - u_1 > 0.2$	人口发展滞后
		$\vert u_1 - u_2 \vert \in [0,0.2]$	高级共利

资料来源:作者设计。

第三节　省域间人口发展与转变经济发展方式耦合的时空分析

根据前文对人口发展质量与转变经济发展方式耦合内涵的介绍及测度模型的构建,这里在计算人口发展质量和转变经济发展方式水平综合评价指数的基础上,进行中国省域的人口发展质量与转变经济发展方式耦合时空分析(2007—2015 年)。之所以选择省域为对象,主要原因有二:一是中国省域是比较独立的经济和社会发展单元主体,人口发展和经济发展政策有着相对的完整性;二是数据获取比较充分可信。因而以省域为对象进行耦合研究更具有可操作性和现实意义。

一、人口发展质量与转变经济发展方式综合评价指数

第四章构建了中国人口发展质量综合评价模型,在此基础上,这里重点收集并整理 2007—2015 年的省域指标数据,并计算相应的人口发展质量指数,见表 7-2。第六章构建了中国转变经济发展方式水平和速度评价模型,这里直接引用其中的水平指数,见表 7-3。

表 7-2　中国省域人口发展质量评价指数

地区＼年份	2007 年	2008 年	2009 年	2010 年	2011 年	2012 年	2013 年	2014 年	2015 年
北京市	0. 507	0. 537	0. 569	0. 591	0. 614	0. 631	0. 668	0. 685	0. 707
天津市	0. 383	0. 417	0. 441	0. 488	0. 496	0. 511	0. 533	0. 537	0. 556
河北省	0. 288	0. 311	0. 338	0. 364	0. 386	0. 393	0. 412	0. 421	0. 438
山西省	0. 289	0. 311	0. 332	0. 352	0. 370	0. 385	0. 404	0. 408	0. 423
内蒙古自治区	0. 305	0. 324	0. 352	0. 377	0. 394	0. 415	0. 443	0. 456	0. 475
辽宁省	0. 320	0. 342	0. 369	0. 398	0. 411	0. 428	0. 451	0. 461	0. 478
吉林省	0. 324	0. 337	0. 364	0. 385	0. 398	0. 412	0. 431	0. 438	0. 453
黑龙江省	0. 315	0. 333	0. 362	0. 384	0. 396	0. 410	0. 421	0. 427	0. 441
上海市	0. 423	0. 461	0. 490	0. 508	0. 534	0. 535	0. 531	0. 550	0. 566
江苏省	0. 365	0. 389	0. 417	0. 454	0. 492	0. 526	0. 531	0. 542	0. 564
浙江省	0. 377	0. 409	0. 446	0. 480	0. 507	0. 551	0. 586	0. 607	0. 635
安徽省	0. 275	0. 296	0. 318	0. 341	0. 369	0. 392	0. 406	0. 416	0. 434
福建省	0. 319	0. 357	0. 386	0. 413	0. 434	0. 450	0. 481	0. 494	0. 516
江西省	0. 295	0. 314	0. 333	0. 355	0. 375	0. 385	0. 402	0. 412	0. 427
山东省	0. 335	0. 360	0. 386	0. 412	0. 429	0. 446	0. 469	0. 482	0. 501
河南省	0. 292	0. 304	0. 325	0. 342	0. 363	0. 373	0. 390	0. 405	0. 420
湖北省	0. 309	0. 328	0. 357	0. 384	0. 402	0. 413	0. 434	0. 447	0. 464
湖南省	0. 287	0. 307	0. 330	0. 348	0. 361	0. 377	0. 391	0. 406	0. 421
广东省	0. 365	0. 407	0. 434	0. 460	0. 508	0. 533	0. 554	0. 583	0. 610
广西壮族自治区	0. 260	0. 273	0. 296	0. 318	0. 343	0. 353	0. 375	0. 385	0. 400
海南省	0. 300	0. 316	0. 336	0. 359	0. 382	0. 401	0. 414	0. 429	0. 445
重庆市	0. 288	0. 317	0. 346	0. 373	0. 419	0. 437	0. 467	0. 483	0. 508
四川省	0. 277	0. 289	0. 315	0. 340	0. 363	0. 389	0. 397	0. 406	0. 422
贵州省	0. 212	0. 227	0. 244	0. 265	0. 288	0. 301	0. 338	0. 354	0. 372
云南省	0. 239	0. 257	0. 279	0. 295	0. 309	0. 324	0. 346	0. 353	0. 367
西藏自治区	0. 288	0. 291	0. 313	0. 325	0. 357	0. 349	0. 368	0. 381	0. 393
陕西省	0. 293	0. 320	0. 348	0. 377	0. 396	0. 415	0. 434	0. 450	0. 469

续表

地区＼年份	2007 年	2008 年	2009 年	2010 年	2011 年	2012 年	2013 年	2014 年	2015 年
甘肃省	0. 251	0. 267	0. 286	0. 307	0. 332	0. 343	0. 363	0. 381	0. 397
青海省	0. 264	0. 285	0. 301	0. 317	0. 328	0. 346	0. 365	0. 378	0. 393
宁夏回族自治区	0. 258	0. 282	0. 314	0. 336	0. 353	0. 395	0. 421	0. 435	0. 458
新疆维吾尔自治区	0. 278	0. 302	0. 320	0. 339	0. 351	0. 357	0. 372	0. 379	0. 391
全国	0. 309	0. 332	0. 358	0. 383	0. 407	0. 425	0. 444	0. 458	0. 476

资料来源:作者计算。

表 7-3　中国省域转变经济发展方式水平评价指数

地区＼年份	2007 年	2008 年	2009 年	2010 年	2011 年	2012 年	2013 年	2014 年	2015 年
北京市	0. 096	0. 099	0. 101	0. 104	0. 107	0. 109	0. 114	0. 118	0. 121
天津市	0. 084	0. 085	0. 083	0. 084	0. 086	0. 087	0. 091	0. 094	0. 095
河北省	0. 070	0. 071	0. 072	0. 074	0. 074	0. 076	0. 079	0. 081	0. 082
山西省	0. 067	0. 069	0. 070	0. 070	0. 072	0. 074	0. 078	0. 080	0. 082
内蒙古自治区	0. 064	0. 065	0. 068	0. 070	0. 071	0. 073	0. 075	0. 078	0. 079
辽宁省	0. 072	0. 074	0. 076	0. 078	0. 078	0. 080	0. 082	0. 084	0. 085
吉林省	0. 067	0. 069	0. 072	0. 074	0. 076	0. 077	0. 079	0. 080	0. 082
黑龙江省	0. 067	0. 069	0. 072	0. 073	0. 073	0. 075	0. 077	0. 080	0. 081
上海市	0. 101	0. 103	0. 109	0. 110	0. 112	0. 113	0. 115	0. 117	0. 119
江苏省	0. 092	0. 094	0. 095	0. 101	0. 105	0. 109	0. 112	0. 115	0. 118
浙江省	0. 083	0. 085	0. 086	0. 090	0. 091	0. 094	0. 099	0. 101	0. 104
安徽省	0. 069	0. 070	0. 071	0. 073	0. 075	0. 077	0. 079	0. 081	0. 083
福建省	0. 075	0. 077	0. 078	0. 079	0. 081	0. 083	0. 085	0. 086	0. 087
江西省	0. 070	0. 071	0. 072	0. 073	0. 074	0. 076	0. 079	0. 082	0. 083
山东省	0. 080	0. 082	0. 083	0. 085	0. 086	0. 089	0. 093	0. 096	0. 098
河南省	0. 069	0. 072	0. 073	0. 074	0. 076	0. 078	0. 081	0. 085	0. 086

续表

地区 \ 年份	2007 年	2008 年	2009 年	2010 年	2011 年	2012 年	2013 年	2014 年	2015 年
湖北省	0.070	0.072	0.073	0.074	0.075	0.077	0.080	0.085	0.086
湖南省	0.070	0.071	0.075	0.076	0.076	0.079	0.081	0.084	0.086
广东省	0.095	0.097	0.097	0.101	0.104	0.107	0.112	0.115	0.117
广西壮族自治区	0.067	0.068	0.070	0.070	0.071	0.073	0.075	0.077	0.078
海南省	0.069	0.072	0.072	0.072	0.074	0.076	0.079	0.082	0.083
重庆市	0.070	0.071	0.073	0.076	0.078	0.084	0.087	0.091	0.093
四川省	0.071	0.076	0.076	0.076	0.078	0.079	0.081	0.084	0.086
贵州省	0.061	0.061	0.064	0.066	0.068	0.071	0.073	0.074	0.075
云南省	0.065	0.067	0.068	0.069	0.070	0.071	0.072	0.073	0.074
西藏自治区	0.067	0.065	0.067	0.065	0.065	0.066	0.069	0.070	0.071
陕西省	0.065	0.067	0.070	0.071	0.072	0.075	0.077	0.079	0.081
甘肃省	0.061	0.063	0.064	0.065	0.065	0.068	0.070	0.072	0.073
青海省	0.057	0.057	0.059	0.060	0.063	0.067	0.068	0.071	0.072
宁夏回族自治区	0.060	0.063	0.063	0.064	0.066	0.070	0.073	0.075	0.076
新疆维吾尔自治区	0.062	0.063	0.066	0.067	0.067	0.069	0.071	0.072	0.074
全国	0.074	0.076	0.078	0.080	0.081	0.083	0.086	0.089	0.091

资料来源:第六章。

二、人口发展质量与转变经济发展方式的耦合协调度

根据人口发展与转变经济发展方式的耦合模型与耦合协调度模型,以及对中国省域人口发展质量评价指数和转变经济发展方式水平评价指数,计算出人口发展与转变经济发展方式的耦合协调度,见表 7-4。转变经济发展方式相对比人口发展质量的范围更广,这里在评价指标的设定

上就充分体现了这一客观要求，其中人口发展质量评价指标体系共有38个指标，转变经济发展方式评价指标体系有57个指标。因此，我们取$\alpha = 0.4$，$\beta = 0.6$来表征人口发展和转变经济发展方式贡献份额。

表7-4　中国省域人口发展与转变经济发展方式的耦合协调度

地区＼年份	2007年	2008年	2009年	2010年	2011年	2012年	2013年	2014年	2015年
北京市	0.436	0.446	0.454	0.462	0.469	0.475	0.487	0.494	0.501
天津市	0.396	0.404	0.406	0.417	0.421	0.425	0.435	0.439	0.444
河北省	0.353	0.361	0.369	0.377	0.382	0.387	0.395	0.400	0.404
山西省	0.349	0.357	0.364	0.369	0.376	0.382	0.392	0.395	0.401
内蒙古自治区	0.349	0.355	0.366	0.374	0.379	0.387	0.395	0.402	0.407
辽宁省	0.364	0.372	0.381	0.390	0.393	0.400	0.407	0.412	0.417
吉林省	0.358	0.364	0.374	0.382	0.388	0.392	0.399	0.402	0.407
黑龙江省	0.356	0.363	0.374	0.380	0.383	0.389	0.394	0.399	0.404
上海市	0.426	0.436	0.449	0.454	0.461	0.463	0.464	0.470	0.475
江苏省	0.402	0.410	0.417	0.432	0.445	0.456	0.460	0.466	0.474
浙江省	0.393	0.402	0.412	0.424	0.430	0.442	0.455	0.461	0.469
安徽省	0.348	0.355	0.362	0.371	0.380	0.388	0.394	0.399	0.405
福建省	0.368	0.380	0.388	0.395	0.402	0.408	0.417	0.421	0.426
江西省	0.355	0.361	0.367	0.374	0.380	0.385	0.393	0.399	0.404
山东省	0.379	0.387	0.395	0.403	0.408	0.416	0.425	0.432	0.438
河南省	0.353	0.360	0.367	0.372	0.380	0.385	0.393	0.402	0.406
湖北省	0.358	0.366	0.374	0.382	0.387	0.392	0.401	0.410	0.415
湖南省	0.353	0.360	0.371	0.377	0.380	0.387	0.393	0.401	0.406
广东省	0.405	0.417	0.423	0.434	0.447	0.455	0.465	0.473	0.481
广西壮族自治区	0.341	0.346	0.355	0.361	0.368	0.373	0.381	0.386	0.391
海南省	0.355	0.363	0.368	0.373	0.381	0.388	0.395	0.403	0.407
重庆市	0.353	0.362	0.372	0.382	0.395	0.407	0.417	0.426	0.433
四川省	0.352	0.362	0.368	0.375	0.383	0.390	0.395	0.400	0.407

续表

年份 地区	2007 年	2008 年	2009 年	2010 年	2011 年	2012 年	2013 年	2014 年	2015 年
贵州省	0.318	0.323	0.332	0.341	0.350	0.358	0.370	0.375	0.381
云南省	0.332	0.340	0.348	0.354	0.359	0.364	0.370	0.373	0.378
西藏自治区	0.349	0.347	0.355	0.355	0.362	0.362	0.371	0.375	0.379
陕西省	0.347	0.357	0.368	0.376	0.381	0.390	0.397	0.403	0.409
甘肃省	0.330	0.337	0.344	0.351	0.357	0.364	0.371	0.378	0.383
青海省	0.327	0.332	0.340	0.345	0.352	0.363	0.369	0.376	0.381
宁夏回族自治区	0.330	0.341	0.349	0.356	0.363	0.378	0.388	0.394	0.400
新疆维吾尔自治区	0.338	0.346	0.355	0.361	0.364	0.369	0.375	0.378	0.383
全国	0.364	0.373	0.381	0.389	0.397	0.404	0.412	0.418	0.424

资料来源：作者计算。

结合耦合协调度和耦合度协调类型划分，我国省域人口发展与转变经济发展方式的耦合度协调类型如表 7-5 所示。

表 7-5　中国省域人口发展与转变经济发展方式的耦合度协调类型

<table>
<tr><th>年份
地区</th><th>2007 年</th><th>2008 年</th><th>2009 年</th><th>2010 年</th><th>2011 年</th><th>2012 年</th><th>2013 年</th><th>2014 年</th><th>2015 年</th></tr>
<tr><td>北京市</td><td colspan="8">濒临失调—转变经济发展方式缓慢</td><td>勉强协调—转变缓慢</td></tr>
<tr><td>天津市</td><td>轻度失调—转变受阻</td><td colspan="8">濒临失调—转变经济发展方式缓慢</td></tr>
<tr><td>河北省</td><td colspan="8">轻度失调—转变经济发展方式受阻</td><td>濒临失调—转变缓慢</td></tr>
<tr><td>山西省</td><td colspan="8">轻度失调—转变经济发展方式受阻</td><td>濒临失调—转变缓慢</td></tr>
</table>

续表

<table>
<tr><th>年份
地区</th><th>2007 年</th><th>2008 年</th><th>2009 年</th><th>2010 年</th><th>2011 年</th><th>2012 年</th><th>2013 年</th><th>2014 年</th><th>2015 年</th></tr>
<tr><td>内蒙古自治区</td><td colspan="7">轻度失调—转变经济发展方式受阻</td><td colspan="2">濒临失调—转变缓慢</td></tr>
<tr><td>辽宁省</td><td colspan="6">轻度失调—转变经济发展方式受阻</td><td colspan="3">濒临失调—转变缓慢</td></tr>
<tr><td>吉林省</td><td colspan="7">轻度失调—转变经济发展方式受阻</td><td colspan="2">濒临失调—转变缓慢</td></tr>
<tr><td>黑龙江省</td><td colspan="8">轻度失调—转变经济发展方式受阻</td><td>濒临失调—转变缓慢</td></tr>
<tr><td>上海市</td><td colspan="9">濒临失调—转变经济发展方式缓慢</td></tr>
<tr><td>江苏省</td><td colspan="9">濒临失调—转变经济发展方式缓慢</td></tr>
<tr><td>浙江省</td><td>轻度失调—转变受阻</td><td colspan="8">濒临失调—转变经济发展方式缓慢</td></tr>
<tr><td>安徽省</td><td colspan="8">轻度失调—转变经济发展方式受阻</td><td>濒临失调—转变缓慢</td></tr>
<tr><td>福建省</td><td colspan="4">轻度失调—转变经济发展方式受阻</td><td colspan="5">濒临失调—转变经济发展方式缓慢</td></tr>
<tr><td>江西省</td><td colspan="8">轻度失调—转变经济发展方式受阻</td><td>濒临失调—转变缓慢</td></tr>
<tr><td>山东省</td><td colspan="3">轻度失调—转变受阻</td><td colspan="6">濒临失调—转变经济发展方式缓慢</td></tr>
<tr><td>河南省</td><td colspan="7">轻度失调—转变经济发展方式受阻</td><td colspan="2">濒临失调—转变缓慢</td></tr>
<tr><td>湖北省</td><td colspan="6">轻度失调—转变经济发展方式受阻</td><td colspan="3">濒临失调—转变缓慢</td></tr>
<tr><td>湖南省</td><td colspan="7">轻度失调—转变经济发展方式受阻</td><td colspan="2">濒临失调—转变缓慢</td></tr>
<tr><td>广东省</td><td colspan="9">濒临失调—转变经济发展方式缓慢</td></tr>
<tr><td>广西壮族自治区</td><td>轻度失调—轻度共损</td><td colspan="8">轻度失调—转变经济发展方式受阻</td></tr>
<tr><td>海南省</td><td colspan="7">轻度失调—转变经济发展方式受阻</td><td colspan="2">濒临失调—转变缓慢</td></tr>
</table>

续表

<table>
<tr><th>年份
地区</th><th>2007 年</th><th>2008 年</th><th>2009 年</th><th>2010 年</th><th>2011 年</th><th>2012 年</th><th>2013 年</th><th>2014 年</th><th>2015 年</th></tr>
<tr><td>重庆市</td><td colspan="5">轻度失调—转变经济发展方式受阻</td><td colspan="4">濒临失调—转变缓慢</td></tr>
<tr><td>四川省</td><td colspan="7">轻度失调—转变经济发展方式受阻</td><td colspan="2">濒临失调—转变缓慢</td></tr>
<tr><td>贵州省</td><td colspan="4">轻度失调—轻度共损</td><td colspan="5">轻度失调—转变经济发展方式受阻</td></tr>
<tr><td>云南省</td><td colspan="2">轻度失调—轻度共损</td><td colspan="7">轻度失调—转变经济发展方式受阻</td></tr>
<tr><td>西藏自治区</td><td colspan="9">轻度失调—转变经济发展方式受阻</td></tr>
<tr><td>陕西省</td><td colspan="7">轻度失调—转变经济发展方式受阻</td><td colspan="2">濒临失调—转变缓慢</td></tr>
<tr><td>甘肃省</td><td>轻度失调—轻度共损</td><td colspan="8">轻度失调—转变经济发展方式受阻</td></tr>
<tr><td>青海省</td><td colspan="9">轻度失调—转变经济发展方式受阻</td></tr>
<tr><td>宁夏回族自治区</td><td>轻度失调—轻度共损</td><td colspan="8">轻度失调—转变经济发展方式受阻</td></tr>
<tr><td>新疆维吾尔自治区</td><td colspan="9">轻度失调—转变经济发展方式受阻</td></tr>
<tr><td>全国</td><td colspan="5">轻度失调—转变经济发展方式受阻</td><td colspan="4">濒临失调—转变缓慢</td></tr>
</table>

注:由表 7-5 可知,人口发展与转变经济发展方式的耦合度协调类型。

资料来源:作者设计。

三、人口发展与转变经济发展方式耦合程度的特点

通过对中国省域 2007—2015 年人口发展质量和转变经济发展方式耦合协调度的计算(表 7-4),以及对其类型的划分(表 7-5),人口发展与转变经济发展方式的耦合协调度至少呈现以下四方面的特点。

1. 人口发展与转变经济发展方式的耦合协调度普遍不高

通过测评模型计算分析不难发现,2007—2015 年中国各省域的人口发展和转变经济发展方式大多数处于轻度失调和濒临失调的状态。其中,最高值出现在 2015 年的北京市,为 0.501,刚刚进入勉强协调的下限;最小值为 2007 年的贵州省,为 0.318,为轻度失调;从全国来看,由 2007 年的 0.364 增至 2015 年的 0.424,从轻度失调改善为濒临失调,但平均值为 0.396,仍属于轻度失调状态。结合表 7-2 和表 7-3,不难发现,中国人口发展与转变经济发展方式的耦合协调度偏低的主要原因在于人口发展质量和转变经济发展方式指数差别较大,这其中主要表现为转变经济发展方式的指数相对较低。造成这种现状的主要原因在于中国目前转变经济发展方式仍处于起步阶段。相对于人口的发展,转变经济发展方式涉及的因素更多,对于一个刚刚发展起来的国家来说难度更大。

2. 人口发展与转变经济发展方式的耦合协调度变化率普遍较低

2007—2015 年中国各省(自治区、直辖市)的人口发展与转变经济发展方式的耦合协调度均在缓慢增长,其中平均变化率最高的重庆市仅有 0.01,最低的西藏自治区为 0.00375,全国平均变化率为 0.0075。从表 7-2 和表 7-3 可以看出,人口发展质量指数和转变经济发展方式水平指数的变化率均相对较低,且转变经济发展方式水平指数的变化率(平均约为 0.0021)又远低于人口发展质量指数的变化率(平均约为 0.021)。根据测评模型可知,人口发展与转变经济发展方式耦合协调度变化率较低的主要原因在于两者的变化率较低,特别是转变经济发展方式缓慢所致。

3. 人口发展与转变经济发展方式的耦合协调度与经济发展水平正相关

经济比较发达的北京市、广东省、上海市、江苏省、浙江省等地区人口发展与转变经济发展方式的耦合协调度相对较高。比如,2015 年北京市耦合协调度已达 0.501,基本达到了勉强协调的层次;相应地,经济相对落后的西部地区人口发展与转变经济发展方式的耦合协调度较低。比如,2015 年云南省和西藏自治区的耦合协调度分别为 0. 378 和 0. 379,均低于 2007 年北京市(0. 436)、上海市(0. 426)、广东省(0. 405)、江苏省(0. 402)、天津市(0. 396)和浙江省(0. 393)的耦合协调度。事实上,经济发展是人口发展和经济发展方式转变的基础,经济发达的东部省市其人口发展质量和转变经济发展方式指数都相对较高。

4. 转变经济发展方式相对受阻或缓慢

通过分析,我们不难发现人口发展和转变经济发展方式耦合协调度及其变化率均不高,主要是因为转变经济发展方式水平指数相对更低。从表 7-5 可知,各省(自治区、直辖市)人口发展和转变经济发展方式耦合协调类型多数为“轻度失调”,仅有北京市、上海市、江苏省和广东省为濒临失调或勉强协调。其中,转变经济发展方式均处于受阻或缓慢的状况,这是当前中国经济社会发展一种普遍的现象。在第四章中,我们已经分析了转变经济发展方式水平指数不高的原因。事实上,从转变经济发展方式评价模型来看,人口发展仅仅是其影响因素的一个子集,经济发展方式的转变必然伴随着人口质量的提升,但人口质量的发展速率与转变经济发展方式水平的提升速率并不同步。

第四节　人口发展分指标与转变经济发展方式的耦合时空分析

本书第四章设定人口发展质量评价指标体系由三个一级指标构成,即人口自身发展、人口与经济社会发展和人口与资源环境发展。据此继续分析人口发展分指标与转变经济发展方式综合评价指数的耦合。

一、人口发展分指标指数

运用中国人口发展质量综合评价模型,根据收集整理的2007—2015年省域指标数据,分别计算出相应的人口发展分指标指数。其中,人口自身发展指数见表7-6;人口与经济社会发展指数见表7-7;人口与资源环境发展指数见表7-8。

表7-6　人口自身发展指数

地区＼年份	2007年	2008年	2009年	2010年	2011年	2012年	2013年	2014年	2015年
北京市	0.735	0.741	0.740	0.741	0.726	0.736	0.745	0.722	0.720
天津市	0.639	0.639	0.658	0.705	0.646	0.645	0.638	0.631	0.630
河北省	0.568	0.569	0.577	0.576	0.604	0.588	0.597	0.588	0.590
山西省	0.579	0.583	0.592	0.600	0.604	0.610	0.618	0.606	0.610
内蒙古自治区	0.548	0.565	0.576	0.589	0.568	0.585	0.596	0.577	0.581
辽宁省	0.557	0.557	0.563	0.574	0.561	0.574	0.586	0.582	0.585
吉林省	0.579	0.571	0.576	0.586	0.585	0.583	0.590	0.583	0.584
黑龙江省	0.567	0.565	0.571	0.582	0.571	0.580	0.578	0.566	0.565
上海市	0.548	0.550	0.564	0.570	0.588	0.584	0.553	0.561	0.563
江苏省	0.591	0.596	0.591	0.599	0.602	0.597	0.591	0.600	0.601
浙江省	0.611	0.611	0.620	0.630	0.626	0.639	0.653	0.663	0.670
安徽省	0.520	0.533	0.541	0.547	0.565	0.585	0.569	0.563	0.568
福建省	0.560	0.568	0.591	0.613	0.607	0.600	0.638	0.638	0.648
江西省	0.543	0.543	0.553	0.568	0.598	0.581	0.594	0.594	0.601
山东省	0.593	0.592	0.596	0.604	0.599	0.601	0.610	0.596	0.596
河南省	0.560	0.557	0.559	0.560	0.594	0.572	0.570	0.576	0.579
湖北省	0.597	0.594	0.612	0.635	0.639	0.631	0.633	0.628	0.632
湖南省	0.577	0.583	0.577	0.575	0.576	0.573	0.574	0.570	0.569

续表

地区＼年份	2007 年	2008 年	2009 年	2010 年	2011 年	2012 年	2013 年	2014 年	2015 年
广东省	0. 578	0. 587	0. 604	0. 619	0. 652	0. 639	0. 641	0. 674	0. 686
广西壮族自治区	0. 518	0. 516	0. 518	0. 524	0. 551	0. 539	0. 554	0. 553	0. 557
海南省	0. 562	0. 563	0. 572	0. 584	0. 587	0. 617	0. 609	0. 626	0. 634
重庆市	0. 565	0. 563	0. 571	0. 579	0. 598	0. 586	0. 601	0. 611	0. 617
四川省	0. 526	0. 535	0. 540	0. 546	0. 564	0. 595	0. 566	0. 555	0. 559
贵州省	0. 424	0. 429	0. 428	0. 433	0. 492	0. 476	0. 493	0. 488	0. 496
云南省	0. 457	0. 474	0. 479	0. 482	0. 477	0. 496	0. 505	0. 496	0. 501
西藏自治区	0. 339	0. 340	0. 322	0. 342	0. 367	0. 337	0. 351	0. 342	0. 343
陕西省	0. 576	0. 589	0. 608	0. 626	0. 631	0. 644	0. 634	0. 640	0. 648
甘肃省	0. 479	0. 483	0. 498	0. 519	0. 553	0. 549	0. 551	0. 564	0. 574
青海省	0. 426	0. 434	0. 456	0. 465	0. 454	0. 463	0. 467	0. 465	0. 470
宁夏回族自治区	0. 482	0. 496	0. 502	0. 518	0. 560	0. 530	0. 543	0. 557	0. 566
新疆维吾尔自治区	0. 449	0. 449	0. 459	0. 469	0. 481	0. 476	0. 486	0. 478	0. 482
全国	0. 556	0. 560	0. 568	0. 577	0. 589	0. 588	0. 591	0. 591	0. 595

资料来源:作者计算。

整体来看,中国各省域的人口发展质量普遍较高,2007—2015 年全国的平均指数约为 0. 579;但是增长率非常缓慢,年平均增长率仅约为 0. 0047。

表 7-7　人口与经济社会发展指数

地区＼年份	2007 年	2008 年	2009 年	2010 年	2011 年	2012 年	2013 年	2014 年	2015 年
北京市	0. 477	0. 524	0. 558	0. 602	0. 647	0. 669	0. 704	0. 742	0. 776
天津市	0. 315	0. 374	0. 407	0. 470	0. 504	0. 530	0. 565	0. 583	0. 616
河北省	0. 164	0. 199	0. 232	0. 261	0. 287	0. 307	0. 334	0. 352	0. 375

续表

年份 地区	2007 年	2008 年	2009 年	2010 年	2011 年	2012 年	2013 年	2014 年	2015 年
山西省	0. 184	0. 216	0. 246	0. 270	0. 298	0. 318	0. 347	0. 358	0. 379
内蒙古自治区	0. 197	0. 223	0. 265	0. 303	0. 334	0. 360	0. 386	0. 408	0. 435
辽宁省	0. 227	0. 265	0. 309	0. 354	0. 384	0. 405	0. 435	0. 453	0. 481
吉林省	0. 211	0. 234	0. 275	0. 306	0. 330	0. 351	0. 373	0. 387	0. 409
黑龙江省	0. 197	0. 220	0. 261	0. 291	0. 314	0. 333	0. 348	0. 365	0. 386
上海市	0. 431	0. 495	0. 537	0. 574	0. 610	0. 612	0. 619	0. 645	0. 672
江苏省	0. 255	0. 292	0. 345	0. 406	0. 473	0. 532	0. 540	0. 553	0. 591
浙江省	0. 297	0. 347	0. 402	0. 455	0. 501	0. 567	0. 622	0. 650	0. 694
安徽省	0. 144	0. 171	0. 200	0. 234	0. 270	0. 301	0. 329	0. 346	0. 372
福建省	0. 214	0. 267	0. 306	0. 343	0. 379	0. 409	0. 442	0. 465	0. 496
江西省	0. 167	0. 189	0. 213	0. 236	0. 256	0. 277	0. 301	0. 319	0. 338
山东省	0. 198	0. 237	0. 277	0. 315	0. 348	0. 375	0. 405	0. 433	0. 462
河南省	0. 152	0. 180	0. 212	0. 243	0. 263	0. 288	0. 315	0. 337	0. 361
湖北省	0. 173	0. 208	0. 249	0. 287	0. 315	0. 337	0. 366	0. 391	0. 418
湖南省	0. 149	0. 180	0. 220	0. 251	0. 275	0. 304	0. 324	0. 347	0. 372
广东省	0. 283	0. 339	0. 373	0. 407	0. 469	0. 510	0. 543	0. 577	0. 614
广西壮族自治区	0. 122	0. 146	0. 179	0. 215	0. 239	0. 260	0. 290	0. 310	0. 334
海南省	0. 167	0. 201	0. 225	0. 253	0. 286	0. 310	0. 332	0. 348	0. 370
重庆市	0. 164	0. 205	0. 242	0. 276	0. 321	0. 358	0. 399	0. 431	0. 464
四川省	0. 149	0. 163	0. 202	0. 240	0. 270	0. 301	0. 325	0. 344	0. 368
贵州省	0. 105	0. 127	0. 158	0. 188	0. 204	0. 220	0. 264	0. 288	0. 311
云南省	0. 121	0. 143	0. 171	0. 198	0. 219	0. 236	0. 268	0. 282	0. 302
西藏自治区	0. 175	0. 189	0. 223	0. 248	0. 265	0. 276	0. 306	0. 325	0. 344
陕西省	0. 163	0. 200	0. 237	0. 273	0. 301	0. 329	0. 364	0. 386	0. 413
甘肃省	0. 145	0. 164	0. 190	0. 217	0. 245	0. 259	0. 280	0. 299	0. 319
青海省	0. 191	0. 224	0. 245	0. 269	0. 295	0. 325	0. 359	0. 379	0. 402

续表

地区＼年份	2007 年	2008 年	2009 年	2010 年	2011 年	2012 年	2013 年	2014 年	2015 年
宁夏回族自治区	0. 160	0. 194	0. 224	0. 250	0. 269	0. 359	0. 390	0. 408	0. 439
新疆维吾尔自治区	0. 204	0. 248	0. 272	0. 301	0. 316	0. 334	0. 358	0. 374	0. 395
全国	0. 195	0. 229	0. 267	0. 304	0. 338	0. 367	0. 395	0. 417	0. 445

资料来源:作者计算。

整体来看,中国各省域的人口与经济社会发展指数普遍起点较低,2007 年在 31 个省(自治区、直辖市)中仅有 10 个指数超过 0. 2。同时,增长率相当较高,2007—2015 年平均增长率最高的浙江省约为 0. 05,增长率最低的西藏自治区约为 0. 021。

表 7-8　人口与资源环境发展指数

地区＼年份	2007 年	2008 年	2009 年	2010 年	2011 年	2012 年	2013 年	2014 年	2015 年
北京市	0. 234	0. 239	0. 318	0. 299	0. 302	0. 315	0. 407	0. 411	0. 434
天津市	0. 203	0. 204	0. 203	0. 188	0. 216	0. 214	0. 239	0. 210	0. 211
河北省	0. 273	0. 294	0. 330	0. 390	0. 387	0. 379	0. 386	0. 396	0. 412
山西省	0. 189	0. 200	0. 215	0. 236	0. 244	0. 250	0. 257	0. 260	0. 268
内蒙古自治区	0. 293	0. 292	0. 296	0. 294	0. 322	0. 333	0. 396	0. 430	0. 447
辽宁省	0. 265	0. 265	0. 265	0. 263	0. 262	0. 264	0. 283	0. 288	0. 291
吉林省	0. 307	0. 324	0. 334	0. 338	0. 337	0. 346	0. 376	0. 382	0. 392
黑龙江省	0. 326	0. 357	0. 382	0. 398	0. 402	0. 407	0. 424	0. 426	0. 438
上海市	0. 181	0. 186	0. 193	0. 164	0. 167	0. 170	0. 172	0. 180	0. 180
江苏省	0. 388	0. 395	0. 392	0. 387	0. 382	0. 385	0. 393	0. 401	0. 402
浙江省	0. 279	0. 294	0. 319	0. 321	0. 332	0. 347	0. 341	0. 352	0. 361
安徽省	0. 346	0. 357	0. 375	0. 386	0. 403	0. 401	0. 413	0. 429	0. 440
福建省	0. 302	0. 336	0. 333	0. 338	0. 345	0. 352	0. 363	0. 361	0. 368

续表

年份 地区	2007 年	2008 年	2009 年	2010 年	2011 年	2012 年	2013 年	2014 年	2015 年
江西省	0. 346	0. 386	0. 404	0. 435	0. 441	0. 454	0. 452	0. 449	0. 462
山东省	0. 404	0. 420	0. 435	0. 446	0. 444	0. 449	0. 469	0. 473	0. 482
河南省	0. 356	0. 339	0. 349	0. 342	0. 343	0. 349	0. 364	0. 369	0. 370
湖北省	0. 326	0. 325	0. 326	0. 320	0. 324	0. 328	0. 347	0. 352	0. 355
湖南省	0. 307	0. 313	0. 320	0. 324	0. 317	0. 317	0. 329	0. 348	0. 353
广东省	0. 309	0. 356	0. 372	0. 390	0. 411	0. 441	0. 445	0. 451	0. 469
广西壮族自治区	0. 333	0. 333	0. 354	0. 351	0. 373	0. 380	0. 384	0. 375	0. 380
海南省	0. 354	0. 328	0. 347	0. 370	0. 391	0. 376	0. 388	0. 395	0. 401
重庆市	0. 276	0. 316	0. 348	0. 384	0. 477	0. 477	0. 489	0. 462	0. 485
四川省	0. 332	0. 338	0. 352	0. 362	0. 367	0. 367	0. 381	0. 382	0. 388
贵州省	0. 249	0. 253	0. 248	0. 268	0. 256	0. 306	0. 348	0. 371	0. 387
云南省	0. 308	0. 310	0. 338	0. 342	0. 360	0. 358	0. 367	0. 374	0. 382
西藏自治区	0. 615	0. 586	0. 632	0. 582	0. 678	0. 636	0. 626	0. 655	0. 661
陕西省	0. 298	0. 309	0. 319	0. 342	0. 352	0. 350	0. 355	0. 366	0. 374
甘肃省	0. 261	0. 282	0. 286	0. 285	0. 283	0. 305	0. 353	0. 373	0. 387
青海省	0. 265	0. 256	0. 246	0. 244	0. 238	0. 226	0. 216	0. 231	0. 227
宁夏回族自治区	0. 240	0. 247	0. 329	0. 345	0. 312	0. 297	0. 330	0. 334	0. 345
新疆维吾尔自治区	0. 263	0. 254	0. 266	0. 262	0. 260	0. 246	0. 230	0. 229	0. 225
全国	0. 314	0. 326	0. 340	0. 349	0. 357	0. 363	0. 377	0. 383	0. 392

资料来源：作者计算。

整体来看，中国各省域的人口与资源环境发展指数普遍起点介于人口自身发展指数和人口与经济社会发展指数之间，且各地区之间相差很大，2007 年西藏自治区的指数最高约为 0. 615，上海市最低约为 0. 181；同时，增长率相对较低，2007—2015 年平均增长率约为 0. 0095，其中重庆最高约为 0. 026，新疆维吾尔自治区最低约为-0. 0048。人口发展的三个一级指标中，人口自身发展指数和人口与资源环境发展指数的增长率均相对较低，且部分省市存在负增长的现象。① 这说明人口发展质量指数的提升最主要的因素是人口与经济社会的发展。

二、人口发展分指标与转变经济发展方式的耦合协调度

根据人口发展与转变经济发展方式的耦合模型与耦合协调度模型，分别计算出人口发展三个一级指标与转变经济发展方式的耦合协调度。特别地，这里仍取 $\alpha = 0.4$，$\beta = 0.6$。其中，省域人口自身发展与转变经济发展方式的耦合协调度见表 7-9；省域人口自身发展与转变经济发展方式的耦合协调度类型见表 7-10；省域人口与经济社会发展和转变经济发展方式的耦合协调度见表 7-11；省域人口与经济社会发展和转变经济发展方式的耦合协调度类型见表 7-12；省域人口与资源环境发展和转变经济发展方式的耦合协调度见表 7-13；省域人口与资源环境发展和转变经济发展方式的耦合协调度类型见表 7-14。

表 7-9　中国省域人口自身发展与转变经济发展方式的耦合协调度

年份 地区	2007 年	2008 年	2009 年	2010 年	2011 年	2012 年	2013 年	2014 年	2015 年
北京市	0. 474	0. 479	0. 482	0. 486	0. 487	0. 491	0. 499	0. 500	0. 503
天津市	0. 443	0. 444	0. 444	0. 453	0. 447	0. 448	0. 453	0. 455	0. 457
河北省	0. 410	0. 412	0. 415	0. 418	0. 422	0. 423	0. 429	0. 430	0. 432
山西省	0. 407	0. 411	0. 414	0. 415	0. 419	0. 423	0. 431	0. 432	0. 435

① 2007—2015 年人口自身发展指数负增长的地区包括北京市、天津市、黑龙江省和湖南省；人口与资源环境负增长的地区包括上海市、青海省和新疆维吾尔自治区。造成负增长的原因复杂，且不同的地区原因也不尽相同，因不是本书研究的范围，故不做进一步的分析。

续表

地区＼年份	2007年	2008年	2009年	2010年	2011年	2012年	2013年	2014年	2015年
内蒙古自治区	0.397	0.402	0.408	0.414	0.412	0.418	0.423	0.424	0.426
辽宁省	0.412	0.415	0.419	0.424	0.421	0.427	0.431	0.434	0.436
吉林省	0.407	0.409	0.415	0.419	0.422	0.424	0.428	0.428	0.431
黑龙江省	0.405	0.408	0.414	0.417	0.416	0.420	0.423	0.425	0.427
上海市	0.450	0.453	0.463	0.465	0.471	0.471	0.468	0.472	0.474
江苏省	0.446	0.450	0.450	0.459	0.465	0.469	0.471	0.477	0.480
浙江省	0.437	0.440	0.443	0.450	0.451	0.457	0.466	0.470	0.475
安徽省	0.401	0.404	0.407	0.411	0.418	0.424	0.424	0.426	0.430
福建省	0.417	0.421	0.426	0.431	0.433	0.435	0.444	0.446	0.448
江西省	0.406	0.408	0.411	0.415	0.421	0.422	0.428	0.433	0.435
山东省	0.430	0.432	0.434	0.439	0.439	0.444	0.451	0.452	0.455
河南省	0.407	0.411	0.413	0.415	0.424	0.423	0.427	0.434	0.436
湖北省	0.415	0.418	0.422	0.427	0.429	0.431	0.436	0.442	0.445
湖南省	0.412	0.414	0.420	0.421	0.421	0.425	0.428	0.432	0.434
广东省	0.448	0.452	0.455	0.463	0.472	0.474	0.480	0.489	0.493
广西壮族自治区	0.397	0.398	0.402	0.403	0.409	0.410	0.416	0.419	0.421
海南省	0.408	0.413	0.414	0.416	0.420	0.427	0.431	0.438	0.441
重庆市	0.410	0.411	0.415	0.421	0.428	0.434	0.441	0.448	0.452
四川省	0.405	0.414	0.415	0.416	0.422	0.428	0.427	0.429	0.432
贵州省	0.370	0.371	0.376	0.380	0.394	0.396	0.402	0.403	0.405
云南省	0.383	0.389	0.392	0.394	0.394	0.399	0.403	0.402	0.405
西藏自治区	0.361	0.358	0.357	0.359	0.364	0.359	0.367	0.367	0.368
陕西省	0.403	0.409	0.417	0.421	0.423	0.430	0.432	0.436	0.440
甘肃省	0.380	0.384	0.388	0.394	0.400	0.404	0.407	0.413	0.416
青海省	0.363	0.365	0.373	0.376	0.379	0.387	0.389	0.394	0.396

续表

年份 地区	2007 年	2008 年	2009 年	2010 年	2011 年	2012 年	2013 年	2014 年	2015 年
宁夏回族自治区	0. 379	0. 386	0. 388	0. 392	0. 402	0. 404	0. 411	0. 416	0. 419
新疆维吾尔自治区	0. 376	0. 378	0. 385	0. 388	0. 390	0. 393	0. 398	0. 398	0. 401
全国	0. 415	0. 418	0. 422	0. 426	0. 431	0. 434	0. 439	0. 442	0. 445

资料来源:作者计算。

表 7-10　中国省域人口自身发展与转变经济发展方式的耦合协调度类型

年份 地区	2007 年	2008 年	2009 年	2010 年	2011 年	2012 年	2013 年	2014 年	2015 年
北京市	濒临失调—转变经济发展方式缓慢							勉强协调—转变缓慢	
天津市	濒临失调—转变经济发展方式缓慢								
河北省	濒临失调—转变经济发展方式缓慢								
山西省	濒临失调—转变经济发展方式缓慢								
内蒙古自治区	轻度失调—转变受阻	濒临失调—转变经济发展方式缓慢							
辽宁省	濒临失调—转变经济发展方式缓慢								
吉林省	濒临失调—转变经济发展方式缓慢								
黑龙江省	濒临失调—转变经济发展方式缓慢								
上海市	濒临失调—转变经济发展方式缓慢								
江苏省	濒临失调—转变经济发展方式缓慢								
浙江省	濒临失调—转变经济发展方式缓慢								
安徽省	濒临失调—转变经济发展方式缓慢								
福建省	濒临失调—转变经济发展方式缓慢								
江西省	濒临失调—转变经济发展方式缓慢								
山东省	濒临失调—转变经济发展方式缓慢								
河南省	濒临失调—转变经济发展方式缓慢								

续表

地区＼年份	2007 年	2008 年	2009 年	2010 年	2011 年	2012 年	2013 年	2014 年	2015 年
湖北省	濒临失调—转变经济发展方式缓慢								
湖南省	濒临失调—转变经济发展方式缓慢								
广东省	濒临失调—转变经济发展方式缓慢								
广西壮族自治区	轻度失调—转变受阻		濒临失调—转变经济发展方式缓慢						
海南省	濒临失调—转变经济发展方式缓慢								
重庆市	濒临失调—转变经济发展方式缓慢								
四川省	濒临失调—转变经济发展方式缓慢								
贵州省	轻度失调—转变经济发展方式受阻						濒临失调—转变缓慢		
云南省	轻度失调—转变经济发展方式受阻						濒临失调—转变缓慢		
西藏自治区	轻度失调—转变经济发展方式受阻								
陕西省	濒临失调—转变经济发展方式缓慢								
甘肃省	轻度失调—转变经济发展方式受阻				濒临失调—转变经济发展方式缓慢				
青海省	轻度失调—转变经济发展方式受阻								
宁夏回族自治区	轻度失调—转变经济发展方式受阻				濒临失调—转变经济发展方式缓慢				
新疆维吾尔自治区	轻度失调—转变经济发展方式受阻								濒临—转变缓慢
全国	濒临失调—转变经济发展方式缓慢								

资料来源:作者设计。

表 7-11　中国省域人口与经济社会发展和转变经济发展方式的耦合协调度

地区＼年份	2007 年	2008 年	2009 年	2010 年	2011 年	2012 年	2013 年	2014 年	2015 年
北京市	0.431	0.444	0.452	0.464	0.475	0.481	0.492	0.503	0.511
天津市	0.379	0.395	0.399	0.414	0.423	0.429	0.440	0.448	0.454
河北省	0.314	0.328	0.340	0.351	0.358	0.367	0.377	0.384	0.391
山西省	0.317	0.331	0.341	0.348	0.359	0.367	0.379	0.384	0.392

续表

地区＼年份	2007 年	2008 年	2009 年	2010 年	2011 年	2012 年	2013 年	2014 年	2015 年
内蒙古自治区	0. 318	0. 327	0. 344	0. 357	0. 366	0. 375	0. 384	0. 393	0. 400
辽宁省	0. 339	0. 352	0. 367	0. 381	0. 387	0. 395	0. 404	0. 410	0. 417
吉林省	0. 327	0. 336	0. 352	0. 364	0. 372	0. 379	0. 386	0. 391	0. 398
黑龙江省	0. 322	0. 332	0. 349	0. 358	0. 364	0. 371	0. 378	0. 386	0. 392
上海市	0. 428	0. 443	0. 458	0. 466	0. 475	0. 476	0. 480	0. 486	0. 493
江苏省	0. 373	0. 386	0. 401	0. 422	0. 441	0. 457	0. 462	0. 468	0. 478
浙江省	0. 373	0. 389	0. 402	0. 419	0. 429	0. 445	0. 461	0. 468	0. 478
安徽省	0. 304	0. 317	0. 328	0. 342	0. 355	0. 366	0. 376	0. 383	0. 392
福建省	0. 338	0. 357	0. 369	0. 379	0. 391	0. 400	0. 409	0. 415	0. 423
江西省	0. 315	0. 325	0. 334	0. 343	0. 350	0. 359	0. 369	0. 378	0. 384
山东省	0. 339	0. 355	0. 368	0. 381	0. 390	0. 400	0. 412	0. 422	0. 430
河南省	0. 308	0. 323	0. 335	0. 346	0. 355	0. 364	0. 375	0. 386	0. 393
湖北省	0. 317	0. 332	0. 347	0. 359	0. 367	0. 375	0. 386	0. 399	0. 406
湖南省	0. 308	0. 321	0. 340	0. 351	0. 358	0. 370	0. 378	0. 387	0. 396
广东省	0. 384	0. 402	0. 410	0. 422	0. 439	0. 451	0. 463	0. 472	0. 481
广西壮族自治区	0. 292	0. 304	0. 320	0. 332	0. 341	0. 350	0. 361	0. 369	0. 376
海南省	0. 314	0. 330	0. 338	0. 346	0. 358	0. 367	0. 377	0. 385	0. 391
重庆市	0. 314	0. 330	0. 345	0. 358	0. 373	0. 390	0. 403	0. 415	0. 424
四川省	0. 309	0. 321	0. 336	0. 348	0. 359	0. 369	0. 378	0. 386	0. 395
贵州省	0. 275	0. 286	0. 304	0. 317	0. 326	0. 335	0. 351	0. 359	0. 366
云南省	0. 289	0. 301	0. 314	0. 325	0. 333	0. 340	0. 350	0. 356	0. 362
西藏自治区	0. 314	0. 316	0. 330	0. 335	0. 340	0. 344	0. 356	0. 362	0. 368
陕西省	0. 307	0. 323	0. 339	0. 351	0. 359	0. 370	0. 382	0. 389	0. 398
甘肃省	0. 294	0. 304	0. 315	0. 325	0. 334	0. 342	0. 351	0. 359	0. 365
青海省	0. 305	0. 316	0. 325	0. 333	0. 344	0. 358	0. 367	0. 376	0. 383
宁夏回族自治区	0. 298	0. 315	0. 325	0. 334	0. 342	0. 370	0. 382	0. 388	0. 396

续表

年份 地区	2007年	2008年	2009年	2010年	2011年	2012年	2013年	2014年	2015年
新疆维吾尔自治区	0.317	0.332	0.343	0.352	0.356	0.363	0.372	0.377	0.384
全国	0.331	0.345	0.358	0.371	0.381	0.391	0.401	0.409	0.418

资料来源:作者计算。

表7-12　中国省域人口与经济社会发展和转变经济发展方式的耦合度协调类型

<table>
<tr><th>年份
地区</th><th>2007年</th><th>2008年</th><th>2009年</th><th>2010年</th><th>2011年</th><th>2012年</th><th>2013年</th><th>2014年</th><th>2015年</th></tr>
<tr><td>北京市</td><td colspan="7">濒临失调—转变经济发展方式缓慢</td><td colspan="2">勉强协调—转变缓慢</td></tr>
<tr><td>天津市</td><td colspan="3">轻度失调—转变受阻</td><td colspan="6">濒临失调—转变缓慢</td></tr>
<tr><td>河北省</td><td colspan="4">中度失调—轻度共损</td><td colspan="5">中度失调—转变受阻</td></tr>
<tr><td>山西省</td><td colspan="4">轻度失调—轻度共损</td><td colspan="5">轻度失调—转变受阻</td></tr>
<tr><td>内蒙古自治区</td><td colspan="3">轻度失调—轻度共损</td><td colspan="5">轻度失调—转变受阻</td><td>濒临—转变缓慢</td></tr>
<tr><td>辽宁省</td><td colspan="2">轻度—共损</td><td colspan="4">轻度失调—转变受阻</td><td colspan="3">濒临失调—转变缓慢</td></tr>
<tr><td>吉林省</td><td colspan="2">轻度—共损</td><td colspan="7">轻度失调—转变受阻</td></tr>
<tr><td>黑龙江省</td><td colspan="3">轻度失调—轻度共损</td><td colspan="6">轻度失调—转变受阻</td></tr>
<tr><td>上海市</td><td colspan="9">濒临失调—转变经济发展方式缓慢</td></tr>
<tr><td>江苏省</td><td colspan="2">轻度—轻度共损</td><td colspan="7">濒临失调—转变经济发展方式缓慢</td></tr>
<tr><td>浙江省</td><td colspan="9">濒临失调—转变经济发展方式缓慢</td></tr>
<tr><td>安徽省</td><td colspan="5">轻度失调—轻度共损</td><td colspan="4">轻度失调—转变受阻</td></tr>
<tr><td>福建省</td><td colspan="2">轻度—共损</td><td colspan="3">轻度失调—转变受阻</td><td colspan="4">濒临失调—转变缓慢</td></tr>
<tr><td>江西省</td><td colspan="5">轻度失调—轻度共损</td><td colspan="4">轻度失调—转变受阻</td></tr>
<tr><td>山东省</td><td colspan="3">轻度失调—轻度共损</td><td colspan="2">轻度—转变受阻</td><td colspan="4">濒临失调—转变缓慢</td></tr>
<tr><td>河南省</td><td colspan="5">轻度失调—轻度共损</td><td colspan="4">轻度失调—转变受阻</td></tr>
</table>

续表

<table>
<tr><th>年份
地区</th><th>2007 年</th><th>2008 年</th><th>2009 年</th><th>2010 年</th><th>2011 年</th><th>2012 年</th><th>2013 年</th><th>2014 年</th><th>2015 年</th></tr>
<tr><td>湖北省</td><td colspan="3">轻度失调—轻度共损</td><td colspan="5">轻度失调—转变受阻</td><td>濒临—转 变缓慢</td></tr>
<tr><td>湖南省</td><td colspan="5">轻度失调—轻度共损</td><td colspan="4">轻度失调—转变受阻</td></tr>
<tr><td>广东省</td><td>轻度—共损</td><td colspan="8">濒临失调—转变经济发展方式缓慢</td></tr>
<tr><td>广西壮族自治区</td><td>中度—共损</td><td colspan="5">轻度失调—轻度共损</td><td colspan="3">轻度失调—转变受阻</td></tr>
<tr><td>海南省</td><td colspan="4">轻度失调—轻度共损</td><td colspan="5">轻度失调—转变受阻</td></tr>
<tr><td>重庆市</td><td colspan="3">轻度失调—轻度共损</td><td colspan="3">轻度失调—转变受阻</td><td colspan="3">濒临失调—转变缓慢</td></tr>
<tr><td>四川省</td><td colspan="5">轻度失调—轻度共损</td><td colspan="4">轻度失调—转变受阻</td></tr>
<tr><td>贵州省</td><td colspan="2">中度—共损</td><td colspan="5">轻度失调—轻度共损</td><td colspan="2">轻度—转变受阻</td></tr>
<tr><td>云南省</td><td>中度—共损</td><td colspan="6">轻度失调—轻度共损</td><td colspan="2">轻度—转变受阻</td></tr>
<tr><td>西藏自治区</td><td colspan="4">轻度失调—轻度共损</td><td colspan="5">轻度失调—转变受阻</td></tr>
<tr><td>陕西省</td><td colspan="3">轻度失调—轻度共损</td><td colspan="6">轻度失调—转变受阻</td></tr>
<tr><td>甘肃省</td><td>中度—共损</td><td colspan="5">轻度失调—轻度共损</td><td colspan="3">轻度—转变受阻</td></tr>
<tr><td>青海省</td><td colspan="3">轻度失调—轻度共损</td><td colspan="6">轻度失调—转变受阻</td></tr>
<tr><td>宁夏回族自治区</td><td>中度—共损</td><td colspan="3">轻度失调—轻度共损</td><td colspan="5">中度失调—转变受阻</td></tr>
<tr><td>新疆维吾尔自治区</td><td colspan="2">轻度—共损</td><td colspan="7">轻度失调—转变经济发展方式受阻</td></tr>
<tr><td>全国</td><td colspan="3">轻度失调—轻度共损</td><td colspan="3">轻度失调—轻度共损</td><td colspan="3">濒临失调—转变缓慢</td></tr>
</table>

资料来源:作者设计。

表 7-13　中国省域人口与资源环境发展和转变经济发展方式的耦合协调度

年份 地区	2007 年	2008 年	2009 年	2010 年	2011 年	2012 年	2013 年	2014 年	2015 年
北京市	0.370	0.376	0.401	0.399	0.403	0.409	0.437	0.443	0.451

续表

年份 地区	2007 年	2008 年	2009 年	2010 年	2011 年	2012 年	2013 年	2014 年	2015 年
天津市	0. 346	0. 348	0. 345	0. 341	0. 353	0. 354	0. 366	0. 360	0. 362
河北省	0. 349	0. 356	0. 366	0. 383	0. 382	0. 384	0. 389	0. 394	0. 399
山西省	0. 319	0. 326	0. 332	0. 338	0. 344	0. 348	0. 356	0. 359	0. 364
内蒙古自治区	0. 345	0. 347	0. 352	0. 355	0. 363	0. 369	0. 386	0. 397	0. 402
辽宁省	0. 350	0. 352	0. 355	0. 357	0. 357	0. 360	0. 368	0. 372	0. 374
吉林省	0. 353	0. 361	0. 367	0. 371	0. 374	0. 378	0. 387	0. 390	0. 395
黑龙江省	0. 358	0. 368	0. 378	0. 383	0. 384	0. 388	0. 395	0. 399	0. 403
上海市	0. 357	0. 361	0. 370	0. 359	0. 362	0. 365	0. 368	0. 373	0. 375
江苏省	0. 407	0. 411	0. 412	0. 418	0. 421	0. 427	0. 432	0. 437	0. 441
浙江省	0. 368	0. 375	0. 383	0. 388	0. 392	0. 400	0. 404	0. 409	0. 415
安徽省	0. 366	0. 370	0. 375	0. 381	0. 387	0. 390	0. 395	0. 401	0. 406
福建省	0. 364	0. 375	0. 376	0. 378	0. 383	0. 387	0. 392	0. 393	0. 396
江西省	0. 367	0. 378	0. 383	0. 391	0. 394	0. 399	0. 403	0. 407	0. 411
山东省	0. 395	0. 401	0. 405	0. 410	0. 411	0. 416	0. 425	0. 430	0. 434
河南省	0. 368	0. 369	0. 372	0. 372	0. 375	0. 380	0. 387	0. 394	0. 395
湖北省	0. 363	0. 365	0. 367	0. 367	0. 369	0. 373	0. 382	0. 390	0. 392
湖南省	0. 358	0. 361	0. 368	0. 371	0. 369	0. 373	0. 379	0. 387	0. 391
广东省	0. 391	0. 406	0. 410	0. 419	0. 427	0. 437	0. 443	0. 448	0. 454
广西壮族自治区	0. 360	0. 361	0. 369	0. 369	0. 375	0. 379	0. 383	0. 384	0. 387
海南省	0. 368	0. 366	0. 370	0. 376	0. 383	0. 383	0. 390	0. 395	0. 398
重庆市	0. 350	0. 362	0. 372	0. 385	0. 406	0. 415	0. 421	0. 421	0. 429
四川省	0. 366	0. 374	0. 378	0. 380	0. 384	0. 385	0. 391	0. 395	0. 399
贵州省	0. 329	0. 330	0. 333	0. 342	0. 342	0. 359	0. 372	0. 379	0. 384
云南省	0. 351	0. 354	0. 362	0. 365	0. 371	0. 372	0. 375	0. 378	0. 381
西藏自治区	0. 413	0. 405	0. 415	0. 404	0. 419	0. 414	0. 418	0. 424	0. 426
陕西省	0. 348	0. 354	0. 361	0. 368	0. 372	0. 376	0. 380	0. 385	0. 389
甘肃省	0. 332	0. 341	0. 344	0. 345	0. 344	0. 354	0. 369	0. 376	0. 381
青海省	0. 327	0. 325	0. 325	0. 326	0. 329	0. 331	0. 329	0. 338	0. 339

续表

地区＼年份	2007 年	2008 年	2009 年	2010 年	2011 年	2012 年	2013 年	2014 年	2015 年
宁夏回族自治区	0. 325	0. 332	0. 353	0. 358	0. 353	0. 356	0. 368	0. 372	0. 376
新疆维吾尔自治区	0. 334	0. 333	0. 341	0. 342	0. 341	0. 340	0. 338	0. 339	0. 340
全国	0. 366	0. 371	0. 377	0. 382	0. 385	0. 390	0. 397	0. 402	0. 406

资料来源:作者计算。

表 7-14　中国省域人口与资源环境发展和转变经济发展方式的耦合度协调类型

<table>
<tr><th>地区＼年份</th><th>2007 年</th><th>2008 年</th><th>2009 年</th><th>2010 年</th><th>2011 年</th><th>2012 年</th><th>2013 年</th><th>2014 年</th><th>2015 年</th></tr>
<tr><td>北京市</td><td colspan="2">轻度失调—轻度共损</td><td>濒临—转变缓慢</td><td>轻度—轻度共损</td><td>濒临—初级同步</td><td colspan="4">濒临—转变经济发展方式缓慢</td></tr>
<tr><td>天津市</td><td colspan="9">轻度失调—轻度共损</td></tr>
<tr><td>河北省</td><td colspan="9">轻度失调—转变经济发展方式受阻</td></tr>
<tr><td>山西省</td><td colspan="9">轻度失调—轻度共损</td></tr>
<tr><td>内蒙古自治区</td><td colspan="8">轻度失调—转变经济发展方式受阻</td><td>濒临—转变缓慢</td></tr>
<tr><td>辽宁省</td><td colspan="6">轻度失调—轻度共损</td><td colspan="3">轻度失调—转变受阻</td></tr>
<tr><td>吉林省</td><td colspan="9">轻度失调—转变经济发展方式受阻</td></tr>
<tr><td>黑龙江省</td><td colspan="8">轻度失调—转变经济发展方式受阻</td><td>濒临—转变缓慢</td></tr>
<tr><td>上海市</td><td colspan="9">轻度失调—轻度共损</td></tr>
<tr><td>江苏省</td><td colspan="9">濒临失调—转变经济发展方式缓慢</td></tr>
<tr><td>浙江省</td><td>轻度—共损</td><td colspan="4">中度失调—转变受阻</td><td colspan="4">濒临—转变缓慢</td></tr>
<tr><td>安徽省</td><td colspan="7">轻度失调—转变受阻</td><td colspan="2">濒临—转变缓慢</td></tr>
<tr><td>福建省</td><td colspan="9">轻度失调—转变经济发展方式受阻</td></tr>
</table>

续表

<table>
<tr><th>地区＼年份</th><th>2007 年</th><th>2008 年</th><th>2009 年</th><th>2010 年</th><th>2011 年</th><th>2012 年</th><th>2013 年</th><th>2014 年</th><th>2015 年</th></tr>
<tr><td>江西省</td><td colspan="6">轻度失调—转变受阻</td><td colspan="3">濒临失调—转变缓慢</td></tr>
<tr><td>山东省</td><td>轻度—转变受阻</td><td colspan="8">濒临失调—转变缓慢</td></tr>
<tr><td>河南省</td><td colspan="9">轻度失调—转变经济发展方式受阻</td></tr>
<tr><td>湖北省</td><td colspan="9">轻度失调—转变经济发展方式受阻</td></tr>
<tr><td>湖南省</td><td colspan="9">轻度失调—转变经济发展方式受阻</td></tr>
<tr><td>广东省</td><td>轻度—转变受阻</td><td colspan="8">濒临失调—转变经济发展方式缓慢</td></tr>
<tr><td>广西壮族自治区</td><td colspan="9">轻度失调—转变经济发展方式受阻</td></tr>
<tr><td>海南省</td><td colspan="9">轻度失调—转变经济发展方式受阻</td></tr>
<tr><td>重庆市</td><td colspan="4">轻度失调—转变受阻</td><td colspan="5">濒临失调—转变经济发展方式缓慢</td></tr>
<tr><td>四川省</td><td colspan="9">轻度失调—转变经济发展方式受阻</td></tr>
<tr><td>贵州省</td><td colspan="3">轻度失调—轻度共损</td><td>轻度—转变</td><td>轻度—共损</td><td colspan="4">轻度失调—转变受阻</td></tr>
<tr><td>云南省</td><td colspan="9">轻度失调—转变经济发展方式受阻</td></tr>
<tr><td>西藏自治区</td><td colspan="9">濒临失调—转变经济发展方式缓慢</td></tr>
<tr><td>陕西省</td><td colspan="9">轻度失调—转变经济发展方式受阻</td></tr>
<tr><td>甘肃省</td><td colspan="9">轻度失调—转变经济发展方式受阻</td></tr>
<tr><td>青海省</td><td>轻度—转变受阻</td><td colspan="8">轻度失调—轻度共损</td></tr>
<tr><td>宁夏回族自治区</td><td colspan="2">轻度—共损</td><td colspan="7">轻度失调—转变经济发展方式受阻</td></tr>
<tr><td>新疆维吾尔自治区</td><td>轻度—转变受阻</td><td colspan="8">轻度失调—轻度共损</td></tr>
<tr><td>全国</td><td colspan="7">轻度失调—转变经济发展方式受阻</td><td colspan="2">濒临—转变缓慢</td></tr>
</table>

资料来源：作者设计。

三、人口发展分指标与转变经济发展方式的耦合分析

通过对中国省域2007—2015年人口发展分指标和转变经济发展方式耦合协调度的计算,以及对其类型划分,人口发展分指标与转变经济发展方式的耦合协调度呈现以下三方面的特点。

1. 从耦合协调度的水平来看,人口自身发展与转变经济发展方式耦合协调度相对最高,人口与资源环境和转变经济发展方式的耦合协调度相对最低。从表7-9可知,2007—2015年各省域人口自身发展与转变经济发展上式耦合协调度平均为0.431,已经达到了濒临失调的状态。从表7-13可知,2014年全国人口与资源环境和转变经济发展方式的耦合协调度为0.402,刚刚达到了濒临失调的下限;2015年在31个省域中仅有11个省市自治区的耦合协调度达到濒临失调的状态,其余均为轻度失调。总体来看,人口自身发展与转变经济发展方式互动协调性相对较好,这主要得益于改革开放以来,经济发展基础上人的健康、教育以及综合素质提高;同时,人口与资源环境发展和转变经济发展方式互动协调性相对较差,这也充分说明中国经济增长路径依赖显著,转变经济发展方式相对较慢。

2. 从耦合协调度的变化率来看,人口与经济社会和转变经济发展方式耦合协调度的变化率相对最高,人口自身发展和转变经济发展方式耦合度的变化率相对最低。从表7-11可知,2007—2015年各省域人口与经济社会和转变经济发展方式耦合协调度的变化率平均为0.011,全国从轻度失调发展到濒临失调;从表7-9可知,2007—2015年各省域人口自身发展和转变经济发展方式耦合协调度的变化率平均为0.0038。人口与经济社会的快速发展与转变经济发展方式的同步性和协调性在进一步增强,这说明中国政府提出转变经济发展方式战略在加速执行,效果已经开始显现;同时,人口与资源环境发展的状况和转变经济发展方式的方

向性、同步性和协调性相对较差。

3. 转变经济发展方式受阻或缓慢，且逐渐呈现加剧的趋势。从表7-10、表7-12和表7-14可知，人口发展分指标与转变经济发展方式的耦合度协调类型，从轻度失调演变到濒临失调，其中绝大多数时期，转变经济发展方式处于受阻或缓慢状态。从变化趋势来看，人口与经济社会、人口与资源环境两个分指标与转变经济发展方式耦合度协调类型从轻度共损发展到转变经济发展方式受阻或缓慢，而人口自身发展和转变经济发展方式耦合度协调类型始终处于转变经济发展方式受阻或缓慢状态。事实上，人口发展分指标与转变经济发展方式耦合度协调类型的变化和人口发展与转变经济发展方式耦合度协调类型变化趋势是同步的。人口自身发展、人口与经济社会发展、人口与资源环境发展其水平和发展变化率均高于转变经济发展方式的水平和变化率，与第四章对转变经济发展方式水平指数和速度指数测评的结论相一致，中国（各省域）转变经济发展方式已经开始起步，但是转变的速率仍然低于人口发展（包括各分指标）的速率。

第八章

主要结论和政策建议

改革开放40年来，伴随着经济和社会体制改革日趋深化，我国同时经历了快速的人口和经济发展演变。人口发展方面，经历着人口抚养比由降转升、劳动力由剩余向短缺、人力资源从数量型到质量型、人口从农村向城镇大规模转移等历史性变化；经济发展方面，经历着从粗放型向集约型、速度型向质量型、要素型向创新型、传统发展理念向新发展理念等深刻转变。

第一节　综合判断的主要结论

人口发展和转变经济发展是经济体系的两个重要系统，两者既有密切联系，又有自身独特的发展规律。

一、转变经济发展方式进程的主要结论

1. 自2007年以来中国转变经济发展方式整体向好，并呈现出加速转变的趋势。这主要得益于政府通过基于市场的宏观调控，对经济发展方式的正确导向。转变经济发展方式是中国经济发展的客观要求，只有立

足现实，抓住重点领域、核心问题，继续坚定不移地推进供给侧结构性改革，充分发挥市场配置资源的决定性作用，政府更好的协同作用，才能最终在转变经济发展方式中走出成功的中国道路。

2. 中国转变经济发展方式整体水平相对较低，新旧动能转换相对较慢，现在仍处于转变经济发展方式的起步阶段。这充分说明，中国大部分产业、企业和地区经济发展对传统路径的依赖性依然较强，因此要有紧迫感和危机意识，全国上下不论是在思想上，还是在行动上均需要进一步坚定转变的决心。

3. 人口发展既塑造经济发展方式，也制约经济发展方式，两者在不同阶段呈现动态作用机制。我国人口发展带来的人口红利推动经济快速增长，以低成本优势导致了内外失衡、重投资、轻消费的格局，也导致了区域政策倾斜、产业扶持中的严重产能过剩。随着人口红利式微，传统的经济发展方式难以为继，经济增长更加依赖于劳动生产率的提高和人力资本积累的增加，当前我国有着人口质量红利的巨大潜力，问题研究的重点应当是在经济发展方式转变过程中，如何顺利收获质量型红利。

4. 以新发展理念为转变原则和衡量评价标准，转变经济发展方式的非均衡性十分显著。创新和共享方向的转变速度相对较快，协调和开放方向的转变速度相对较慢，开放方向的转变水平和速度波动明显。在转变水平上呈现出“东高西低”的态势，在转变速度上则呈现出“西高东低”的态势，说明转变经济发展方式的水平与经济发展水平正相关，转变经济发展方式的速度与经济发展水平负相关，因此，从整体而言，要坚决杜绝落后产能从东部地区转移到中部和西部地区，中西部地区应当有选择地承接东部的产业转移，需要政府发挥甄别和因势利导的作用。

二、人口发展转变进程的主要结论

1. 中国的人口发展道路十分清晰，必须坚持走中国特色人口发展道路。即从解决人民温饱问题开始，以实现全面小康社会为中期目标。因此，必须把握基本国情，认识到中国人口问题不是短期内积累的，而是长期发展的结果，需要总结过去人口发展经验，制订下一阶段人口发展战略。自党的十九大开始，以人民对美好生活的向往为奋斗目标，以实现中华民族伟大复兴和中国梦为依托，到21世纪中叶即2050年，真正实现物产极大丰富和人的自由全面发展。

2. 中国省域人口发展质量呈现持续提高的趋势，且已达到了相对较高的水平。从分指标来看，人口自身发展水平是人口发展水平较高的主要原因，而人口与经济社会发展的快速提升是人口发展质量持续提高的主要动力。改革开放以来，我国经济快速发展为人口发展积累了坚实的物质基础。同时，随着粗放式经济增长方式弊端的凸显，以注重环境保护和资源节约为发展方向的新增长方式，逐步使得人口发展和转变经济发展（增长）方式的开始互动协调，目标和策略趋向一致。20世纪90年代以来，我国持续推进的人口全面发展战略，面对人口转变、经济转轨和社会转型等复杂局面，我国人口发展在人口数量、素质、结构和分布等方面都采取了积极的应对措施，在民生领域坚持以人民为中心，通过落实惠民举措，脱贫攻坚，低收入群体收入加快增长，中等收入群体持续扩大，就业状况持续改善，工资与劳动生产率增长的同步性提高，收入分配格局优化，医疗社会保障体系完善等，都促进了我国人口发展质量的稳步提升。

3. 我国已经进入收获质量型人口红利的机会窗口期。质量型新人口红利的形成主要包括两个层次：第一层次是在数量层面，即通过加大教育和科技投入，提升人力资源水平，为创新驱动发展提供更为丰富的知识和技术来源。人口机会不能自动转变为经济红利，只有经济、社会、政策环境相匹配时，才能变人口机会为经济红利；第二层次是在结构层面，即通过户籍、社会保险和基本公共服务均等化等改革，进一步消除劳动力、人才在城乡和地区之间流动的制度性障碍，提高人才资源的结构性配置效率。

4. 坚持不断提高人口发展质量，实现人口均衡发展战略。人口均衡发展战略体现了发展为了人民、发展依靠人民、发展成果由人民共享的人民中心发展思想，在经济发展的同时，更加注重人民生活质量的改善、幸福感的提升、社会参与度的提升，营造人与经济、社会、资源、环境相协调的发展环境，探索出持续提高人口发展质量的人口均衡发展道路。从本书的研究来看，人口均衡发展战略可以分策略推进。第一，对于人口自身发展，充分体现协调发展理念，应注重人口自身发展水平的提高，尤其是质量型的人口发展的提高，这是创新发展和转变经济发展方式的关键。目前我国数量型人口发展已经达到一定阶段，为我国创新发展打下了基础，但是未来真正促进创新的是质量型人口发展。此外，为了扩大开放发展、应对国际贸易争端、增强国际核心竞争力、支持绿色发展，必须增强自主创新能力；第二，对于人口与经济社会发展，充分体现创新、协调、开放和共享发展理念，应更加注重人口与经济中的城乡差距，人口与社会中的社会保险覆盖率等问题。在经济发展的同时，通过相应分配制度的调整，让经济发展的成果惠及更多的民众；第三，对于人口与资源环境发展，充分体现绿色发展理念，应注重环境保护的同时，降低经济发展的能源消耗和碳排放量。

三、人口发展与经济发展方式转变耦合状况判断的主要结论

目前，经济发展方式由规模速度型向质量效率型转变已经十分显著，我国人口发展和转变经济发展方式的耦合协调呈持续提高的趋势，但依然处于轻度或濒临失调、转变经济发展受阻或缓慢的状态，继续推进人口发展与转变经济发展方式耦合协调的过程中应注意以下四点：

1. 2007 年以来，我国省域人口发展与转变经济发展方式的耦合协调度均呈现持续提高的趋势，这既有经济体系自身的互动影响机制的作用，又有党和政府在人口发展和转变经济发展方式两方面的积极导向作用。

但是具体来看，我国人口发展和转变经济发展方式仍然处于失调（轻度或濒临失调）状态，大部分省市自治区处于轻度失调。从演变过程来看，部分省市自治区从轻度共损发展到转变经济发展方式受阻状态，即转变经济发展方式相对落后于人口发展。这就要求我国要大力推进经济发展方式转变，同时积极发挥人口发展对转变经济发展方式的协调促进作用。

2. 从人口发展分指标来看，人口自身发展与转变经济发展方式耦合协调度相对最高，而人口与经济社会和转变经济发展方式耦合协调度的变化率相对最高。一方面，中国各省域人口自身发展质量相对较高，人口在数量、质量、结构和分布方面和转变经济发展方式的五大方向具有较高的协同性；另一方面，人口与经济社会的发展迅速，特别是党的十七大以来，在注重追求经济效率的同时，也更加关注社会的公平。人口与资源环境的发展与转变经济发展方式的耦合协调度的水平和速率均不高，这与当前中国经济发展中人均能源消耗量、人均碳排放量等指标密切相关度较高。

3. 从人口发展与转变经济发展方式耦合度类型分析来看，中国当前处于转变经济发展方式相对受阻或缓慢发展的状态。相对于人口发展（包括分指标），转变经济发展方式的水平指数和速率均较低。形成这种现状的原因很多，其中最主要的原因包括：一是转变经济发展方式启动相对较晚，难以在短时间内改变对经济发展路径的依赖；二是人口发展与转变经济发展方式协同的指标（因素）发展相对缓慢，比如，人口与经济社会、人口与资源环境等方面；三是相对于人口发展，转变经济发展涉及的因素及阻碍因素众多。

4. 畅通人口发展与转变经济发展方式的耦合协调机制。目前，我国经济表现为转变经济发展方式受阻，一方面是因为转变经济发展方式是系统性难题，并非一蹴而就，需要长期的探索、调整，并且始终处于运动之中；另一方面是因为，人口发展与转变经济发展方式的耦合协调机制不畅通，人口发展并没有有效促进转变经济发展方式。原因在于：第一，人口数量红利期推动的规模经济增长方式，是通过压低劳动工资实现的，低收入导致低需求，经济发展不得不依靠投资和外需，这就进一步推动经济发展以低效率、重复投资、锁定在低端国际产业链的发展模式；第二，通过多年的人力资本积累，国民教育水平有了长足的发展，人力资本的配置也影响经济发展方式的转变，但是目前我国高素质人口存在较严重的配置扭曲，相对西方国家高素质人口主要配置在生产性领域，我国高素质人口过大比例配置在非生产领域，非常不利于创新驱动发展战略的实施，实体经济转型升级不得不面临劳动力和人才双短缺的困局；第三，东部地区发展吸引了大量劳动人口迁移，既有普通劳动人口，也有高素质劳动人口，既导致了东部地区资源环境压力，也导致中西部地区发展乏力。因此，可以预期未来人口发展和转变经济发展方式都会持续提升，但是畅通两者的耦合协调机制至关重要。

第二节 主要政策建议

改革开放之后，我们党提出：到建党一百年时建成经济更加发展、民主更加健全、科教更加进步、文化更加繁荣、社会更加和谐、人民生活更加殷实的小康社会，然后再奋斗三十年，到新中国成立一百年时，基本实现现代化，把我国建成社会主义现代化国家。2017 年党的十九大提出，开启全面建设社会主义现代化国家新征程，向第二个百年奋斗目标进军。如何在全面现代化新历史进程中，坚持以人民为中心发展思想，全面提高人口质量，促进人口均衡发展，为加快转变经济发展方式，提供更为丰富和高质量的人力资源是我国人口发展战略的最主要任务；同时，加快构建现代化经济体系，充分释放我国人口素质红利，以创新驱动经济高质量发展，则是经济结构调整最根本命题。如果能够使人口和经济发展方式转变的两条主线实现深度耦合，更全面地紧密协调，那么中国就可以跨越关口,实现经济转型升级和摆脱中等收入陷阱,成功迈入高收入国家行列。

一、保持经济稳中向好的发展态势,是统筹解决我国经济发展方式转变和人口发展方式转变问题的大前提

我国经济和人口发展的基础、条件和国情等与其他国家都有着巨大的差异,在工业化和城镇化尚未完全实现时,经济转型和人口发展方式转变问题同时出现,新常态的结构性难题与人口数量性、结构性和制度性等多重矛盾相互叠加,因此,人口和经济问题的解决必须统筹考虑。

推动我国经济发展的质量变革、效率变革和动力变革,提高全要素生产率,要素基础在于创新主体——各类人才的知识和技能。坚持以人民为中心的发展思想,优先投资于人的全面发展,建立健全面向全人群、覆盖全生命周期的人口政策体系,促进共同参与、共享发展,是我国实施人口均衡发展战略,全面提高人口发展质量的原则和要求。

实现“两个一百年”奋斗目标、实现中华民族伟大复兴的中国梦,不断提高人民生活水平,必须坚定不移把发展作为党执政兴国的第一要务,坚持解放和发展社会生产力,坚持社会主义市场经济改革方向,推动经济持续健康发展。经济发展是国家财政收入的源泉,是人民保障就业、增加收入、改善生活和提高人口质量素质的基础,我国人口发展必须融入经济社会发展全局中,努力保持经济稳中向好的发展态势,在提高发展质量的过程中大力改善人口发展的条件,促进人口与经济社会、资源环境协调可持续发展。

二、要采取更加积极的人口生育政策

近几年我国通过不断完善生育政策,在一定程度上遏制了人口生育率持续偏低的势头,2016 年总和生育率回升至 1.7 较高水平。但实际上

生育率反弹带有补偿性质，与保持人口自然正常更替2.1水平有较大差距。可以预见，随着我国经济社会的发展，人口生育率总体仍面临较大的下降压力。因此，必须加快转变人口调控理念和发展，推行更加积极的生育政策，探讨实施全面放开生育政策，维持正常的人口结构。提高生育水平需要建立健全相应的配套措施，进一步完善生育、教育、医疗、养老和救助等许多基础性保障和鼓励支持，解决群众的后顾之忧，为人口全面发展“提量增质”创造条件。

三、发挥社会主义集中力量办大事的投资优势，完善促进人口全面发展的共建共享型投入机制

现阶段我国有着“储蓄率高、投资能力强”的资本优势，如果能够进一步提升创新发展的人才、人力优势，将为经济转方式调结构奠定更为厚实的人口基础。按照全面建成小康社会共享发展的标准和要求，我国要大力调整物质资本和人力资本投资结构，引导更多社会资源投向科技、教育、健康和公共服务等人口全面发展的短板领域，推动基本公共服务常住人口全覆盖，并持续提高服务质量和水平。

1. 改变政府激励，从保证经济增长的财税体制彻底转型，尽快实现向公共服务型体制的转换。通过增值税转型和所得税改革来大幅降低企业税负，减轻企业成本的压力，并辅以财政补贴优惠等政策支持企业产业升级转型。削减经济建设费和压缩行政管理费支出，加大财政对于基本医疗、基础教育和交通等公共投入，实现公共投资带动社会消费的目标。

2. 完善政府间支出关系。根据各地省市、地县的发展程度，按照财权和事权统一的原则，形成中央与地方政府、发达地区和欠发达地区政府间合理的转移支付制度，保证不同地区政府都有财政支出能力，为地方居民提供均等化的公共服务。

3. 以政府与社会资本合作为切入点，加快公共服务体制机制改革。

“十三五”规划以来，我国财政紧运行将成为常态。如果继续主要依靠政府财政投入支撑人口全面发展的全部需求，显然越来越难以满足。因此，按照全面深化改革的部署，需要加快改变这种传统格局，吸纳市场、社会参与提供公共服务，形成多元化供给方式和机制。新模式不仅能降低财政负担、提高供给效率、改善供给质量和增强政府改革的公平性，更能够突破国家“单边责任”和“单边义务”被动困境，推动全社会走向共建、共治和共享，提升社会参与度和满意度。

四、以现代化经济体系引领人力资本配置，深度挖掘我国人力资源总量势能的优势

当前我国有着“人口总量势能、结构红利和素质资本叠加优势”①，能够为建设现代化经济体系提供较充足的人力资源，有条件实现经济发展方式转变，因此，应当最大限度挖掘我国人力资源总量势能优势，发挥人口对经济社会发展的能动作用。

1. 根据现代化经济体系建设的劳动力和人才需要方向，深化人力资源供给侧结构改革，形成创新发展要求相适应的劳动力人才教育培养体系。第一，把发展职业教育作为提高青年劳动力就业率的重点方向，为我国传统产业升级培养更多的实用性强、就业能力高的专门技术人才。目前我国多数的体能型劳动力并没有接受过系统正规的职业培训，应当扩展中、高等职业教育机构的职能，加大技能训练，加强工程实践，探索建立富有实效的职业院校毕业生技能等级认证制度，增强其常态化培训技能型劳动力的能力。第二，根据我国战略性新兴产业发展的要求，加快高等教育改革，推进知识型人才的教育和培养。应当依据社会需求建立学科

① 国务院：《国家人口发展规划（2016—2030 年）》，2017 年 1 月 25 日，见 http://www.gov.cn/zhengce/content/2017-01/25/content_5163309.htm。

专业的动态调整机制，大量培养专业对口、基础扎实的工程师和研发人才，以产学研合作机制为基础，打通人才教育、培养、使用、产业发展的一体化发展路径，使科技教育同经济增长、社会进步密切结合起来。

2. 完善“双创”机制，大力发展劳动密集型和科技密集型产业和中小微型企业，多渠道开发各类就业岗位。就业是民生之本，是人口发展权利的重要体现，在经济增长过程中，为各个层次的劳动者提供合适的就业岗位，是实现劳动者人力资本价值的最重要途径，是促进人口城镇化的基本条件。从我国目前城市普通劳动力数量众多、受教育程度较低的实际情况出发，多渠道开发各种适合普通劳动者就业的岗位，提高就业参与率，促进农村富裕劳动力向城镇转移就业，是提高收入、增加消费的最根本手段。根据我国高等教育人口存量巨大和毕业生就业困难的情况，与双创基地建设相结合，要探索建立适应产业结构高级化方向、就业弹性大的工业发展模式，鼓励发展技术密集兼容的制造业，大力发展第三产业尤其是生产性服务业，使产业结构升级步入创造就业和高收入岗位，助推中等收入阶层形成及适应、创造、引领居民消费的轨道。劳动和技术密集型加工业和服务业是扩大就业规模的产业载体，中小企业和微型企业是扩大就业的企业载体。各级政府要彻底减轻上述行业和企业的税费负担，提供更多小额信贷、工商优惠等各种鼓励性扶持措施，增强企业资本积累和生存能力，带动劳动力需求，扩大就业规模。

3. 统筹产业集聚和人口聚集，提高城镇化，促进创新发展的质量和承载空间。产业集聚和人口聚集是我国新型城镇化的两翼，是以人为本城镇化发展的基础。我国的城镇化建设应当在主体功能区的划分基础上，促进产业相对集中、集群化发展，引导人口经济向适宜开发的区域集聚，引导人口与经济布局有效衔接。产业集聚和人口聚集，一方面为各类企业创新发展提供丰富的劳动力人才资源；另一方面，市场扩大引发的投资、消费、就业和分工效应增加了创新创业成功的概率和收益，形成产业发展和人口发展互促共进的良性循环关系，提高了以人为核心的新型城镇化质量。

五、加快完善劳动力人才市场化配置机制，抓住释放人口素质再配置的红利优势

劳动力人才资源的再配置一直是我国提高要素效率的重要途径，我国人口素质红利潜在优势巨大，通过更高效、灵活的市场化机制，可以释放第二个人口发展机会窗口，为我国全面现代化赢得时间。

1. 完善统一规范人力资源市场。国家要利用现有各地劳动就业部门的信息资源，加快建立全国统一的信息统计、发布、更新的信息平台，让用人单位和劳动者在更短的时间内实现沟通，发展规范的中介机构，形成“用人单位—服务平台—中介机构—劳动力”之间顺畅的信息交流机制。

2. 建立科学的评价体系和以人为本的创新成果转化激励机制。科技研究是知识密集型工作，人力资本是最核心的要素。要明确人力资本在创新中的重要作用，给予科研人员足够的智力劳动报酬。打破现有高校、科研院所和企业僵硬封闭的人才体制，对科研人员实行“保薪留职、创收分成、收益返还”“投入研发”的鼓励政策，激活现有科研机构创新活力，形成与“双创”互动的良性运行体系。

3. 建立市场化的劳动力人才定价机制，形成尊重劳动、知识和人才社会氛围。随着工业化和城市化进程加速，以及国际市场粮食、能源、原材料等大宗物品低廉价格时代一去不返，我国经济将进入高价格和高成本发展阶段。为了稳定劳动就业和人才队伍，需要建立劳动者工资与物价的动态平衡机制，根据经济增长水平、城镇居民消费价格指数、职工平均工资增长等因素，及时调整工资标准，确定劳动工资的调整幅度，使工资增长幅度不低于城镇居民消费价格上涨幅度。要由全国人大、全国总工会和劳动部门联合出台工资集体协商制度的规范化操作措施，建立工资集体协商指导员队伍，及时发布企业工资增长指导线、人力资源市场工资

指导价位和行业人工成本信息，依据上述信息，通过开展工资集体协商签订工资集体协议，合理确定职工工资增长水平，促进企业建立适应市场经济要求的企业工资决定机制，确保劳动力人口的收入增长和经济发展同步。

4. 完善人口有序流动的政策体系。目前我国人口迁移和流动对人口态势影响越来越强，已经超越自然变动的影响，进入由人口迁移和流动主导人口态势的时期。我国人口管理也需要转变长期以来以生育控制和治安管理为主的人口流动政策，强化流动人口公共服务管理统筹协调职能，逐步实现城镇常住流动人口与户籍人口在住房、教育、卫生、社会保障等基本公共服务上享受同等待遇，平稳推动人口城镇化进程。第一，全面实施居住证制度。逐步取消农业户口与非农业户口的分类登记形式，回归户籍的人口登记功能；配套推进附着于户籍之上的社会福利制度改革，将就业、劳动保障、教育、医疗卫生等权利获取由“门槛式”向“阶梯式”过渡；实行居住证制度，纳入属地管理，以居住年限、社会保障参保年限作为获得基本公共服务和落户的条件，优先推进家庭流动和新生代流动人口的市民化进程。第二，深化农村集体产权制度改革，稳步推进农村土地流转。对农村居民转为城市居民的，允许其在一定时期内继续保留承包地、宅基地及农村住房的收益权或使用权，确保农村和土地的“稳定器”和“蓄水池”的战略地位。鼓励进城农民将土地承包经营权、宅基地采取转包、租赁、互换、转让等方式进行流转，土地实施规模经营入股集体分红，土地承包权转让收取租金等方式增加进城农民财产性收入，作为进入城镇的启动资金和城乡待遇差别的补偿。

附录 1

转变经济发展方式的指标指数

表 1　创新发展指标体系指标数据

二级指标	三级指标	单位	指标属性	2007 年	2011 年	2014 年	2017 年
科技投入和产出	R&D 经费投入强度（R&D 投入/GDP）	%	正向	1.37	1.78	2.02	2.13
	规模以上工业企业 R&D 人员全时当量	人年	正向	1229998.67	1939074.70	2641578.10	2736000.00
	规模以上工业企业 R&D 经费	万元	正向	36640000.8	59938054.50	92542587.00	120130000.00
	专利申请授权量	项	正向	351782.00	960513.00	1302687.00	1836434.00
	技术市场成交额	亿元	正向	2226.53	4763.56	8577.00	13424.00
	规模以上工业企业新产品销售收入	万元	正向	570270986.00	1005827244.70	1428952867.00	1915687000.00
消费需求与结构	最终消费支出/GDP	%	正向	45.3	61.9	48.8	58.8
	恩格尔系数	%	逆向	36.2	33.50	31.00	29.39
	互联网普及率	%	正向	16.0	38.3	47.9	55.8
	人均快递业务量	件/人	正向	0.91	2.73	10.21	28.82

续表

二级指标	三级指标	单位	指标属性	2007年	2011年	2014年	2017年
要素生产率	劳动效率(不变价GDP/就业人数)	万元人	正向	3.2022	5.9203	7.3032	10.1207
	资本效率(不变价GDP/资本存量)	万元	正向	241195.8	452429.9	564194.4	785770.0
	能源效率(不变价GDP/能源消耗量)	元/千瓦时	正向	0.7745	1.1689	1.3250	1.7501
高技术产业	高技术产业R&D投入/制造业R&D	%	正向	24	26	28	30
	高技术产业总产值/制造业产值	%	正向	14.3	12	13	15
第三产业	第三产业总产值/GDP	%	正向	47.3	43.8	47.5	58.8
	第三产业从业人数/就业人数	%	正向	32.40	35.70	40.60	44.92

资料来源:历年《中国统计年鉴》,《中国科技统计年鉴》《中国高技术产业统计年鉴》,中国统计出版社。

表2　协调发展指标指数

二级指标	三级指标	单位	指标属性	2007年	2011年	2014年	2017年
城乡差距	城镇化率	%	正向	44.94	51.27	54.77	58.52
	农村与城镇居民人均纯收入	%	正向	30.03	31.99	36.37	36.91
	农村与城镇居民人均消费	%	正向	34.46	32.53	29.32	28.07
文化产业	文化事业费占财政支出	%	正向	24.40	21.85	21.61	19.13

资料来源:历年《中国统计年鉴》,《文化及相关产业统计概览》,中国统计出版社。

表 3　绿色发展指标指数

二级指标	三级指标	单位	指标属性	2007 年	2011 年	2014 年	2017 年
低碳循环	单位地区生产总值能耗(等价值)	吨标准煤/万元	逆向	1.29	0.86	0.75	0.71
	工业(一般、危险)废物综合利用率	%	正向	62.81	61.54	63.38	60.45
节能降耗	不变价 GDP/用水量	元/立方米	正向	41.45	74.08	92.57	129.03
	不变价 GDP/化学需氧量排放量	万元/吨	正向	174.55	180.98	245.88	750.83
	不变价 GDP/二氧化硫排放量	万元/吨	正向	97.73	203.99	285.76	712.48
环境治理	工业污染治理完成投资	万元	正向	5523909	4443610	997651	6815345
	工业废水排放达标率	%	正向	91.66	95.32		
	生活垃圾无害化处理率	%	正向	62.0	79.7	91.8	97.7
生态屏障建设	生态建设与保护本年完成投资	万元	正向	115370	754659	184607	20162948
	水土流失治理面积	千公顷	正向	99871	109664	111609	125839
	造林总面积	千公顷	正向	3907.71	5996.61	5549.61	7360.00

资料来源:历年《中国环境统计年鉴》,《中国能源统计年鉴》《中国工业经济统计年鉴》,中国统计出版社。

表 4　开放发展指标指数

二级指标	三级指标	单位	指标属性	2007 年	2011 年	2014 年	2017 年
对外贸易	外贸出口总额	百万美元	正向	1220460	1898380	2342292	2263522
	外贸进口总额	百万美元	正向	956120	1743483	1959234	1840981
引进外资和对外投资	外商投资企业投资总额	百万美元	正向	2108800	2993124	3797728	6899200
	非金融类对外直接投资流量	亿元	正向	1201	3211	4903	8201
	对外承包工程营业额	亿美元	正向	406.43	1034.24	1424.10	1685.90

续表

二级指标	三级指标	单位	指标属性	2007 年	2011 年	2014 年	2017 年
科技进出口	技术进出口成交额	亿美元	正向	6348	10120	12119	11278

资料来源：历年《中国贸易外统统计年鉴》，《中国投资统计年鉴》，中国统计出版社。

表 5　共享发展指标指数

二级指标	三级指标	单位	指标属性	2007 年	2011 年	2014 年	2017 年
公共服务供给	人均拥有公共图书馆藏量 C_{161}	册/人	正向	0. 394	0. 518	0. 578	0. 652
	每千人拥有道路里程数 C_{162}	公里/千人	正向	4. 638	5. 800	6. 828	8. 169
	教育投入强度（教育投入/GDP）	%	正向	4. 50	4. 88	5. 09	4. 71
	每万人拥有卫生技术人员数	人	正向	37	46	56	65
	每万人医疗机构床位数	张	正向	28. 29	38. 40	48. 50	57. 20
	社区服务机构覆盖率	%	正向	24. 7	23. 6	36. 9	40. 2
扶贫指标	贫困人口人数	万人	逆向	28662	12238	7017	3046
	农村居民最低生活保障人数	万人	正向	3566. 3	5305. 7	5207. 2	4586. 5
	城镇居民最低生活保障人数	万人	正向	2272. 1	2276. 8	1877. 0	1480. 2
	医疗救助资助参加医疗人数	万人	正向	3159. 94	6375. 11	6723. 72	7521. 00
收入分配	城乡居民人均收入/人均 GDP	%	正向	43. 71	39. 54	41. 66	41. 76
	城镇居民登记失业率	%	逆向	4. 0	4. 1	4. 09	4. 01
	劳动者报酬/GDP	%	正向	0. 41	0. 47	50. 9	

续表

二级指标	三级指标	单位	指标属性	2007 年	2011 年	2014 年	2017 年
社会保障	养老保险覆盖率	%	正向	19.2	45.3	61.6	85
	医疗保险覆盖率	%	正向	86.2	97.5	98.9	99.1

资料来源:历年《中国统计年鉴》,《中国社会统计年鉴》《中国卫生和计划生育统计年鉴》,中国统计出版社、中国协和医科大学出版社。

附录 2

人口发展质量指标指数

表 1　人口自身发展指数

二级指标	三级指标	单位	2003 年	2008 年	2013 年	2017 年
人口数量	人口总量	万人	129227	132802	136072	139008
	人口总和生育率	‰	38.01	38.83	35.68	12.43
	人口自然增长率	‰	6.01	5.08	4.92	5.32
人口质量	平均预期寿命	岁	72.95	74.83	75.63	76.34
	婴儿死亡率	‰	25.50	14.90	9.50	7.50
	15 岁及以上人均教育年限	年	7.90	8.50	9.00	9.34
	每万人在校大学生人数	人	1108.6	2021.0	2468.1	2753.6
	GDP 中教育财政支出	%	2.5367	2.8200	3.6963	3.6557
	每万人犯罪率	‰	0.0592	0.0731	0.0659	0.0606
人口结构	出生性别比	—	117.90	120.56	115.88	112.88
	人口抚养比	—	42.0	37.4	35.3	39.25
人口分布	人口密度	人/km^2	134.61	138.34	141.74	144.80

资料来源:《2010 年第六次全国人口普查主要数据》,历年《中国统计年鉴》、《中国教育统计年鉴》,中国统计出版社。

表 2　人口与经济社会发展数据

二级指标	三级指标	单位	2003 年	2008 年	2013 年	2017 年
人口与经济	人均 GDP	元/人	10666	24121	43852	59660
	居民消费水平	元/人	4606	8707	16190	22902
	城乡居民恩格尔系数	%	37. 1 45. 6	37. 9 43. 7	36. 2 39. 3	29. 3 32. 3
	城乡人均收入比	—	2. 45	2. 55	2. 81	2. 71
	城镇化率	%	36. 2	44. 94	54. 77	58. 52
	贫困人口比例	%	28. 06	12. 34	7. 28	2. 19
	第三产业人口比例	%	29. 3	33. 2	38. 5	44. 9
	就业率	%	98. 43	98. 07	97. 07	96. 10
人口与社会	社会养老保险覆盖率	%	16	19. 2	61. 6	85
	医疗保险覆盖率	%	30	88	95	97
	每千人医疗机构病床数	张	2. 760	3. 046	4. 550	5. 72
	医疗卫生支出占财政总支出比重	%	3. 07	4. 41	5. 91	7. 18
	互联网普及率	%	6. 20	22. 60	45. 80	53. 90
	人均住房面积	m^2/人	1. 007	1. 201	1. 421	1. 116
	R&D 经费占 GDP 比重	%	1. 32	1. 52	2. 09	2. 12
	每万人授权专利数	万件/万人	0. 00014	0. 00031	0. 00097	0. 00132

资料来源：历年《中国统计年鉴》、《中国社会统计年鉴》，中国统计出版社。

表 3　人口与资源环境发展指数

二级指标	三级指标	单位	2003 年	2008 年	2013 年	2017 年
人口与资源	人均粮食产量	kg/人	334. 29	399. 13	443. 46	477. 00
	人均水资源拥有量	m^3/人	2131. 31	2071. 05	2059. 70	2068. 31
	人均能源消耗量	吨标准煤/人	1. 4265	2. 2002	3. 0710	3. 1943
人口与环境	人均森林覆盖面积	公顷/千人	135. 35	147. 17	152. 63	149. 41
	人均公园绿地面积	m^2/人	7. 39	9. 71	12. 64	14. 00
	人均碳排放量	kg/人	3600	4100	6900	

资料来源：历年《中国统计年鉴》，《中国环境统计年鉴》《中国林业统计年鉴》，中国统计出版社、中国林业出版社。

参考文献

李仲生:《人口经济学》(第二版),清华大学出版社 2009 年版。

张利萍:《劳动力流动与教育研究》,中国社会科学出版社 2012 年版。

谢玲丽主编:《长三角人口发展战略研究》,复旦大学出版社 2007 年版。

蔡昉:《刘易斯转折点——中国经济发展新阶段》,社会科学文献出版社 2008 年版。

吴敬琏:《中国增长模式抉择》,上海远东出版社 2008 年版。

李恒、彭文惠:《劳动力转移与传统农区发展》,社会科学文献出版社 2009 年版。

国家人口和计划生育委员会办公厅编:《我国城镇化进程中统筹解决人口问题的实践与展望》,世界知识出版社 2010 年版。

国家人口和计划生育委员会发展规划与信息司编:《促进人口长期均衡发展研究报告》,中国人口出版社 2010 年版。

杜鹏主编:《新世纪的中国人口:中国第五次全国人口普查资料分析》,中国人民大学出版社 2011 年版。

中国发展研究基金会:《中国发展报告 2011/12:人口形势的变化和人口政策的调整》,中国发展出版社 2012 年版。

任志成:《国际产业转移的就业效应研究》,经济科学出版社 2012 年版。

蔡昉主编:《中国人口与劳动问题报告 No.13:人口转变与中国经济再平衡》,社会科学文献出版社 2012 年版。

李通屏等:《扩大内需的人口经济学——人口转变、人口政策影响经济增长的可持续性研究》,商务印书馆 2013 年版。

方莉:《中国劳动力供求关系与人口红利的变化》,中国经济出版社 2013 年版。

唐未兵等:《科技促进经济发展方式转变研究》,经济科学出版社 2013 年版。

黄海峰等:《中国经济转型之路——21 世纪的绿色变革》,科学出版社 2014 年版。

李群:《经济发展方式转变成效的评价及其实证分析》,中国社会科学出版社 2014 年版。

林毅夫:《新结构经济学:反思经济发展与政策的理论框架》,北京大学出版社 2014 年版。

[美]约瑟夫·熊彼特:《经济发展理论》,郭武军、吕阳译,华夏出版社 2015 年版。

Ahituv, A.,"Be Fruitful or Multiply: on the Interplay between Fertility and Economic Development", *Journal of Pouplation Ecomomics*, Vol.14, No.1(May 2001), pp.51-71.

Attfield, C.L.F., Cannon, E.,"The Impact of Age Distribution Variables on the Long Run Consumption Function", *Bristol Economics Discussion Paper*, 2003.

An Chong-Bum, Jeon Seung-Hoon,"Demgraphic Change and Economic Growth: An Inverted-U Shape Relationship", *Economics Letters*, Vol. 92, No. 3 (September 2006), pp. 447-454.

Gomez, R., Foot, D.K.,"Age Structure, Income Distribution and Economic Growth", *Canadian Public Policy*, Vol.29, Supplement(January 2003), pp.S141-S161.

蔡昉、王德文:《中国经济增长可持续性与劳动贡献》,《经济研究》1999 年第 10 期。

王德文等:《人口转变的储蓄效应和增长效应——论中国增长可持续性的人口因素》,《人口研究》2004 年第 5 期。

蔡昉:《理解中国经济发展的过去、现在和将来——基于一个贯通的增长理论框架》,《经济研究》2013 年第 11 期。

蔡昉:《中国经济增长如何转向全要素生产率驱动型》,《中国社会科学》2013 年第 1 期。

郭志仪、曹建云:《人力资本对中国区域经济增长的影响——岭估计法在多重共线性数据模型中的应用研究》,《中国人口科学》2007 年第 4 期。

姚先国、张海峰:《教育、人力资本与地区经济差异》,《经济研究》2008 年第 5 期。

王弟海:《健康人力资本、经济增长和贫困陷阱》,《经济研究》2012 年第 6 期。

汤向俊、任保平:《劳动力有限供给、人口转变与中国经济增长可持续性》,《南开经济研究》2010 年第 5 期。

沈坤荣、唐文健:《大规模劳动力转移条件下的经济收敛性分析》,《中国社会科学》2006 年第 5 期。

胡鞍钢等:《人口老龄化、人口增长与经济增长——来自中国省际面板数据的实证证据》,《人口研究》2012 年第 3 期。

何菊莲等:《我国经济发展方式转变进程测评》,《经济学动态》2012 年第 10 期。

路风、余永定:《“双顺差”、能力缺口与自主创新——转变经济发展方式的宏观和微观视野》,《中国社会科学》2012 年第 6 期。

郭凯明等:《人口政策、劳动力结构与经济增长》,《世界经济》2013 年第 11 期。

孙爱军、刘生龙:《人口结构变迁的经济增长效应分析》,《人口与经济》2014 年第 1 期。

王弟海等:《健康在经济增长和经济发展中的作用——基于文献研究的视角》,《经济学动态》2015 年第 8 期。

周天勇:《中国经济下行分析的逻辑与框架——基于人口增长和人口流动的分析》,《学习与探索》2016 年第 1 期。

刘长庚、张磊:《中国经济增长的动力:研究新进展和转换路径》,《财经科学》2017 年第 1 期。

李小玲:《我国经济发展方式转变绩效及影响因素分析》,《生产力研究》2015 年第 2 期。

覃成林等:《我国区域经济协调发展的趋势及特征分析》,《经济地理》2013 年第 1 期。

李晓西等:《人类绿色发展指数的测算》,《中国社会科学》2014 年第 6 期。

景维民、张璐:《环境管制、对外开放与中国工业的绿色技术进步》,《经济研究》2014 年第 9 期。

林伯强、李江龙:《环境治理约束下的中国能源结构转变——基于煤炭和二氧化碳峰值的分析》,《中国社会科学》2015 年第 9 期。

林毅夫、陈斌开:《发展战略、产业结构与收入分配》,《经济学(季刊)》2013 年第 4 期。

李美娟等:《综合评价中指标标准化方法研究》,《中国管理科学》2004 年第 10 期。

刘耀彬等:《中国城市化与生态环境耦合度分析》,《自然资源学报》2005 年第 1 期。

逯进、周惠民:《中国省域人力资本与经济增长耦合关系的实证分析》,《数量经济技术经济研究》2013 年第 9 期。

王少剑等:《京津冀地区城市化与生态环境交互耦合关系定量测度》,《生态学报》2015 年第 7 期。

楠玉等:《论当前我国全要素生产率的提升路径》,《上海经济研究》2017 年第 3 期。

责任编辑:曹　春　朱　蔚
封面设计:汪　莹

图书在版编目(CIP)数据

新发展理念指引下的人口与经济发展方式问题研究/李鹏 著. —北京:
人民出版社,2019.9
ISBN 978 - 7 - 01 - 020558 - 8

Ⅰ.①新…　Ⅱ.①李…　Ⅲ.①人口-关系-经济发展-研究-中国
Ⅳ.①C924.24②F124

中国版本图书馆 CIP 数据核字(2019)第 051710 号

新发展理念指引下的人口与经济发展方式问题研究
XIN FAZHAN LINIAN ZHIYIN XIA DE RENKOU YU JINGJI FAZHAN FANGSHI WENTI YANJIU

李　鹏　著

人民出版社 出版发行
(100706　北京市东城区隆福寺街 99 号)

北京汇林印务有限公司印刷　新华书店经销

2019 年 9 月第 1 版　2019 年 9 月北京第 1 次印刷
开本:710 毫米×1000 毫米 1/16　印张:14.75
字数:205 千字

ISBN 978 - 7 - 01 - 020558 - 8　定价:68.00 元

邮购地址 100706　北京市东城区隆福寺街 99 号
人民东方图书销售中心　电话 (010)65250042　65289539